Rüdiger Maass

Elliott-Wellen

AF904234

Rüdiger Maass

Elliott-Wellen

Sichere Prognosen in jeder Marktlage treffen

FBV

Bibliografische Information der Deutschen Bibliothek:
Die Deutsche Bibliothek verzeichnet diese Publikation in der Deutschen Nationalbibliografie; detaillierte bibliografische Daten sind im Internet über https://dnb.de abrufbar.

Für Fragen und Anregungen:
info@finanzbuchverlag.de

Rüdiger Maass · Das Elliott-Wellen-Prinzip
6. Auflage 2025, unveränderter Nachdruck der 2. Auflage
© 2008 by Finanzbuch Verlag, ein Imprint der Münchner Verlagsgruppe GmbH
Türkenstraße 89
80799 München
Tel. 089/65 12 85-0

Alle Rechte vorbehalten. Das Werk einschließlich aller seiner Teile ist urheberrechtlich geschützt. Jede Verwendung außerhalb der engen Grenzen des Urheberrechtsgesetzes ist ohne Zustimmung des Verlages unzulässig und strafbar. Das gilt insbesondere für Vervielfältigungen, Übersetzungen, Mikroverfilmungen und die Einspeicherung und Verarbeitung in elektronischen Systemen.
Dieses Buch will keine spezifischen Anlageempfehlungen geben und enthält lediglich allgemei-ne Hinweise. Autor, Herausgeber und die zitierten Quellen haften nicht für etwaige Verluste, die aufgrund der Umsetzung ihrer Gedanken und Ideen entstehen.

Covergestaltung: Tatiana Fernandes
Gesamtbearbeitung: Agentur MCP, Holzkirchen
Lektorat: Nicole Luzar
Druck: Florjancic Tisk d.o.o., Slowenien
Printed in the EU

ISBN 978-3-89879-338-4

Weitere Informationen zum Verlag finden Sie unter
www.finanzbuchverlag.de

Inhaltsverzeichnis

Danksagung

Ich danke meinen Kindern Jessica und Joyce
für die Rücksichtnahme und Unterstützung.
Nur mit ihrer Hilfe ist dieses Buch möglich geworden.

Einleitung

Vielleicht ist es das erste Mal, dass Sie über das Elliott-Wellen-Prinzip lesen. Womöglich ist es sogar Ihr erster Kontakt mit der Elliott-Wellen-Analyse. Als Einführung habe ich einige Fragen zusammengetragen, die häufig von neuen Elliott-Wavern gestellt werden.

F: Was ist das Wellen-Prinzip?

A: Das Elliott-Wellen-Prinzip ist eine ausführliche Beschreibung der Verhaltensgrundsätze von Märkten. Es ist eine Studie über die Aktionen und Reaktionen der Menschen an der Börse oder anderen Märkten. Ich glaube, dass es die beste Form der technischen Analyse ist, weil es die Fakten objektiv messen und bewerten kann.

F: Wie kann man mit dem Elliott-Wellen-Prinzip Fakten objektiv bewerten?

A: Der wirkliche Motor des Marktes ist die psychische Verfassung der Investoren. Die Elliott-Wellen-Analyse befasst sich mit wiederkehrenden Verhaltensregeln der Marktteilnehmer. Wenn Menschen sehr optimistisch über die Zukunft der Märkte oder eines einzelnen Papiers denken, sind sie bereit einen höheren Preis für dieses Produkt zu zahlen. Wenn sie pessimistisch sind, zahlen sie weniger. Diese Regel gilt für Einzelwerte und Indizes gleichermaßen.

Es zeigt sich seit vielen Jahrzehnten, dass vergleichbare Ereignisse nicht immer dieselbe Wirkung auf den Markt haben. Nachrichten, die heute den Markt nach oben bewegen, können ihn morgen nach unten treiben. Es ist eine notwendige Schlussfolgerung, dass die Märkte auf ähnliche Nachrichten nicht jedes Mal gleich reagieren.

Wenn Sie historische Charts studieren, werden Sie dennoch feststellen, dass es einen gleich bleibenden Faktor an den Märkten gibt. Sie werden bemerken, dass sich die Kurse in Wellenform entwickeln.

Die Form der Wellen wiederholt sich regelmäßig und immer wieder. Die Wiederholung der Wellen kann nur bedeuten, dass das Verhalten der Marktteilnehmer gewissen Regeln unterliegt. Der Markt hat sein eigenes Leben, und die beste Möglichkeit, seine Richtung herauszufinden, ist, diese Wellen objektiv zu prüfen und weiterzuführen.

F: Wie kann das Prüfen und Verfolgen der Wellen mir bei meinen Investitionen helfen?

A: Bei den Elliott-Wellen geht es um Wahrscheinlichkeiten. Ein Elliott-Wellen-Analyst ist jemand, der fähig ist, die Wellenstrukturen ebenso wie die wahrscheinlichste Richtung der nächsten Bewegung zu erkennen. Wenn Sie die Wellenformen kennen, werden Sie wissen was der Markt als Nächstes voraussichtlich tun wird und was er als Nächstes eher nicht tun wird. Anhand des Wellenprinzips lässt sich die nächste Bewegung mit der größten Wahrscheinlichkeit und dem geringsten Risiko erkennen.

F: Wie sind eigentlich die Elliott-Wellen entstanden?

A: Ralph Nelson Elliott ist der Entdecker eines Musters, das immer wieder in Aktienmärkten auftritt. Dieses Muster besteht aus fünf Aufwärtswellen und drei Abwärtswellen. Es ist in kurz- ebenso wie in langfristigen Zeitabläufen zu finden. Die aufwärts gerichteten Wellen 1, 3, und 5 werden als Antriebs- oder Impulswellen und die Wellen 2 und 4 als Korrekturwellen bezeichnet. Die drei Abwärtswellen werden üblicherweise als A-, B- und C-Welle bezeichnet. Ein kompletter Zyklus enthält somit 8 Wellen. Dieses Muster gibt es sowohl in Aufwärts- als auch in Abwärtsphasen.

Der Zweck dieses Buches

Dieses Buch soll Ihnen die Grundlage geben, um mit dem Elliott-Wellen-Prinzip Aktien, Finanzmärkte, Devisenmärkte und Rohstoffe zu bewerten und erfolgreiche Prognosen zu erstellen. Sie sollen mit den Grundlagen für erfolgreiches Trading bekannt gemacht werden und an praktischen Beispielen lernen, ein Tradingsystem anzuwenden.

In den späten 1920er Jahren begann R. N. Elliott, seine Theorie zu entwickeln. Dazu hatte er die Theorie von Charles H. Dow studiert, einem scharfsinnigen Experten am amerikanischen Aktienmarkt. Auf dieser Grundlage entwickelte er das Elliott-Wellen-Prinzip. Zu dieser Zeit lebte Elliott in Kalifornien. Dort entnahm er die stündlichen Börsenkurse einer Börsenzeitung und übertrug sie auf Millimeterpapier. Nach und nach entdeckte er sich wiederholende Kursbewegungen beim Dow Jones Industrial Average.

Stellen Sie sich einmal vor, wie mühsam und langwierig seine Arbeit gewesen sein muss! Ihm standen keine Computer mit Chartprogrammen zur Verfügung. Er musste seine Charts allesamt selbst erstellen. Anschließend untersuchte er diese Charts - die graphische Darstellung der Kursverläufe - in allen Einzelheiten, verglich einzelne Segmente mit anderen und beobachtete die Kursbewegungen. Das Ergebnis war die Elliott-Wellen-Theorie.

Seine Entdeckungen gingen weit über die Erkenntnisse von Charles Dow hinaus. Die Reichhaltigkeit und Exaktheit der Regeln ist bis zum heutigen Tag unübertroffen. Beide Männer hatten das menschliche Verhalten als Grundlage für ihre Überlegungen gewählt.

Viele Millionen Menschen versuchen die zukünftige Börsenentwicklung einzuschätzen. Ihnen allen stehen über Internet und Fernsehen die (nahezu) gleichen Nachrichten zur Verfügung. Dennoch sind ihre Einschätzungen vielfältig und gegensätzlich. Es sind also nicht die Ereignisse an sich, die den Markt beeinflussen. Vielmehr werden die Kursbewegungen in erster Linie von den menschlichen Verhaltensmustern ausgelöst. Überlegen Sie einmal wie viele Gewohnheiten wir entwickelt haben, die ein fester Bestandteil unseres Lebens sind. Jede Kursbewegung ist also die Folge der Entscheidung zahlreicher Menschen. Diese wiederkehrenden Verhaltensmuster der Börsianer hat auch R. N. Elliott bei seiner Untersuchung der Charts entdeckt.

Im Jahr 1935 unterschritt der Index der Eisenbahnaktien das Tief des Jahres 1934. Die Anleger und Finanzmarktanalysten fühlten sich sofort an die Wirtschaftkrise 1929 bis 1932 erinnert, von der sie sich noch immer nicht ganz erholt hatten. Eine sehr beunruhigende Situation. Am letzten Tag des Rückgangs sandte Elliott ein Telegramm an einen bekannten Börsenbrief. Er wies nachdrücklich darauf hin, dass die Abwärtsbewegung jetzt beendet und nur eine Korrektur in einem Haussemarkt sei. Die Hausse habe noch ein enormes Potenzial. Der anschließende Kursverlauf bestätigte seine Prognose.

Elliotts Untersuchungen der Kursbewegungen bis 1940 ergaben eine komplexe Regelkonstruktion. Der Dow Jones befand sich zu dieser Zeit bei 150 Punkten. Elliott prognostizierte einen Haussemarkt für die nächsten zehn Jahre. Seine Zeitgenossen hielten eine solche Entwicklung für hoch unwahrscheinlich. Sie hielten es gar für unmöglich, dass der Dow das Hoch aus dem Jahr 1929 wieder erreichen könnte. Doch Elliotts Prognosen waren von überragender Qualität. Er sagte Kursentwicklungen für mehrere Jahre voraus, die zum Teil exakt eintrafen.

Sicherlich haben Sie schon von vielen Seiten Kritik am Elliott-Wellen-Prinzip gehört: Jeder findet eine andere Lösung; das System ist subjektiv; Wellen lassen sich nur im Nachhinein bestimmen, usw. Leider kommt es in der Tat zu verschiedenen Interpretationen, wenn unzureichend ausgebildete Analysten dieses System anwenden oder die Analysen aus dem Handgelenk erstellen. Wobei auch die besten Analysten nicht vor Irrtümern gefeit sind! Qualitativ hochwertige Prognosen sind nämlich nur möglich, wenn keine der von Elliott erstellten Regeln übersehen oder verletzt werden. Eine kleine Regelverletzung kann zu einem nachhaltig falschen Ergebnis führen.

Der Markt hat immer Recht, und das Elliott-Wellen-Prinzip funktioniert - davon bin ich überzeugt. Seit 1998 arbeite ich ausschließlich mit dem Elliott-Wellen-Prinzip und kann mich der Faszination dieser Lehre nicht entziehen. Fortwährend erhalte ich Bestätigungen für die These der Herren Dow und Elliott. Natürlich habe ich bei meinen Prognosen Fehler gemacht. Aber eins ist sicher - ich habe bisher jeden Fehler gefunden und anschließend berichtigt. Denn der Fehler lag schließlich bei mir - und nicht bei den Elliott-Regeln.

1

Teil 1

Die Grundlagen der Elliott-Wellen-Lehre

Das Elliott-Wellen-Prinzip setzt sich aus Regeln zusammen, die auf den Erfahrungswerten von R. N. Elliott beruhen, und ist ein System, mit dem Aktienindizes und andere Märkte prognostiziert werden können. Der besondere Wert des Elliott-Wellen-Prinzips liegt in seiner Allgemeingültigkeit und Präzision. Es ist manchmal unglaublich, wie genau Veränderungen und Trendwendebereiche festgestellt werden können, auch wenn Elliott hauptsächlich den Dow Jones Industrial Average untersuchte.

Aufgrund der Allgemeingültigkeit lassen sich neben den Aktienindizes sämtliche Währungspaare, Edelmetalle, Rohstoffe und Einzelaktien mit diesem System interpretieren. Voraussetzung ist allerdings, dass der Markt so groß sein muss, dass er nicht von einzelnen Personen beeinflusst werden kann. Eine Bewertung ist umso besser möglich, je weiter man in die Vergangenheit des Wertes sehen kann.

Sie fragen sich sicherlich, warum das Elliott-Prinzip funktioniert. Diese Frage werde ich zu einem späteren Zeitpunkt beantworten. Viel wichtiger ist, dass es überhaupt funktioniert, und es hält seit seiner Entdeckung jedem Test in der Praxis stand.

Für uns liegt die Herausforderung darin, dieses Regelwerk für die Analyse zu nutzen und für das Handeln an der Börse anzuwenden. Vor einigen Jahren habe ich auf Grundlage des Elliott-Wellen-Prinzips ein Tradingsystem entwickelt und im Daytradingbereich mit dem DAX Future über 1 ½ Jahre erfolgreich getestet.

Es geht darum, drei wichtige Komponenten miteinander zu verbinden:

1. Verluste sollten klar begrenzt werden und nach Möglichkeit auf einer objektiven Grundlage beruhen.

2. Die Kursziele sollten schon beim Einstieg festgelegt werden können.

3. Dem Risiko sollte eine doppelte oder dreifache Gewinnchance gegenüberstehen.

1.1 Allgemeine Grundlagen

Zunächst einmal stellt sich die grundlegende Frage, wo wir eigentlich nach den Elliott-Wellen zu suchen haben und wann eine Welle überhaupt eine Welle ist.

Zur Analyse eignet sich beispielsweise der Kerzenchart oder der in diesem Buch verwendete Open-High-Low-Close-Modus. Ein Linienchart zeigt dagegen die Hoch- und Tiefpunkte nicht genau genug an und ist daher eher ungeeignet.

Jede Bewegung, die gegenüber der vorherigen Bewegung ein neues Hoch oder Tief ausbildet (also zum Beispiel im Tageschart die Intraday-Hochs bzw. Tiefs), ist eine eigene Welle bzw. Unterwelle. Dies gilt unabhängig von der betrachteten Größenordnung.

Wenn also an drei aufeinanderfolgenden Tagen die Kurse kontinuierlich nur in eine Richtung gehen (also beispielsweise von der Eröffnung des Handels bis zum Schluss unentwegt steigen), bilden diese drei Tagesumsätze zusammen genommen auf Tagesbasis eine Welle.

Betrachtet man jedoch die übergeordnete Größenordnung - also beispielsweise einen Wochenchart - können diese drei Handelstage durchaus Teil einer völlig anderen Welle sein.

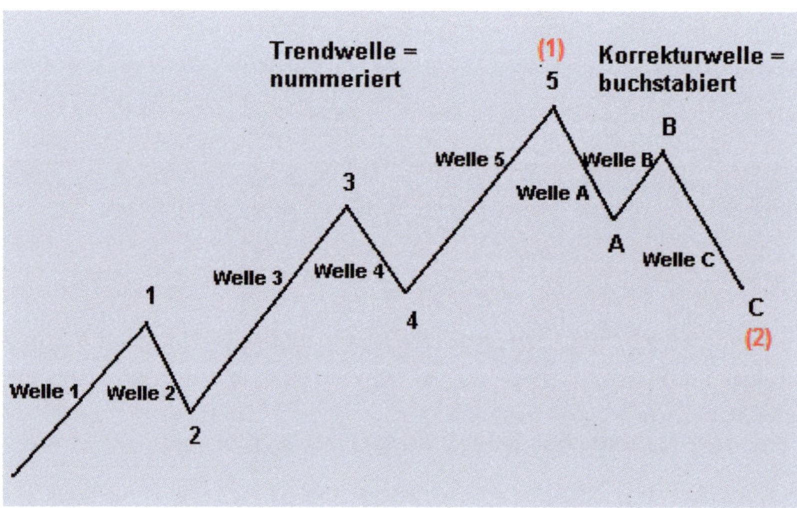

Abbildung 1-1

Der Grundgedanke des Elliott-Wellen-Prinzips lautet weiterhin, dass ein Trend immer aus fünf Bewegungen besteht, nämlich aus drei Wellen, die mit dem Trend laufen und zwei Wellen, die diesem Trend entgegenstehen bzw. ihn korrigieren.

Die Wellen 1, 3, und 5 werden als Antriebs- oder Impulswellen und die Wellen 2 und 4 als Korrekturwellen gekennzeichnet. Auf diese fünf (beispielsweise Aufwärts-) Wellen folgen drei entgegengesetzte (Abwärts-)Wellen. Ein kompletter Zyklus enthält also 8 Wellen. Dieses Muster gibt es in Aufwärts- und in Abwärtsphasen sowie in kurz- und langfristigen Zeiträumen.

Bitte achten Sie auf die mit der roten (1) markierten Welle am Hoch des Grundmusters in Abbildung 1-1 und die Welle (2) in rot am Ende des fallenden abc-Musters.

Verschiedene Grade

Grundsätzlich besteht der Markt aus fünf Aufwärtsbewegungen und drei Abwärtsbewegungen, die ihrerseits Teil eines übergeordneten Wellenmusters werden. Die fünf Aufwärts- und drei Abwärtsbewegungen bilden wiederum eine erste und zweite Welle. Dieses Prinzip setzt sich weiter fort. Nach der gelb unterlegten schwarzen Welle 1 und 2 in Abbildung 1-2 entwickeln sich weitere steigende Wellenmuster in derselben Form.

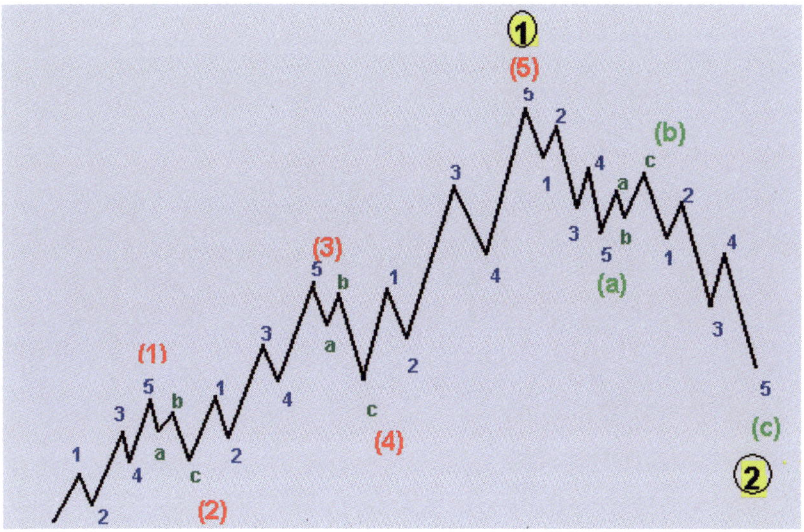

Abbildung 1-2

Beispiele aus der Natur beschreiben dieses Phänomen sehr anschaulich. Der Blumenkohl hat eine festgelegte Struktur in seinem kleinsten Röschen. Diese Struktur finden wir ebenfalls bei der Betrachtung eines größeren Röschens sowie beim ganzen Blumenkohl. Das ist das Prinzip der Selbstähnlichkeit. In der Natur finden wir nicht nur Lösungen für technische Probleme (Ingenieure nutzen die Natur für technische Innovationen), sondern auch für die Prognose von Aktienmärkten. Abbildung 1-2 soll dieses Muster verdeutlichen.

In Abbildung 1-2 ist die Welle (1) in rot eine Impulswelle niedrigeren Grades und besteht aus den Wellen 1 bis 5 in blau. Die Welle (3) in rot setzt sich aus der gleichen Struktur zusammen, ebenso die Welle (5) in rot.

Diese Grafik verdeutlicht, dass sich kleine Wellen zu größeren Wellen zusammenfassen lassen. Dabei setzen sich die beiden Wellen 1 und 2 auf gelbem Grund aus fünf Trendwellen (Wellen (1) bis (5) in rot) und drei Korrekturwellen (Welle (a) (b) (c)) zusammen. Ein kompletter Marktzyklus besteht, wie bereits erwähnt, aus 8 Wellen, beispielsweise in den Wellen (1) und (2) sowie in den Wellen (3) und (4). Ihnen ist sicherlich aufgefallen, dass die über- und untergeordneten Wellen die gleiche Form haben. Vergleichen Sie bitte die Wellen (1) und (2) mit den Wellen 1 und 2 im gelben Kreis. Es hat sich auf beiden Graden dieselbe Struktur gebildet.

Phänomen der konstanten Form

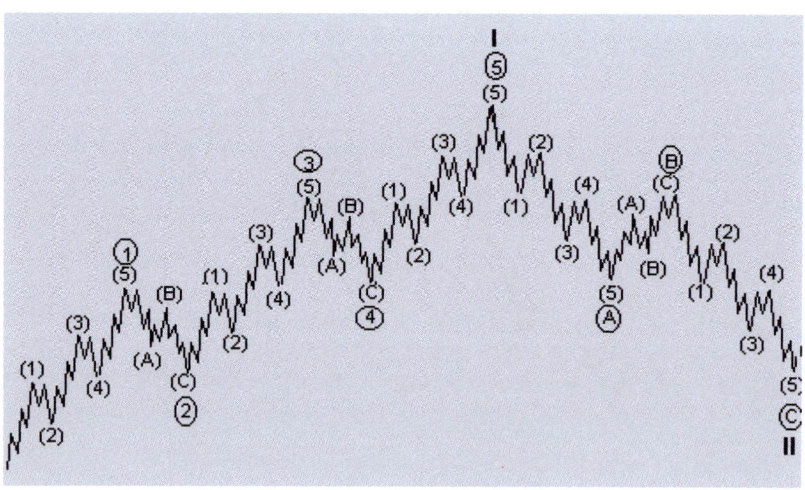

Abbildung 1-3

Abbildung 1-2 zeigt den Ausschnitt der Wellen 1 und 2 im gelben Kreis. In Abbildung 1-3 wird die übergeordnete Wellenstruktur fortgesetzt. Aus der Welle 1 bis 5 im Kreis entsteht wiederum die übergeordnete Welle I. Die Struktur der Wellen bleibt in sämtlichen Graden erhalten. Sie ist im kleinstmöglichen wie im größtmöglichen Grad konstant.

Zykluswelle I =
5 Primärwellen = 21 Zwischenwellen = 89 Minderwellen

Zykluswelle II =
3 Primärwellen = 13 Zwischenwellen = 55 Minderwellen

Marktzyklus =
8 Primärwellen = 44 Zwischenwellen = 144 Minderwellen

Zusammenfassung:

- Die Antriebs- oder Impulswellen sind die Kursbewegungen in Richtung des vorherrschenden Trends und im untergeordneten Grad in fünf Wellen unterteilt.
- Die Korrekturwellen reagieren gegensätzlich zum vorherrschenden Trend und sind dreigliedrig.
- Gemeinsam bilden die fünf Wellen im Trend und die drei Korrekturwellen die erste und zweite Welle in der übergeordneten Zählweise.
- Die Wellenmuster können sich über einen längeren Zeitraum erstrecken oder nach kurzer Zeit entstehen. Dabei bleiben die Muster in ihrer Struktur erhalten und ändern sich nicht.

1.2 Fachliche Grundlagen

Elliott hat eine geniale Methode gefunden, um die unter- und übergeordneten Wellen zu klassifizieren. Zu seiner Zeit war die kleinste mögliche Größe der Stundenchart. Inzwischen lassen sich die Wellen weiter untergliedern, bis zum Tickchart, der jeden einzelnen Umsatz aufzeichnet. Bereits auf dieser Basis bilden sich Trend- und Korrekturwellen.

Elliott benannte die Wellengrade mit abnehmender Größe wie folgt (siehe Abbildung 1-4):

Wellengrad	Trendwelle	Korrekturwelle
Großer Superzyklus	EINS ZWEI DREI VIER FÜNF	
Superzyklus	(I) (II) (III) (IV) (V)	(A) (B) (C)
Zyklus	I II III IV V	A B C
Primärzyklus	① ② ③ ④ ⑤	ⓐ ⓑ ⓒ
Zwischenzyklus	(1) (2) (3) (4) (5)	(a) (b) (c)
Millizyklus	i ii iii iv v	a' b' c'
Mikrozyklus	mi mii miii miv mv	ma mb mc
Nanozyklus	ni nii niii niv nv	na nb nc

Abbildung 1-4

Ich selbst verwende in der Praxis jedoch meist etwas abweichende Bezeichnungen. Das liegt nicht zuletzt daran, dass im Laufe einer Chartanalyse die Bezeichnungen auch wieder korrigiert werden müssen und man dabei meist (aus Bequemlichkeit) nicht sämtliche anderen Wellenbezeichnungen abändert.

1.3 Trendwellen

Ein kompletter Zyklus besteht also aus acht Wellen: fünf Trendwellen und drei Korrekturwellen. Die 5 Trendwellen werden dabei nummeriert, die 3 Korrekturwellen werden mit Buchstaben bezeichnet.

Ein Beispiel aus der Praxis:

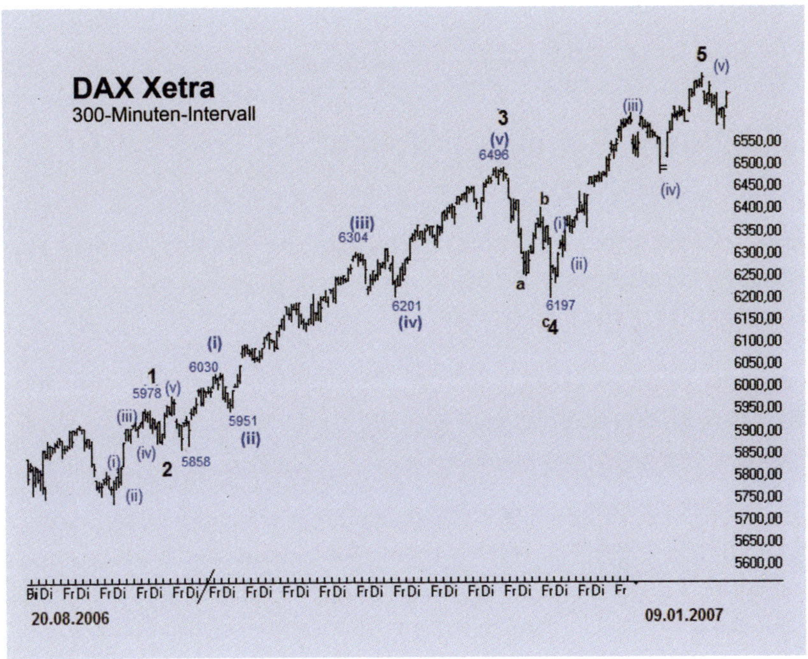

Abbildung 1-5

Vergleichen Sie bitte das Grundmuster in Abbildung 1-1 mit dem tatsächlichen Verlauf des Xetra-DAX in Abbildung 1-5.

Sie erkennen ein ausgebildetes Wellenmuster mit fünf Trendwellen (Welle 1 bis 5). Dabei werden die in Abbildung 1-2 beschriebenen untergeordneten Wellen hier in den Wellen 1, 3 und 5 deutlich. Auf dieser Zeitebene ist die abc-Welle in der Welle 2 schwer erkennbar, umso deutlicher ist das dreigliedrige Abschlussmuster in der Welle 4.

Zusammenfassung:

Die von Elliott entdeckten Regeln für eine Antriebswelle sind beim Xetra-DAX eindeutig nachvollziehbar.

1.4 Ausdehnung der Impulswellen

Gewöhnlich tritt bei den Fünf-Wellen-Mustern in einer der drei Antriebswellen (1, 3 oder 5) eine Ausdehnung auf, das heißt, deren Bewegung überschreitet das Ausmaß der anderen Antriebswellen bei weitem.

In den meisten Fällen entwickelt sich die Ausdehnung (Extension) in der dritten Antriebswelle. Die Prognose für den weiteren Kursverlauf gestaltet sich dann verhältnismäßig einfach.

Die Ausdehnung in der fünften Welle lässt sich hingegen erahnen, wenn das Ausmaß der ersten und dritten Welle ungefähr gleich ist. Wenn die vierte Welle abgeschlossen ist und in Welle 3 keine Ausdehnung stattgefunden hat, lässt sich mit großer Wahrscheinlichkeit sagen, dass in der Welle 5 eine Ausdehnung bevorsteht.

Eine Ausdehnung in der ersten Welle zu erkennen ist sehr schwierig und kann leicht zu einer Fehlbewertung führen. Denn nach Ausbildung der ersten und zweiten Welle wird ja das Ziel für die dritte Welle festgelegt. Wer dabei eine Ausdehnung in der dritten Welle zugrunde legt – in der sie nun einmal besonders häufig auftritt – setzt das Ziel deutlich zu hoch an, weil die Ausdehnung bereits in der ersten Welle stattgefunden hat.

Gelegentlich ist eine Ausdehnung nicht erkennbar, weil alle Korrekturen gleichmäßig verlaufen sind. Die Bewertung einer Trendwelle, bei der die Ausdehnung nicht erkennbar ist, erscheint auf den ersten Blick schwierig. Dabei sind in diesem Fall schlicht neun Wellen einer Antriebswelle mit den sonst üblichen fünf Wellen gleichzusetzen.

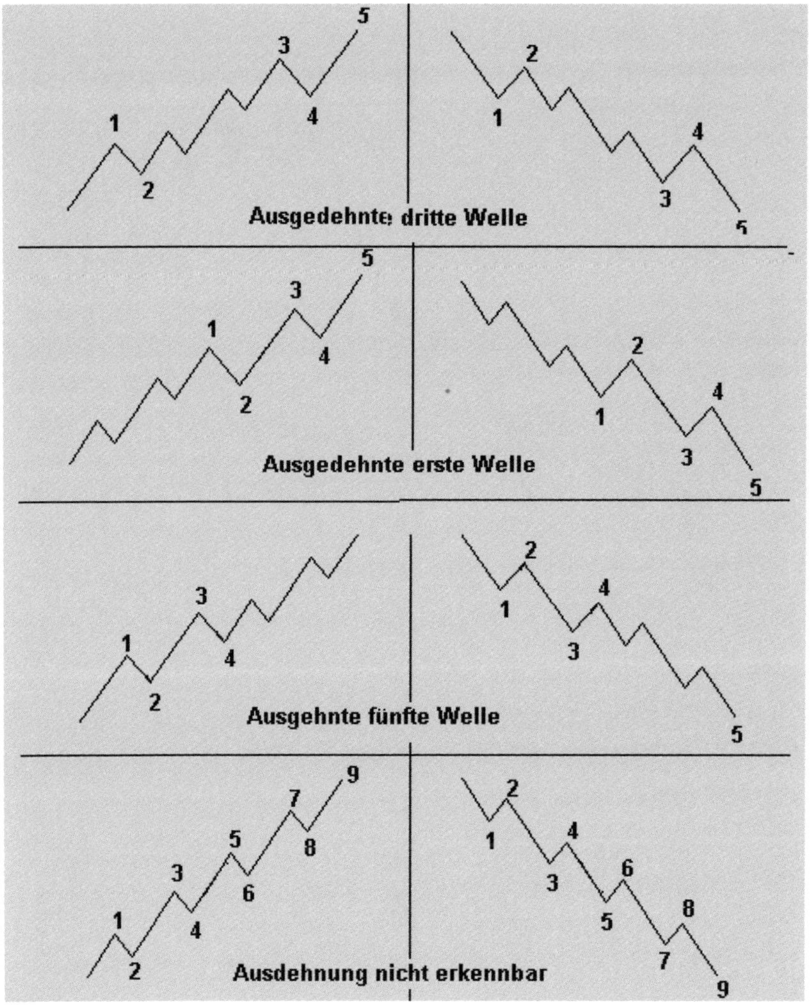

Abbildung 1-6

Dieses Prinzip ist leicht zu verstehen, wenn Sie sämtliche Wellen inklusive Ausdehnung zählen (siehe Abbildung 1-6). Jede Trendwelle mit einer Ausdehnung hat neun Wellen, wenn die untergeordneten Wellen mitgezählt werden.

Nach meiner Erfahrung tritt die Ausdehnung allenfalls in einer der drei Antriebswellen auf. Ein Fünf-Wellen-Muster mit zwei Ausdehnungen ist mir bisher noch nicht begegnet. Tritt die Ausdehnung in einer dritten Welle auf, sind sich die erste und fünfte Welle meist ähnlich.

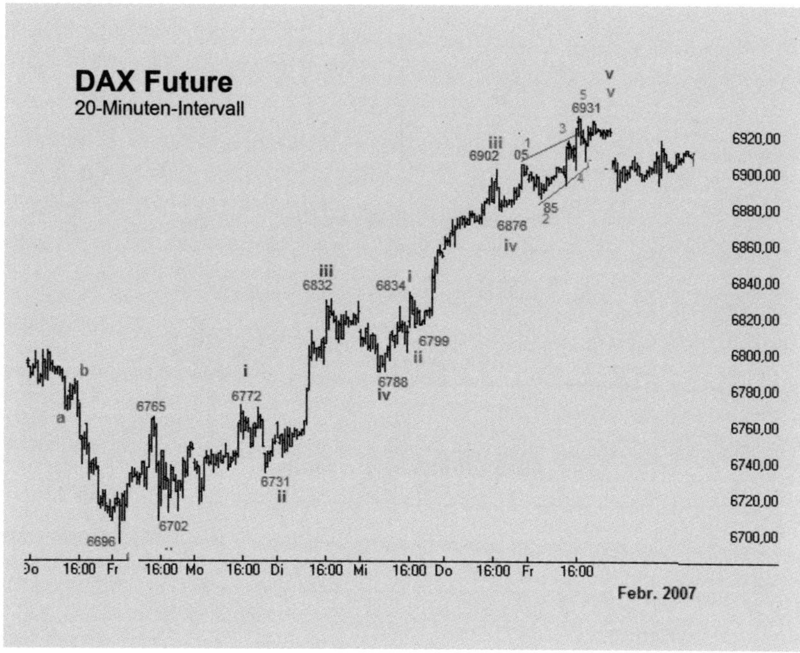

Abbildung 1-7

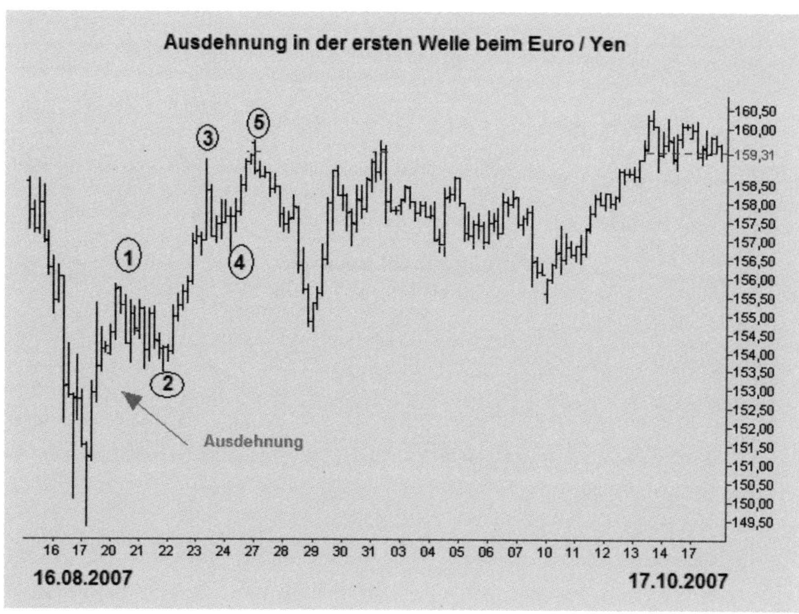

Abbildung 1-8

Der DAX Future vom Februar 2007 zeigt, dass das Ausmaß - also die prozentuale Punkte-/Kursspanne - der blauen Wellen i und iii ungefähr gleich ist. Sie können deutlich erkennen, dass sich nach einer unterdurchschnittlich entwickelten dritten Welle eine stark ausgedehnte fünfte Welle gebildet hat.

In Abbildung 1-8 hat der Euro/Yen eine Trendwelle entwickelt, in der die erste Welle die längste ist. Die Wellen 3 und 5 sind kürzer.

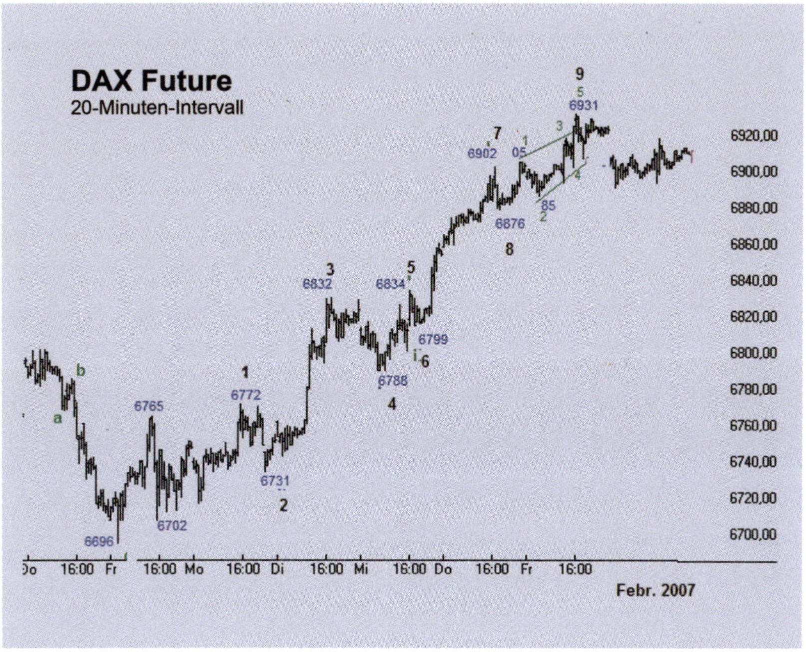

Abbildung 1-9

Der Chart des DAX-Future in Abbildung 1-7 und 1-9 ist mit einer Ausnahme identisch. Die Antriebswelle lässt sich auch als Neuner-Welle zählen und führt zum selben Ergebnis. Ich muss gestehen, dass diese Variante einen ungewöhnlichen Eindruck hinterlässt.

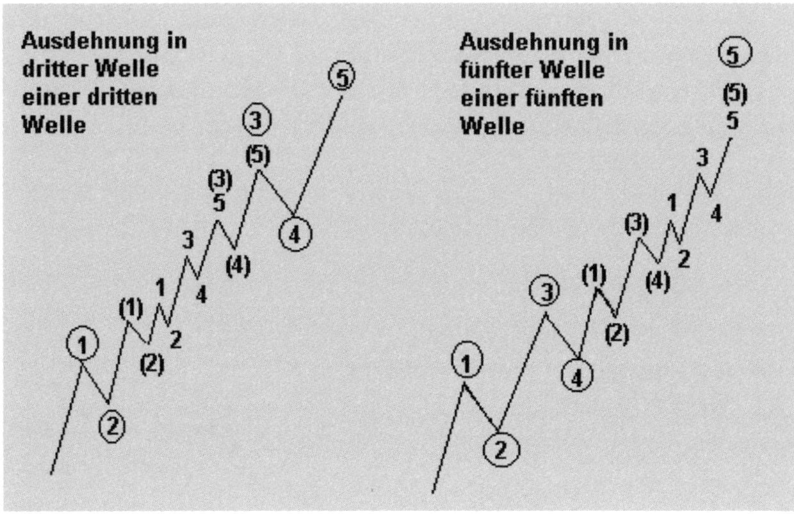

Abbildung 1-10

Ausdehnungen können innerhalb der dritten Welle entstehen und sich dort in Unterwellen weiterentwickeln (siehe Abbildung 1-10 linke Grafik). Andere Ausdehnungen entwickeln sich in einer fünften Welle und bilden dort weitere Unterwellen (siehe Abbildung 1-10 rechte Grafik).

Eine Ausdehnung in einer dritten Welle ist zu erkennen, wenn sich nach der zweiten Welle mehrere Unterwellen entwickeln. In der linken Grafik erkennen Sie die Welle 2 im Kreis und anschließend die Unterwellen (1), (2) und 1, 2. Aufgrund der Überschneidungen des Tiefs der Welle 2 mit dem Hoch der Welle (1) kann es sich hierbei nicht um Fünf-Wellen-Muster handeln (siehe Kapitel 1.5), sondern um unterschiedliche Unterwellen.

Die Ausdehnung in der fünften Welle und dort wiederum in der fünften Unterwelle zeichnet sich durch eine unterdurchschnittlich entwickelte dritte Hauptwelle aus (vergleiche Abbildung 1-10 rechte Grafik).

Regel:

Wenn die erste und die dritte Welle ungefähr gleich lang sind, entwickelt sich eine Ausdehnung in der fünften Welle.

Vergleichen Sie bitte die Regeln für die Ausdehnung in einer dritten Welle mit dem realen Beispiel in Abbildung 1-5.

1.5 Richtig zählen

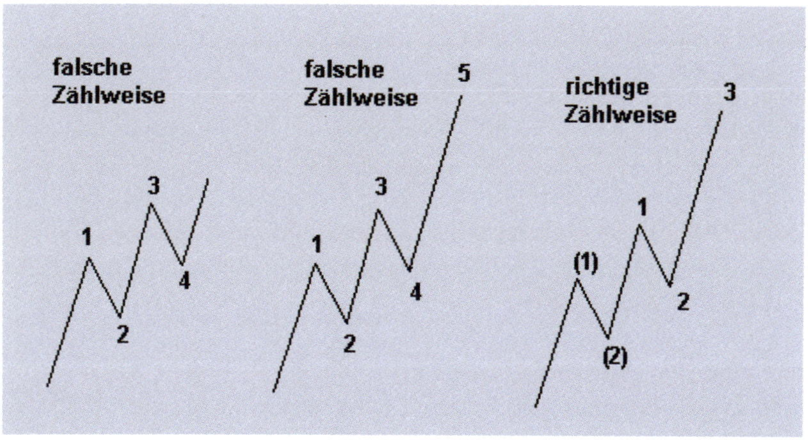

Abbildung 1-11

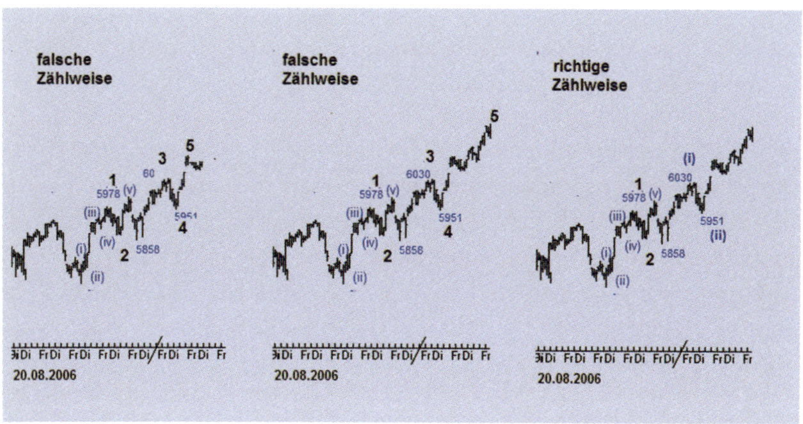

Abbildung 1-12

Die Merkmale für eine Fünf-Wellen-Formation lauten:

- Ein Trend hat immer 5 Wellen
- Es gibt keine Überschneidung zwischen den Wellenbereichen 1 und 4
- Welle 2 endet nie unter dem Anfang der Welle 1
- Welle 3 ist niemals die kürzeste Welle

Die Zählweise in der linken Grafik in Abbildung 1-11 ist falsch, weil sich das Hoch der Welle 1 mit dem Tief der Welle 4 überschneidet. Es gibt jedoch Ausnahmen, auf die ich später eingehen werde (siehe diagonales Dreieck).

Die mittlere Grafik zeigt dasselbe Problem mit einer ausgedehnten fünften Welle. Diese Zählweise ist ebenfalls falsch, weil das eine Überschneidung zwischen der ersten und vierten Welle bedeuten würde.

Die rechte Grafik zeigt die richtige Zählweise. Dieses Wissen ist von entscheidender Bedeutung für die Prognose des weiteren Kursverlaufs. Während wir in der linken und mittleren Grafik davon ausgehen, dass sich nach dem Ende der fünften Welle eine Abwärtsbewegung entwickelt, erkennen wir in der richtigen Zählweise einen stark steigenden Trend.

Bitte vergleichen Sie die richtige Zählweise in Abbildung 1-11 mit den Regeln für die Ausdehnung in einer dritten Welle in Abbildung 1-10.

Abbildung 1-12 zeigt die schematische Darstellung in der Praxis. Der Kursverlauf wurde Abbildung 1-5 entnommen und macht deutlich, dass die richtige Zählweise der Unterwellen große Bedeutung für eine erfolgreiche Prognose hat. Der DAX stieg nach Abschluss der Welle (ii) um 500 Punkte. Wer diese nach falscher Zählweise als Welle 4 interpretiert hätte, hätte nach der nächsten Impulswelle eine starke Korrektur erwartet.

1.6 Versager in einer Impulswelle

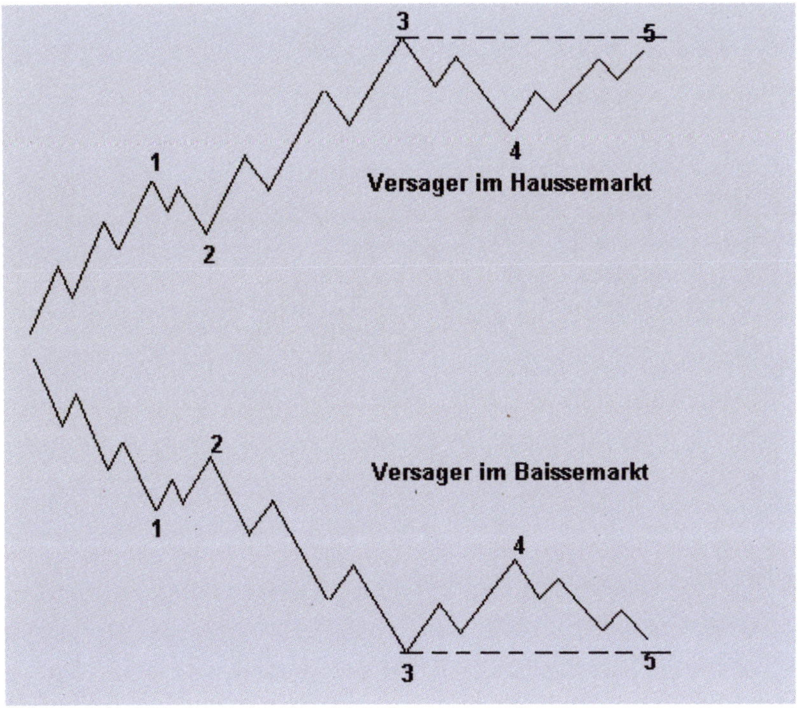

Abbildung 1-13

Ein sogenannter Versager erfüllt ebenfalls alle oben genannten Voraussetzungen für ein Fünf-Wellen-Muster. Der Versager hat nur eine Besonderheit: Welle 5 endet unter dem Hoch der Welle 3.

Außerdem hat sich in der Unterwelle der fünften Welle eines Versagers ein vollständiges Fünf-Wellen-Muster entwickelt. Ein Versager führt zu einem starken Trendwechsel.

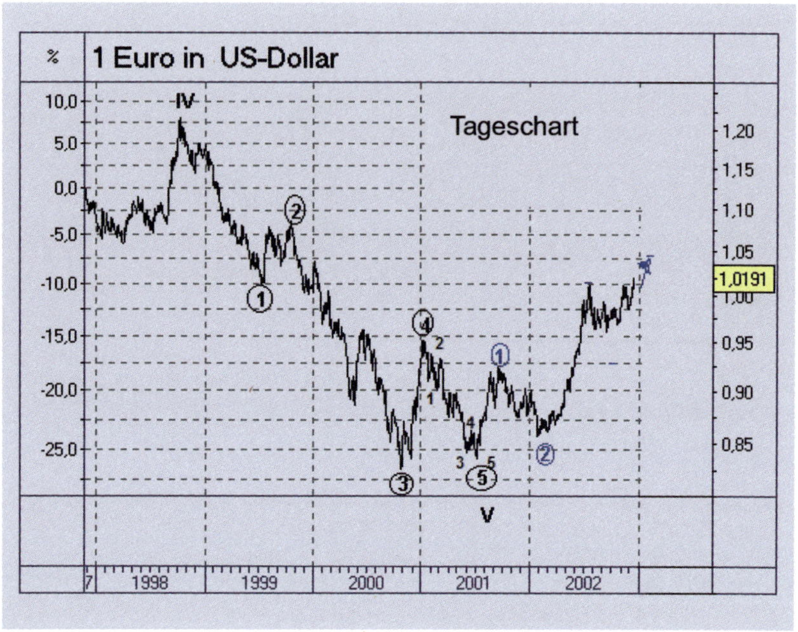

Abbildung 1-14

Im Jahr 2000 hat der Euro/Dollar das Tief in der schwarzen Welle 3 im Kreis gebildet (siehe Abbildung 1-14). Die Welle 4 im Kreis entwickelte eine dreigliedrige steigende Korrekturwelle. Die Welle 5 im Kreis wiederum setzt sich aus einem untergeordneten Fünf-Wellen-Muster zusammen, bildet aber kein tieferes Tief. Solch ein Versager ist eine sehr seltene Formation.

Sollte der Versager nicht am Tief sondern erst später erkannt werden, bieten sich trotzdem noch viele Möglichkeiten für gewinnbringende Trades, weil nach einem Versager meist ein Trendwechsel mit einer starken Kursbewegung einsetzt.

Der Chart in Abbildung 1-15 verdeutlicht, welche außergewöhnlichen Kräfte beim Euro nach dem Versager freigesetzt worden sind. Der Markt stieg von 0,85 Euro auf 1,40 Euro pro Dollar. Dabei stieg der Euro mit kurzen Korrekturen rasant an und entwickelte die erste größere Korrektur, nachdem er 1,38 Euro/Dollar erreicht hatte.

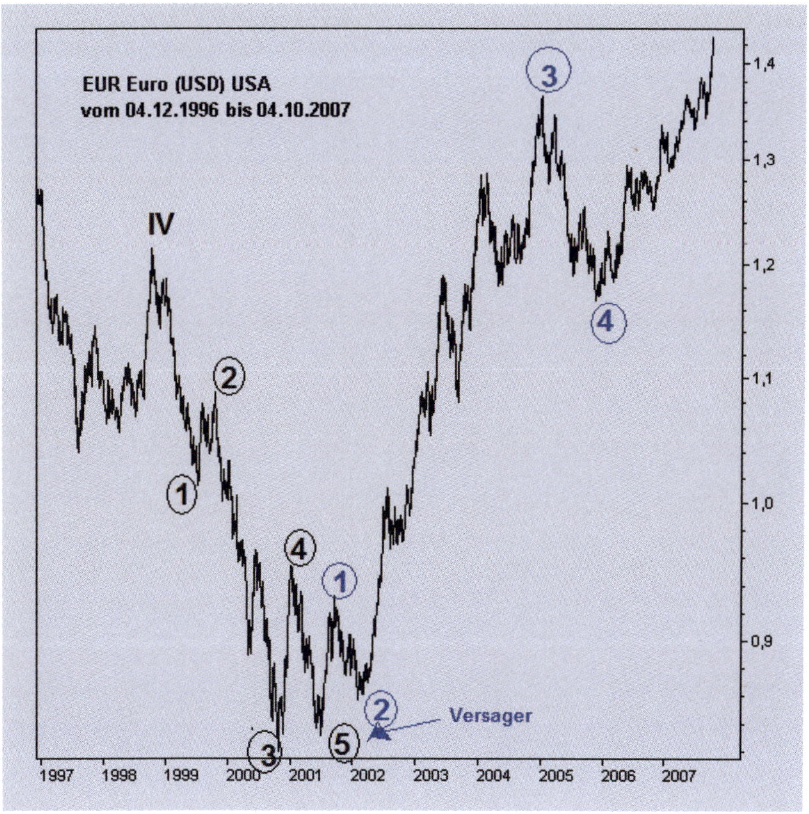

Abbildung 1-15

Merkmale für Versager:

- Ein Trend hat immer 5 Wellen
- Es gibt keine Überschneidung zwischen den Wellenbereichen 1 und 4
- Welle 2 endet nie unter dem Anfang der Welle 1
- Welle 3 ist niemals die kürzeste Welle
- Welle 5 endet unter dem Hoch der Welle 3
- Folge: Starker Trendwechsel

1.7 Sonderform steigendes und fallendes Dreieck

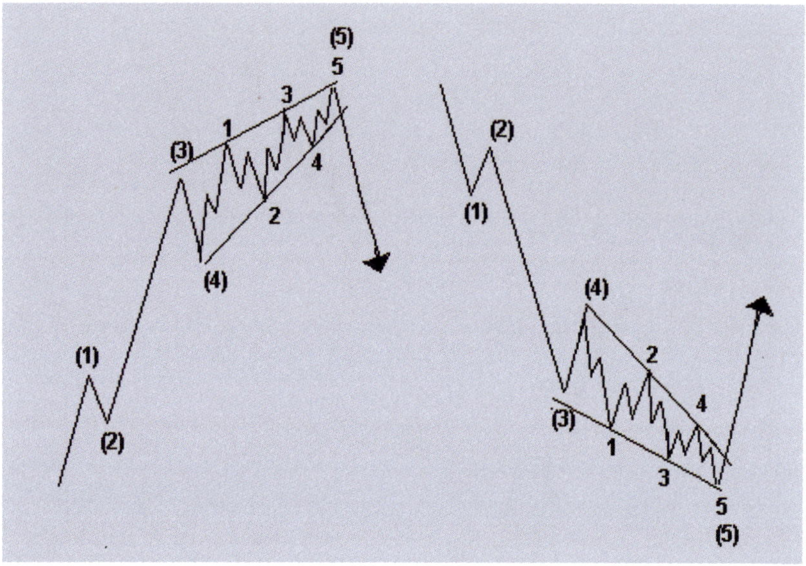

Abbildung 1-16

Das diagonale Dreieck entsteht in der fünften Welle, wenn sich die Welle 3 schnell und »zu weit« entwickelt hat. Es ist ein besonderer Typ der fünften Wellen und signalisiert eine Ermüdung in dem vorherrschenden Trend. Grundsätzlich bilden sich im diagonalen Dreieck fünf Wellen, deren untere und obere Begrenzung mit einer Linie verbunden werden kann und in den meisten Fällen keilförmig zusammenläuft.

Um Verwechslungen mit einer ähnlichen Formation zu vermeiden, sollte darauf geachtet werden, dass sämtliche fünf Wellen dreigliedrig sein müssen (siehe folgender Abschnitt), einschließlich der Trendwellen 1, 3 und 5.

Die obere und untere Begrenzungslinie wird in den meisten Fällen genau eingehalten. In manchen Fällen überschreitet die fünfte Welle die obere Begrenzungslinie mit einer schnellen Bewegung.

Nach Abschluss der fünften Welle im Dreieck folgt häufig ein schneller und starker Rücklauf, der mindestens bis zum Niveau der vorherigen vierten Welle führt.

Das diagonale Dreieck ist ein Trendabschlussmuster. Es entsteht häufig vor einem Trendwechsel und tritt nur am Ende einer fünften oder C-Welle auf. Steigende diagonale Dreiecke leiten eine Baisse ein, während fallende diagonale Dreiecke eine Hausse einleiten.

Die Dreiecke sind die einzigen Fünf-Wellen-Muster in der fünften Welle, bei denen sich die Welle 4 und die Welle 1 überschneiden. Die Welle 4 führt auf ein Niveau zurück, das in den Bereich der Welle 1 führt.

Merkmale für steigende oder fallende Dreiecke:

- Starker, schneller Anstieg in Welle 3
- Dreieck besteht aus 5 Unterwellen
- Überschneidung der Unterwellen 1 und 4
- Jede Unterwelle hat 3 weitere Unterwellen
- Unterwelle 3 ist niemals die kürzeste Welle
- Begrenzungslinien laufen als steigendes oder fallendes Dreieck zusammen
- Dreiecke treten ausschließlich in einer fünften Welle oder einer Welle C auf
- Anschließend folgt ein Rücklauf mindestens bis zum Ausgang des Dreiecks
- Dreiecke bilden sich häufig im Trendwendebereich

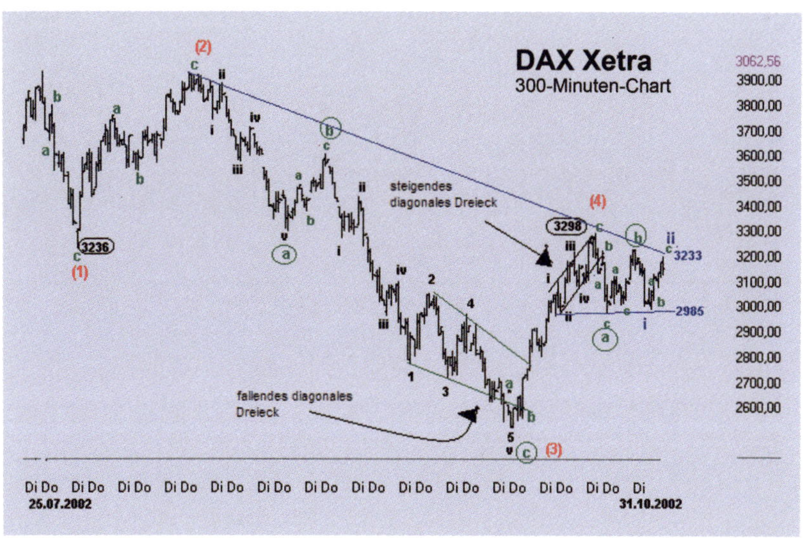

Abbildung 1-17

Wie in Abbildung 1-17 zu sehen ist, zeigte der DAX im Oktober 2002 die Wirkung eines fallenden diagonalen Dreiecks in der Welle (3). Vergleichen Sie bitte die Beschreibung von R. N. Elliott mit den tatsächlichen Kursbewegungen.

- Die Welle iii in der Welle (3) entwickelt sich schnell.
- Anschließend bilden sich fünf dreigliedrige Wellen, deren Begrenzungslinien keilförmig zusammen laufen.
- Die Unterwellen 1 und 4 überschneiden sich.
- Die letzte und fünfte Welle unterschreitet die untere Begrenzungslinie kurzfristig.
- Nach Abschluss des Dreiecks folgt eine schnelle und starke Gegenbewegung.

In Abbildung 1-17 in der Welle (4) sehen Sie außerdem ein Beispiel für ein steigendes diagonales Dreieck in einer Unterwelle c.

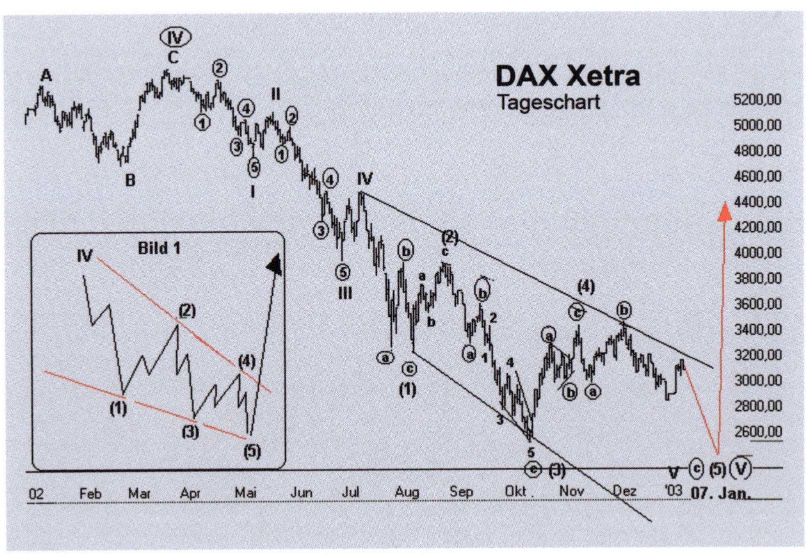

Abbildung 1-18

Die folgende DAX-Analyse wurde im Januar 2003 veröffentlicht. Ich erwartete noch ein Tief unter 2.600 Punkten und anschließend einen Trendwechsel mit schnell und stark steigenden Kursen, angedeutet durch den roten Pfeil in Abbildung 1-18.

Originaltext der Analyse:

Das Hoch im März 2002 lag bei 5.466 Punkten. Der DAX verlor bis zum Tief bei 2.520 Punkten 54 Prozent. Diese Abwärtsbewegung wurde in 8 Monaten vollzogen. In Welle V haben sich abc-Muster gebildet. Nach den Elliott-Regeln sollte ein weiteres Tief folgen. Dieses Tief erwarten wir in Form eines Korrekturmusters. Sollte diese Formation Realität werden, erwarten wir eine Kurserholung, die mindestens das Niveau der vorigen vierten Welle erreichen sollte. Unser Kursziel nach einem weiteren Tief liegt bei 4.483 Punkten.

Ich möchte mit Ihnen erarbeiten, welche Schritte zu dieser Prognose geführt haben.

1. Der DAX hat auf dem Niveau von 5.400 Punkten eine vierte Welle (Welle IV im Kreis) abgeschlossen. In der Welle III entwickelte sich eine schnelle Abwärtsbewegung.

Regel:

Starker, schneller Anstieg (oder Abfall) in Welle III.

2. In der Welle V hatten sich bereits zwei fallende abc-Wellen in den Unterwellen (1) und (3) gebildet.
3. Die Unterwellen (1) und (4) sind durch eine Überschneidung gekennzeichnet.

Regel:

Überschneidung der Wellen 1 und 4.

4. Ein diagonales Dreieck besteht aus fünf abc-Wellen. Es muss also eine letzte fallende abc-Welle folgen.

Regel:

Jedes Dreieck besteht aus 5 Wellen. Jede Unterwelle hat 3 weitere Unterwellen.

5. Es muss noch ein Tief folgen. Danach entsteht ein Trendwechsel. Die Kurse sollten schnell bis mindestens zum Ausgangspunkt des Dreiecks steigen. Das Dreieck hatte bei 4.440 Punkten begonnen, was somit als Mindestziel angesetzt wird.

Regel:

Nach Abschluss eines Dreiecks entsteht ein starker Trendwechsel.

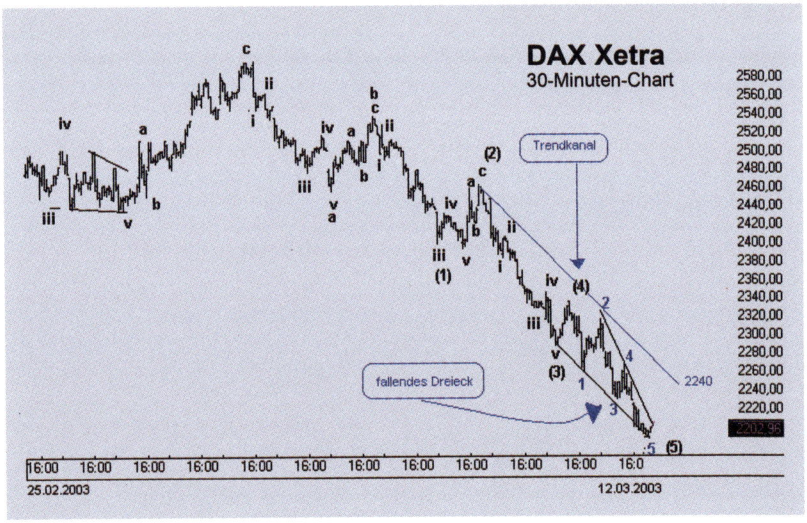

Abbildung 1-19

Schon im Januar 2002 konnte ich mit Hilfe der Elliott-Regeln ein Tief unter 2.600 Punkten prognostizieren. Der Chart vom März 2003 zeigt, dass der DAX bereits bis 2.200 Punkte gefallen war (siehe Abbildung 1-19).

Bitte prüfen Sie noch einmal die übergeordnete Zählweise in Abbildung 1-18. Der Markt befindet sich in der letzten fallenden abc-Welle eines fallenden Dreiecks. Sie erinnern sich, dass nach Abschluss der Welle c in der fünften Welle ein Trendwechsel erfolgen sollte.

Dann hat sich in den untergeordneten Wellen am Ende des fallenden Trends ein weiteres fallendes diagonales Dreieck gebildet (siehe Abbildung 1-19).

Inzwischen kennen Sie die folgende Regel sicherlich: Nach einem fallenden Dreieck folgt ein schneller und starker Aufwärtstrend.

DAX-Analyse vom 13.03.2003, Indexstand 2.202 Punkte

Originaltext:

Das fallende Dreieck bildet eine Ausdehnung in der Welle 5. Es besteht die Möglichkeit, dass sich eine starke Aufwärtsbewegung entwickelt und wir das Tief eines großen Zyklus am 12.03. bei 2.188 Punkten gesehen haben. Das fallende Dreieck ist die erste Knospe im Frühling. Weiteres Aufwärtspotenzial entsteht, wenn die Make-or-Break-Linie bei 2.359 Punkten überschritten wird.

Die Make-or-Break-Linie wird auf Seite 159 näher erklärt.

Das Tief wurde in der Tat am 12. März bei 2.188 Punkten gehandelt.

Und obwohl am 20. März 2003 der Krieg gegen den Irak begann, gingen wider Erwarten die Kurse nicht weiter in den Keller. Im Gegenteil: Es hatte bereits eine massive Hausse eingesetzt.

Im Jahr 2003 entwickelte sich ein steigendes Dreieck beim DAX, das nicht das von R. N. Elliott erwähnte minimale Rücklaufziel erreichte. Die Folge waren stark steigende Kurse (siehe Abbildung 1-20). Spätestens wenn das Hoch des Dreiecks überschritten wird, ist dieses Signal zu erkennen.

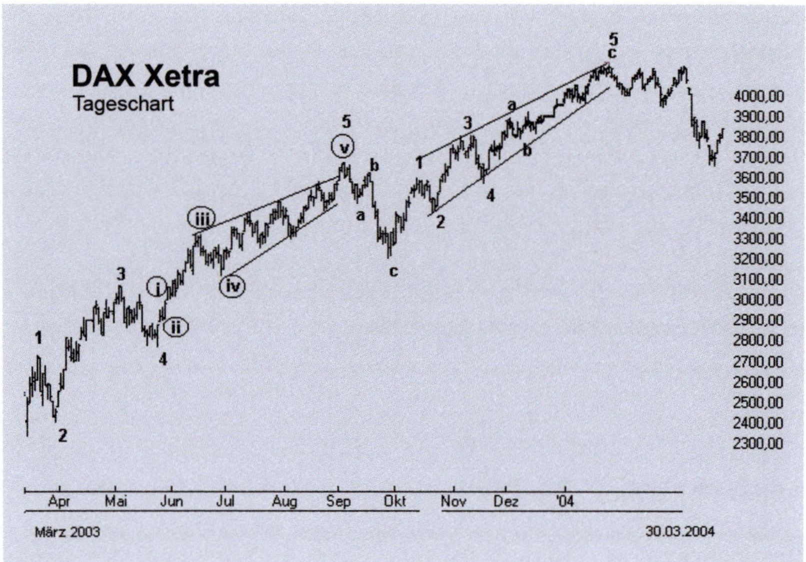

Abbildung 1-20

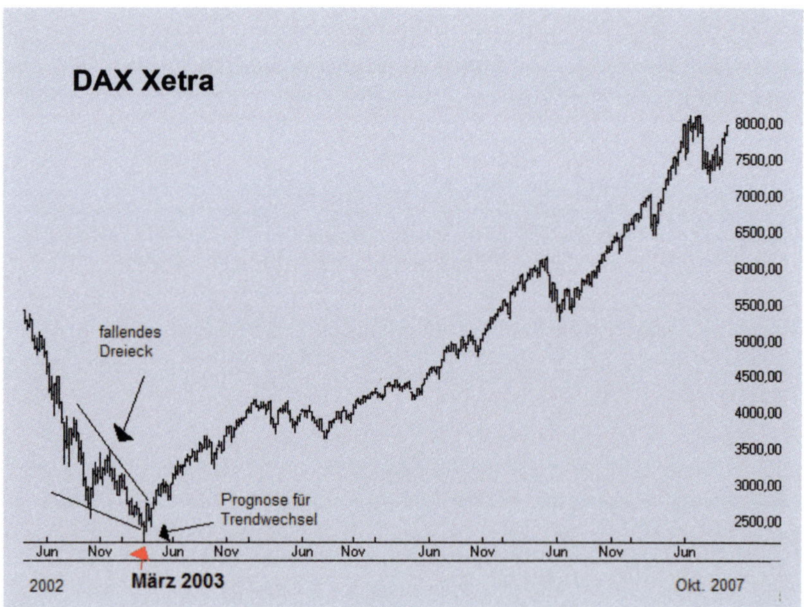

Abbildung 1-21

Im Anschluss an das steigende Dreieck in der Welle v im Kreis (siehe Abbildung 1-20) wurde das von Elliott angegebene Mindestrücklaufniveau nicht vollständig erreicht. Der DAX stieg kurz vor dem Tief der vorherigen Welle iv im Kreis und bildete ein zweites steigendes Dreieck.

Die Grafik des Xetra-DAX im Oktober 2007 zeigt, wie stark die Aussagekraft des fallenden diagonalen Dreiecks ist und welche Kräfte im Markt ausgelöst werden können, wenn sich diese Formation am Ende eines Trends bildet.

R. N. Elliott hat mit der Entdeckung des diagonalen Dreiecks ein Analysetool zur Verfügung gestellt, mit dem sich Trendwendepunkte in vielen Fällen exakt bestimmen lassen.

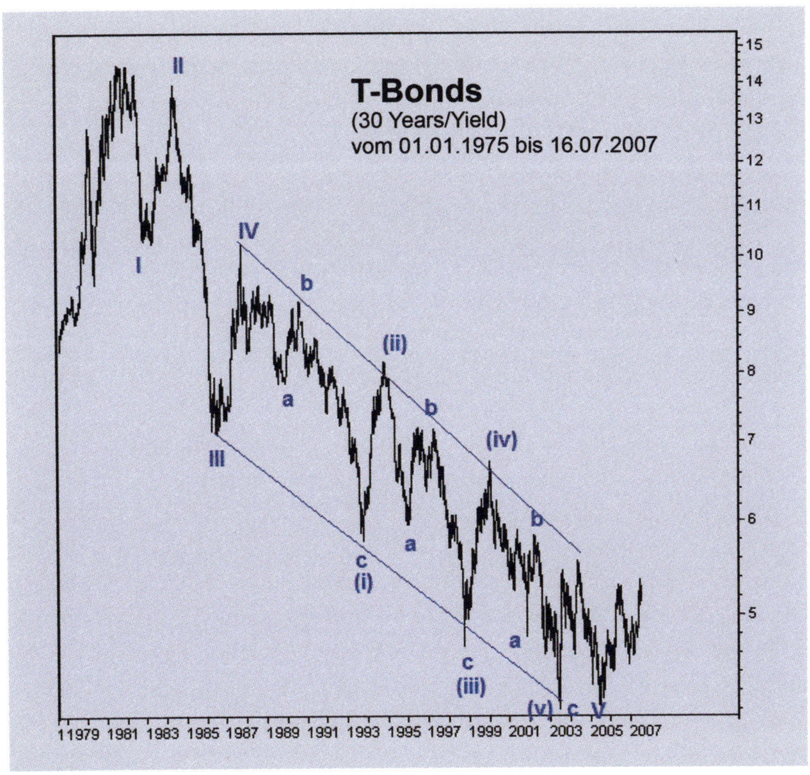

Abbildung 1-22

Viele Börsenteilnehmer reagierten im März 2003 mit Angst und Panik, weil am Ende des Trends der Krieg im Irak ausbrach. Das Elliott-Wellen-Prinzip ist jedoch frei von diesen Emotionen und hat den Trendwechsel zuverlässig angekündigt.

Der Chart der 30-jährigen T-Bonds zeigt die Entwicklung der dreigliedrigen Wellen im fallenden diagonalen Dreieck und die intakten Begrenzungslinien sehr deutlich (siehe Abbildung 1-22).

1.8 Sonderform diagonales Dreieck Typ II vor dem Trend

Das diagonale Dreieck entsteht in der fünften Welle. Grundsätzlich bilden sich im diagonalen Dreieck ja fünf Wellen, deren untere und obere Begrenzungen mit einer Linie verbunden werden können und in den meisten Fällen keilförmig zusammenlaufen. Sämtliche Wellen innerhalb des diagonalen Dreiecks sind dreigliedrig.

Das diagonale Dreieck Typ II sieht dem bereits erwähnten Dreieck sehr ähnlich. Es besteht ebenfalls aus fünf Wellen. Die Wellen 1 und 4 überschneiden sich, die jeweiligen Hochs und Tiefs der Wellen lassen sich mit keilförmig zusammenlaufenden Linien begrenzen, und die dritte Welle ist niemals die kürzeste.

Achten Sie auf die entscheidenden Unterschiede:

Diese Formation zählt zu den Trendmustern. Die Trendwellen eins, drei und fünf bestehen allesamt aus Fünf-Wellen-Mustern - sind also im Gegensatz zum steigenden Dreieck am Trendende nicht dreigliedrig.

Es wurde in der Vergangenheit davon ausgegangen, dass sich dieses Muster nur in einer Welle A entwickelt. Inzwischen hat sich herausgestellt, dass Typ II häufig in der ersten Welle eines Trends entsteht. Dies ist der zweite wichtige Unterschied zu einem »normalen« diagonalen Dreieck. Die Formation ist kein Abschlussmuster, sondern bildet sich am Anfang (!) eines Trends. Anschließend ist häufig eine starke Kursbewegung zu erwarten.

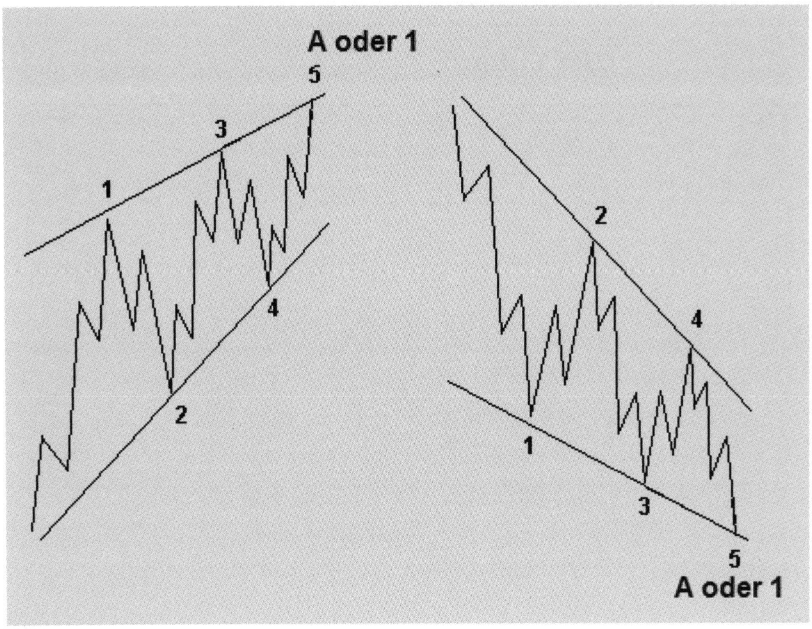

Abbildung 1-23

Merkmale des diagonalen Dreiecks Typ II:

- Die Trendwellen 1, 3 und 5 haben fünf Unterwellen.
- Die Korrekturwellen 2 und 4 haben drei Unterwellen.
- Es gibt eine Überschneidung zwischen Unterwelle 1 und 4.
- Welle 2 endet nie unter dem Anfang der Welle 1.
- Welle 3 ist niemals die kürzeste Welle.
- Es folgen Welle b und Welle c oder Welle 1 und Welle 2.
- Wichtig: Ein diagonales Dreieck Typ II befindet sich *am Anfang* eines starken Trends. Insofern unterscheidet es sich vom steigenden oder fallenden diagonalen Dreieck - dessen Trendwellen 1, 3 und 5 zudem dreigliedrig sind -, das sich stets *am Ende* eines starken Trends entwickelt.

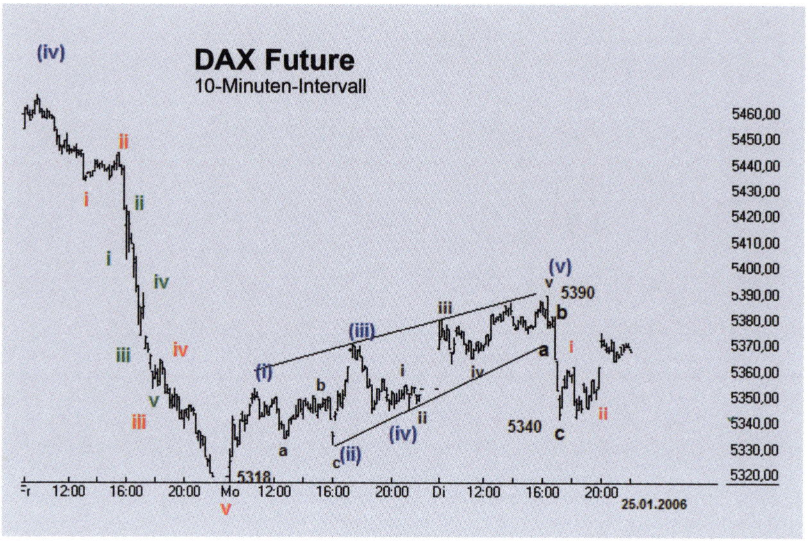

Abbildung 1-24

In Abbildung 1-24 endete eine Impulswelle mit der roten Welle v. Bis zum Dienstag gegen 16:00 Uhr bildeten sich drei Impulswellen (i), (iii) und (v) sowie zwei Korrekturwellen (ii) und (iv). Die Wellen (i) und (iv) weisen eine Überschneidung auf, die Begrenzungslinien des Dreiecks verlaufen keilförmig.

Die Trendwellen (i), (iii) und (v) sind fünfgliedrig, auch wenn das in diesem Chart nicht leicht zu bestimmen ist.

Die Welle v in rot hat einen Trend beendet. Das steigende diagonale Dreieck Typ II bildet ein Signal für (stark) steigende Kurse.

Erinnern Sie sich bitte an das Fünf-Wellen-Grundmuster. Das Dreieck (5-3-5-3-5) entsteht in der ersten Welle oder in der Welle A.

Es muss also mindestens eine steigende Welle folgen, die eine kräftige Ausdehnung hat. Ein weiteres Tief darf nicht entstehen.

Das Dreieck in Abbildung 1-25 hat die erste Welle im Trend abgeschlossen. In Welle (2) ist eine dreigliedrige Korrekturwelle eingetreten. Anschließend ist der Markt kräftig gestiegen.

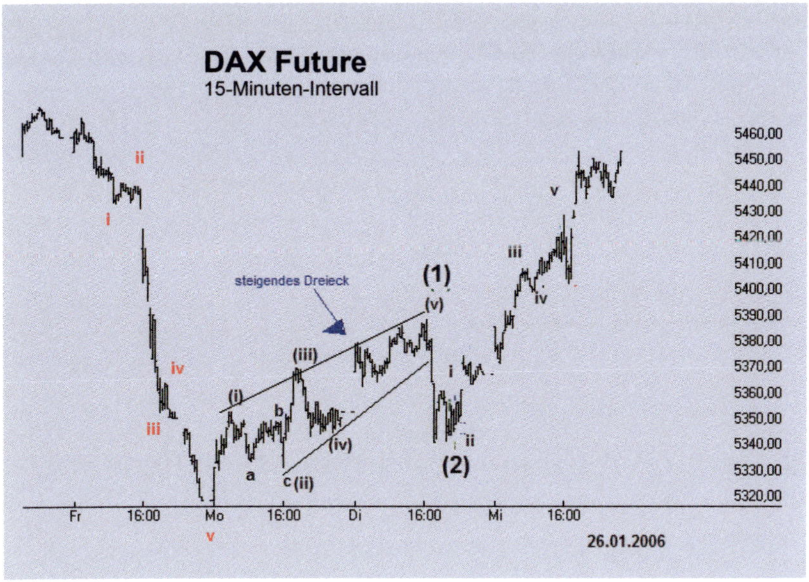

Abbildung 1-25

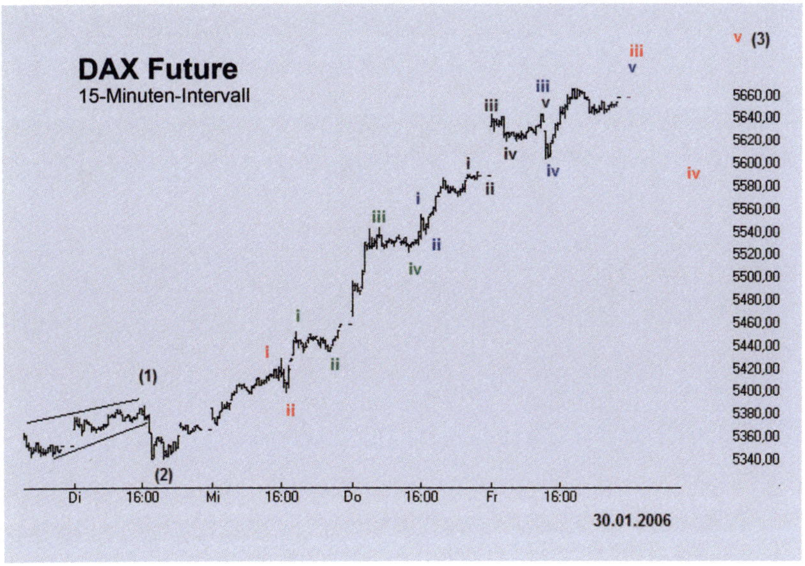

Abbildung 1-26

In den Grundlagen für ein steigendes Dreieck Typ II wurde beschrieben, dass nach dieser Formation eine kräftige Kursbewegung einsetzt.

Der Chart vom 30.01.2006 zeigt deutlich, welche Kraft steigende Dreiecke besitzen können (siehe Abbildung 1-26). Der DAX Future stieg mit sehr geringen Korrekturen in fünf Tagen von 5.350 auf 5.660 Punkte.

Fazit: Ein steigendes Dreieck Typ II rechtzeitig zu erkennen, ist von großer Bedeutung für die richtige Positionierung.

1.9 Sonderform Ausdehnung mit überschießender Welle

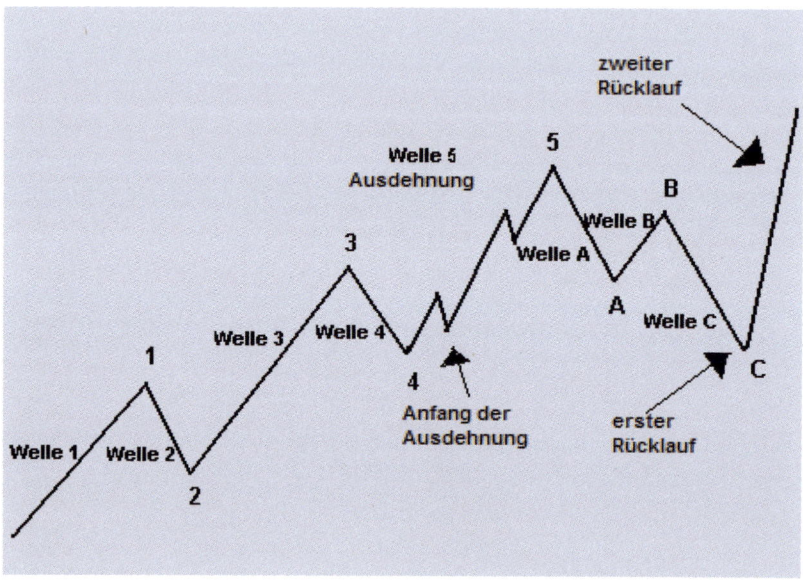

Abbildung 1-27

Nach einer Ausdehnung in der fünften Welle folgt häufig ein erster Rücklauf, der bis an den Anfang der Ausdehnung zurückführt (siehe Abbildung 1-27). Auf dieser Basis setzt ein zweiter Rücklauf ein, der das Hoch der fünften Welle überschreitet und sich als unregelmäßige Korrektur entwickelt (wird im folgenden Kapitel über Korrekturwellen besprochen).

Obwohl der Trend beendet ist, bildet der Markt also ein weiteres Hoch, das bezeichnenderweise »unregelmäßiges Hoch« genannt wird.

1. Ausdehnungen haben nur dann einen zweiten Rücklauf, wenn die Ausdehnung in der fünften Welle entstanden ist.

2. Entsteht der Rücklauf am Ende eines großen Trends, bilden sich der erste und zweite Rücklauf als A- und B-Welle einer unregelmäßigen Korrektur.

3. Nach dem zweiten Rücklauf folgt dann eine fallende Welle C, die sich aus einem Fünf-Wellen-Muster zusammensetzt und in der Regel einen starken Abwärtstrend einleitet. (Umgekehrt leitet ein solches Muster nur extrem selten einen Aufwärtstrend ein.)

4. Einschränkend muss erwähnt werden, dass ich während meiner 13-jährigen täglichen Analysearbeit festgestellt habe, dass der zweite Rücklauf nicht einsetzt, wenn sich vor der Trendumkehr ein diagonales Dreieck entwickelt.

   Diese Regel trifft häufig ein, ist aber nicht zwingend. Ich habe in den letzten Jahren einige Beispiele erlebt, bei denen sich zwar eine Ausdehnung in der fünften Welle entwickelte, jedoch kein zweiter Rücklauf oder unregelmäßiges Hoch bzw. Tief.

5. Grundsätzlich kann man sagen, dass der Trend nach der fünften Welle beendet ist. Das unregelmäßige Hoch führt zwar zu neuen Höchstkursen, ist aber nicht Bestandteil einer Fünf-Wellen-Formation, sondern Teil eines Korrekturmusters.

Die Regeln für das unregelmäßige Hoch erscheinen etwas kompliziert. Ein praktisches Beispiel soll die Sachlage verdeutlichen.

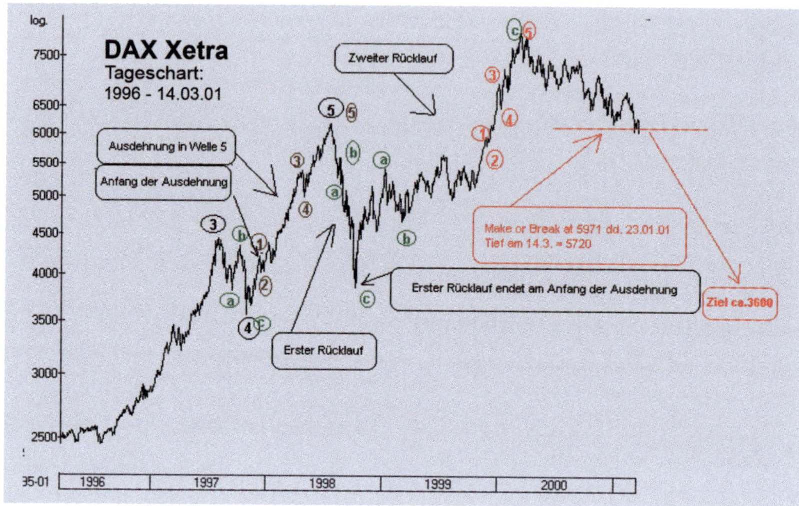

Abbildung 1-28

Der Chart in Abbildung 1-28 ist eine Originalanalyse aus dem Jahr 2001 und wurde am 14.03.2001 erstellt. Ich konnte den Börsencrash von 2000 bis 2003 nur prognostizieren, weil Elliott die Regeln für den zweiten Rücklauf entdeckt hat.

1. In der Welle 5 (schwarz im Kreis, 1998) hat sich eine Ausdehnung entwickelt.

2. Anschließend bildete sich eine fallende dreigliedrige Korrekturformation (Welle a, b, c in grün im Kreis). Der Rücklauf endete im Bereich des Anfangs der Ausdehnung.

3. Auf Basis des Beginns der Ausdehnung bildete sich ein unregelmäßiges Hoch, das den DAX über 8.000 Punkte steigen ließ. Die steigenden Kurse standen in direktem Zusammenhang mit der Blase am Neuen Markt und zeigten auch eine extreme Überbewertung des DAX an.

4. Das unregelmäßige Hoch hat sich als dreigliedrige Korrekturformation entwickelt.

5. Die Make-or-Break-Linie erfüllt den Zweck, einen Trendbruch früh zu erkennen.

6. Nach den Regeln der unregelmäßigen Korrektur sollte das Tief des ersten Rücklaufs unterschritten werden. Das erste Kursziel wurde nur anhand der Elliott-Regeln bei 3.600 Punkten errechnet.

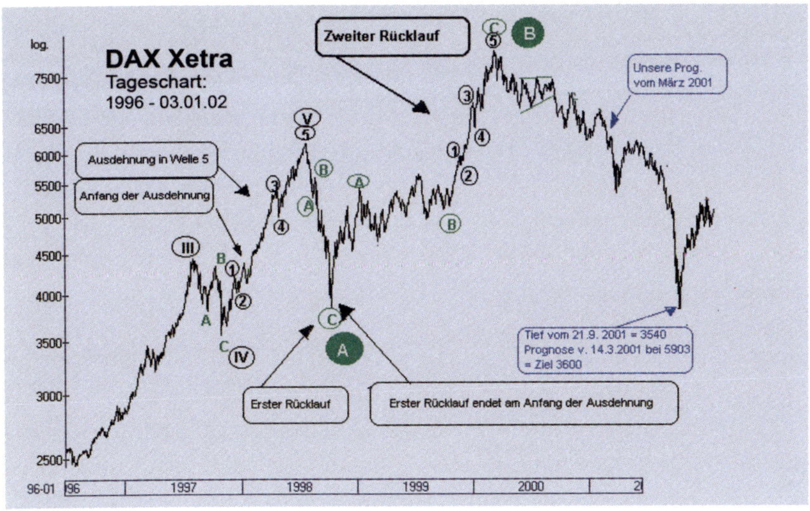

Abbildung 1-29

Am 3.01.2002 entstand eine weitere Originalanalyse des DAX (siehe Abbildung 1-29). Das erste Kursziel lag bei 3.600 Punkten. Das Tief wurde bei 3.540 Punkten gehan-

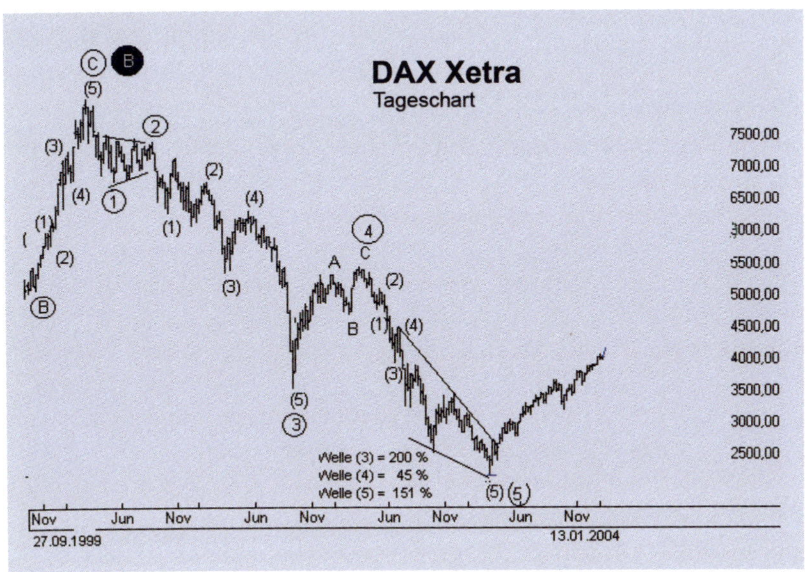

Abbildung 1-30

delt. Nach dem Unterschreiten der Make-or-Break-Linie wurde der Kursbereich in dem fallenden Markt nicht wieder erreicht.

Das Elliott-Wellen-Prinzip und die Regeln vom zweiten Rücklauf waren von besonderem Wert, weil sie den Börsencrash angekündigt haben.

Die Analyse vom 13.01.2004 zeigt, dass sich am Ende des Abwärtstrends im Jahr 2003 eine extrem starke Ausdehnung von 151 Prozent in der Welle (5) entwickelt hatte (siehe Abbildung 1-30). In diesem Fall ist das unregelmäßige Tief nicht eingetroffen.

Ein Grund kann das fallende diagonale Dreieck bis zum Tief gewesen sein. Ein fallendes Dreieck impliziert einen Trendwechsel mit schnell und stark steigenden Kursen. Sollte die Kombination fallendes diagonales Dreieck und eine stark ausgedehnte fünfte Welle auftreten, folge ich den Regeln für das Dreieck und vernachlässige das unregelmäßige Tief nach einer Ausdehnung.

1.10 Korrekturwellen

Die Kursbewegungen in einer Korrekturwelle wirken dem übergeordneten Trend entgegen. Sie sind, im Gegensatz zu den Trendmustern, vielfältig und können nur schwer am Beginn einer Korrektur definiert werden. In vielen Fällen sind sie erst nach Vollendung der Formation klar erkennbar.

Während ein Trend immer aus *einer* Fünf-Wellen-Bewegung besteht, ist dies in einer Korrektur niemals der Fall: Wenn sich in einer Korrektur erst einmal ein Fünf-Wellen-Muster gebildet hat, folgt immer ein zweites.

Für Korrekturen gilt der Merksatz: Eine Fünfer-Welle steht niemals allein.

Korrekturmuster bieten wichtige Informationen über den weiteren Kursverlauf.

Analysen und Prognosen in Korrekturmärkten müssen, im Gegensatz zu einem eindeutigen Hausse- oder Baissemarkt, vorsichtiger erstellt werden.

Die Variationen der Korrekturen sind sehr vielfältig. Sie können nach einer einfachen Formation abschließen oder sich mit einer oder mehreren Korrekturformationen verbinden.

Korrekturen lassen sich in drei Hauptkategorien unterscheiden:

1. Das Zickzack. Es besteht aus einem Fünf-Wellen-Muster, das von einer dreigliedrigen Welle korrigiert wird und mit einem weiteren Fünf-Wellen-Muster endet (5-3-5). Diese Formation tritt auch als Doppel-Zickzack auf. Es bilden sich bei einem Doppel-Zickzack zwei 5-3-5 Wellenmuster hintereinander.

2. Flachformationen. Das Flat besteht aus zwei gegenläufigen abc-Wellen, die von einem Fünf-Wellen-Muster komplettiert werden (3-3-5). Weitere Variationen sind die unregelmäßige Korrektur und die laufende Korrektur. Wir werden die einzelnen Formationen im Verlauf dieses Kapitels besprechen.

3. Dreiecksformationen. Dreiecke setzen sich ausschließlich aus dreigliedrigen Wellenmustern zusammen. Fünf Varianten werden unterschieden: aufsteigende, abfallende, symmetrische, umgekehrte und laufende Dreiecke. Außerdem gibt es Kombinationen verschiedener Korrekturmuster: doppelte und dreifache Dreier. Die Wellenmuster sind kombinierte Formationen, die sich aus zwei oder drei der Grundformationen zusammensetzen.

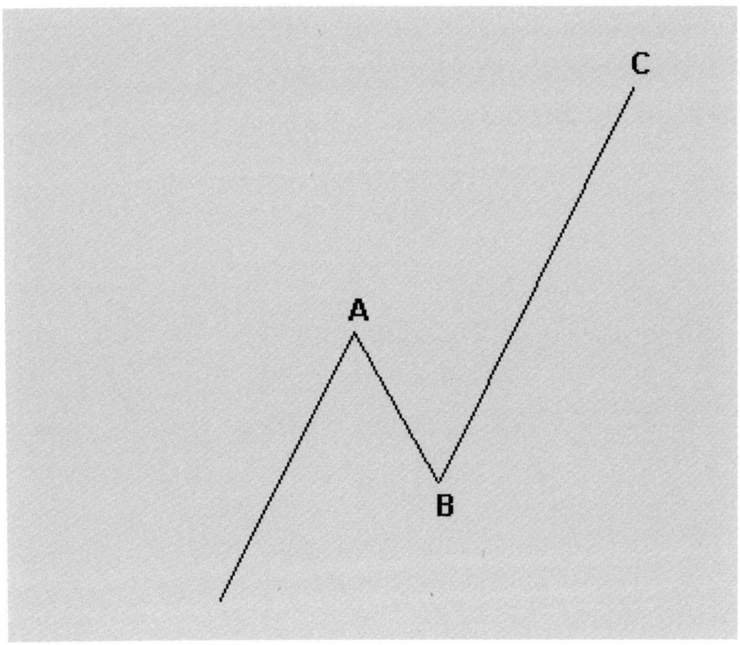

Abbildung 1-31

Die kleinstmögliche Korrekturformation setzt sich aus drei Wellen zusammen (siehe Abbildung 1-31).

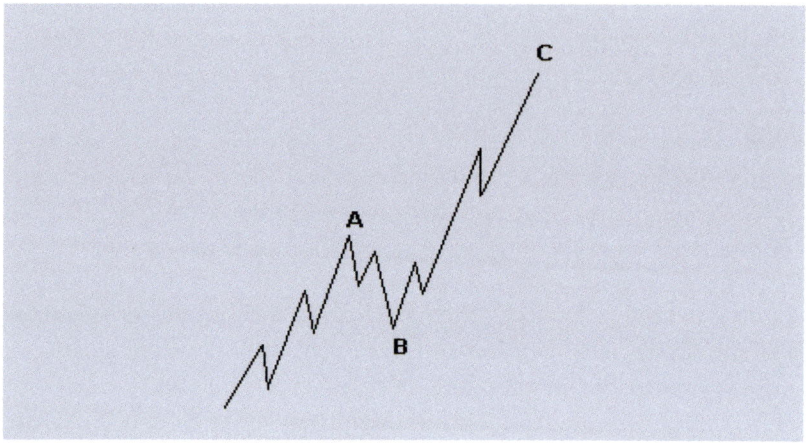

Abbildung 1-32

In den übergeordneten Graden setzen sich die Wellen A und C aus Fünf-Wellen-Mustern zusammen, während die Welle B dreigliedrig ist (siehe Abbildung 1-32).

1.10.1 Zickzack-Muster 5-3-5

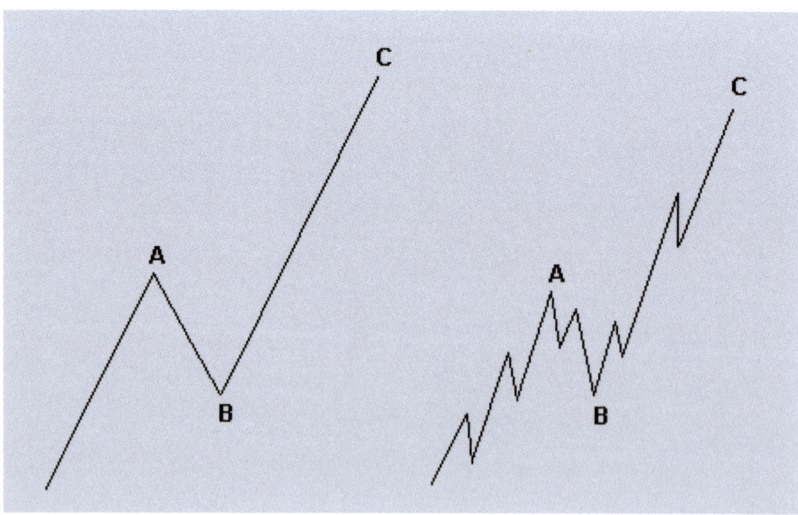

Abbildung 1-33

Das Zickzack-Muster in Abbildung 1-33 entsteht in einem Baissemarkt und zwar gegen den vorherrschenden Trend. Es bildet in den Wellen A und C eine Fünf-Wellen-Formation. Welle B ist immer dreigliedrig. Sollten Sie in einer Welle B ein Fünf-Wellen-Muster entdecken, kann die Formation noch nicht abgeschlossen sein. Welle C steigt deutlich über das Hoch der Welle A.

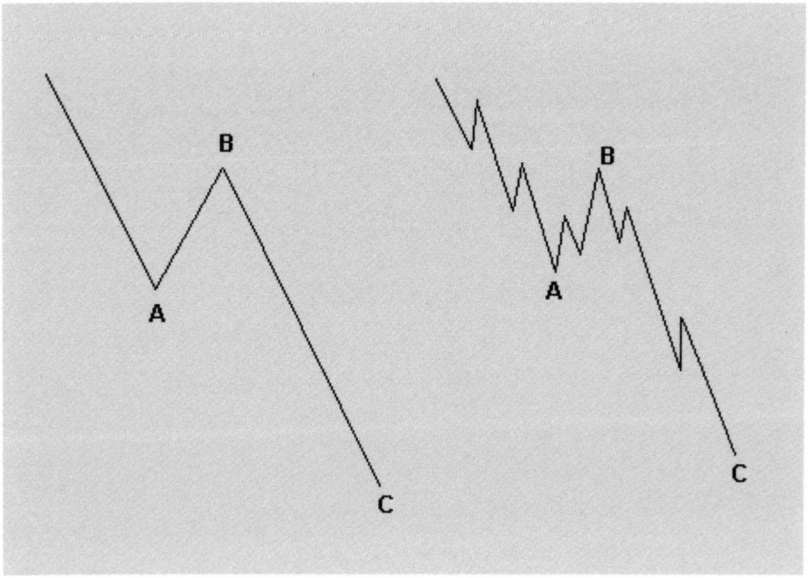

Abbildung 1-34

Das Zickzack-Muster in Abbildung 1-34 entsteht in einem Haussemarkt und zwar gegen den vorherrschenden Trend. Es bildet in der Welle A und C eine Fünf-Wellen-Formation. Welle B ist immer dreigliedrig. Sollten Sie in einer Welle B ein Fünf-Wellen-Muster entdecken, kann die Formation noch nicht abgeschlossen sein. Welle C fällt deutlich unter das Tief der Welle A.

Merkmale für Zickzack-Muster:

- 5-3-5 Formation
- Bewegung gegen den vorherrschenden Trend
- Drei-Wellen-Muster
- Welle C endet deutlich über bzw. unter Welle A

1.10.2 Doppeltes Zickzack

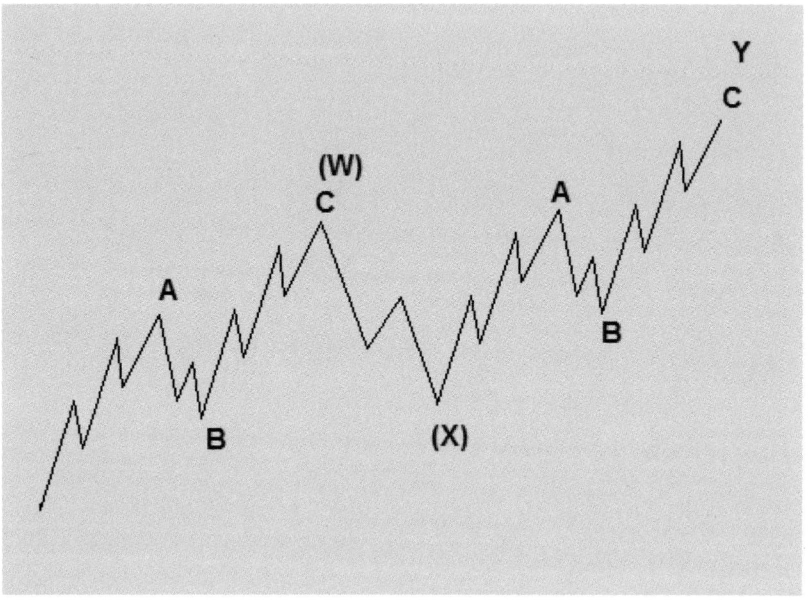

Abbildung 1-35

Abbildung 1-35 zeigt ein Doppel-Zickzack in einem Baissemarkt. Es setzt sich aus zwei Zickzack-Formationen zusammen, die von einer dreigliedrigen Formation verbunden werden.

Diese Korrekturformation tritt in ruhigen Marktphasen auf und ist im Voraus nur schwer erkennbar. Der Analyst erwartet in der Regel ein einfaches Zickzack-Muster und anschließend die Fortsetzung des Abwärtstrends.

Das doppelte Zickzack wird meist erst erkannt, wenn das Hoch der ersten Welle C überschritten wird und den direkten Abwärtstrend stört.

Merkmale eines Doppel-Zickzacks im fallenden Markt:

- Setzt sich aus zwei Zickzacks zusammen und wird durch ein beliebiges Dreieck getrennt
- Tritt selten auf

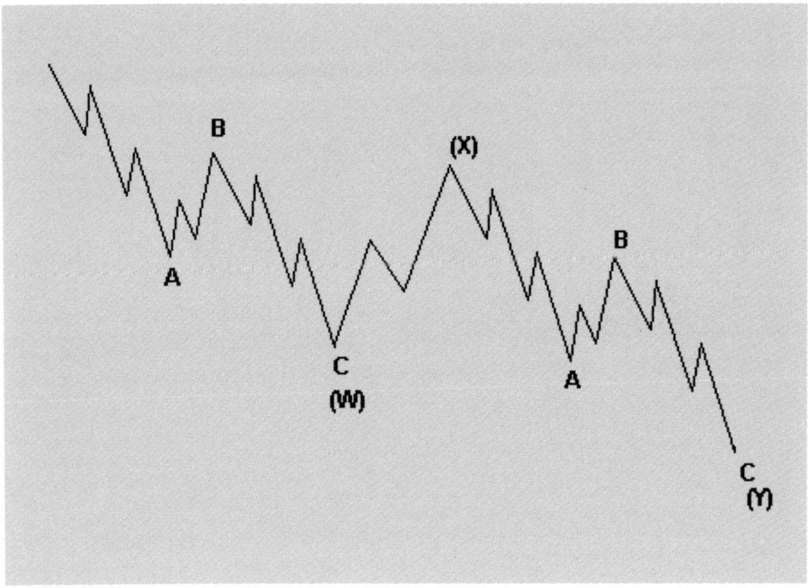

Abbildung 1-36

Abbildung 1-36 zeigt ein Doppel-Zickzack in einem Haussemarkt. Es setzt sich aus zwei Zickzack-Formationen zusammen, die von einer dreigliedrigen Formation verbunden werden.

Diese Korrekturformation tritt in ruhigen Marktphasen auf und ist im Voraus nur schwer erkennbar. Der Analyst erwartet in der Regel ein einfaches Zickzack-Muster und anschließend die Fortsetzung des Aufwärtstrends.

Das doppelte Zickzack wird meist erst erkannt, wenn das Tief der ersten Welle C unterschritten wird und den direkten Aufwärtstrend stört.

Merkmale eines Doppel-Zickzacks im steigenden Markt:

- Setzt sich aus zwei Zickzacks zusammen und wird durch ein beliebiges Dreieck getrennt
- Tritt selten auf

Nachfolgend ein paar praktische Beispiele für zusammengesetzte Zickzack-Formationen im steigenden Markt.

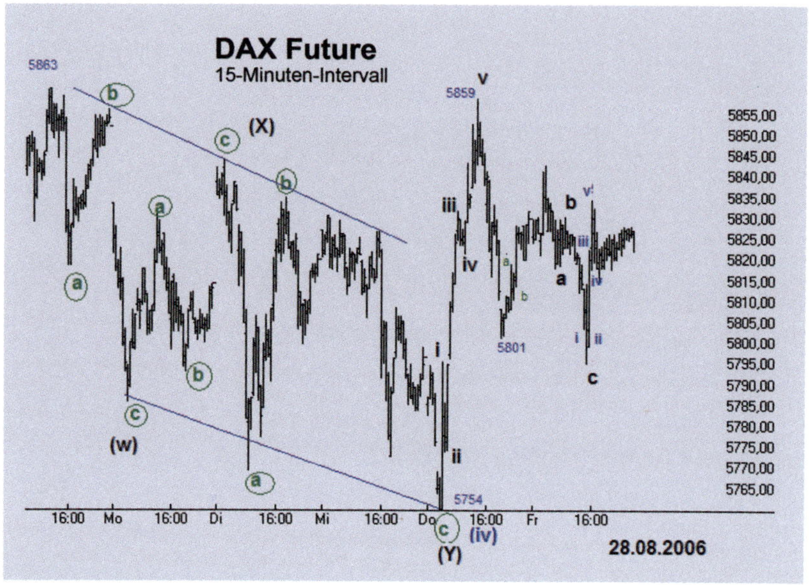

Abbildung 1-37

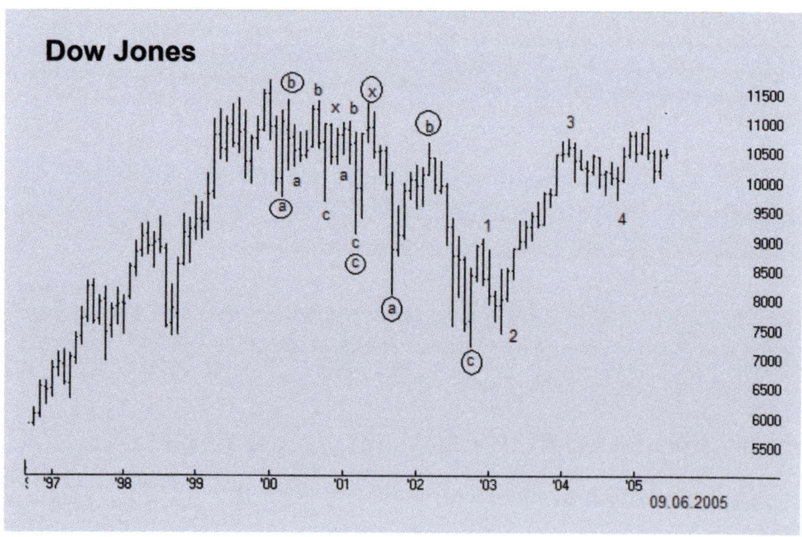

Abbildung 1-38

Das doppelte Zickzack in Abbildung 1-37 hat sich beim DAX Future in einer vierten Welle entwickelt. Einer ersten fallenden abc-Welle folgte eine steigende und eine weitere fallende abc-Welle.

Diese Wellen sind schwer prognostizierbar, weil sie sich aus zwei Korrekturmustern zusammensetzen. Der Analyst sollte warten bis eindeutige Signale entstehen, die darauf hinweisen, dass diese komplexe Korrektur beendet ist.

In Abbildung 1-38 hat der Dow Jones während des Börsencrashs ein doppeltes Zickzack gebildet. Doppelte Korrekturmuster weisen auf die Stärke des nachfolgenden Marktes hin. Dementsprechend stieg der Dow zwischen 2004 und 2007 von 7.200 bis 14.100 Punkte.

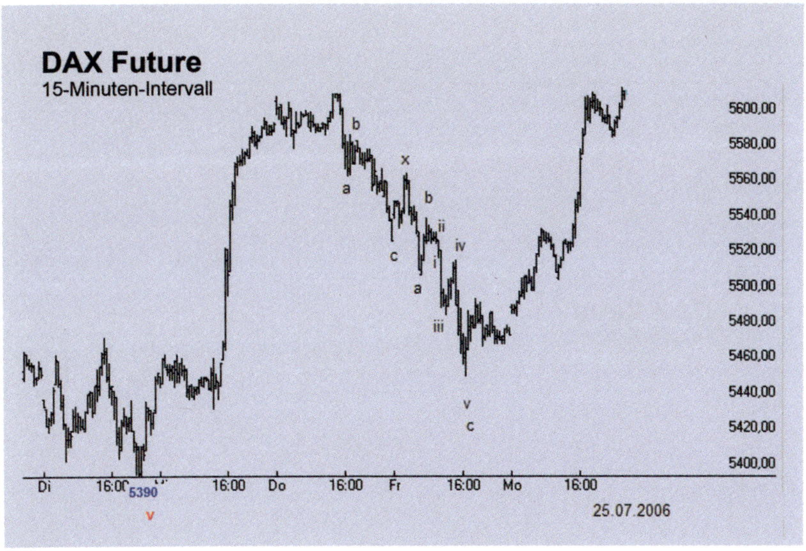

Abbildung 1-39

Die Ausprägung von doppelten Zickzack-Mustern ist sehr vielfältig. Das Beispiel in Abbildung 1-39 soll Sie darauf einstimmen, bei der Analyse verschiedene äußere Formen einzubeziehen.

Nachfolgend ein paar praktische Beispiele für zusammengesetzte Zickzack-Formationen im fallenden Markt.

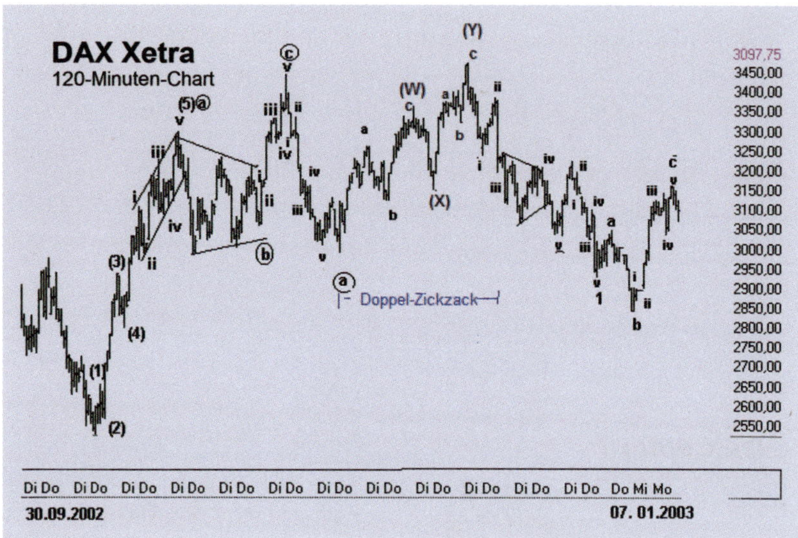

Abbildung 1-40

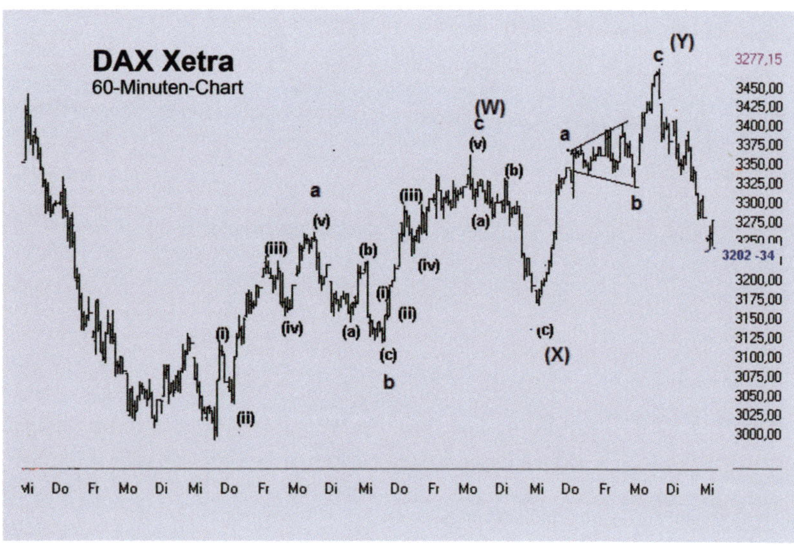

Abbildung 1-41

Nachdem ich die Baisse von 2000 bis 2003 untersucht hatte, stellte ich fest, dass doppelte Zickzack-Muster in fallenden Märkten selten anzutreffen sind. Es ist wichtig, dass Sie sich diese Formation in fallenden und in steigenden Märkten einprägen, um sie bei der Analyse schnell zu erkennen, wie zum Beispiel in Abbildung 1-40.

Wenn Sie über mehrere Jahre einen Haussemarkt analysieren und die gleichen Formationen in einem Baissemarkt erkennen wollen, müssen Sie der Umstellung beide Varianten vor Augen haben.

In Abbildung 1-41 sehen Sie die vergrößerte Variante des Doppel-Zickzacks in Abbildung 1-40.

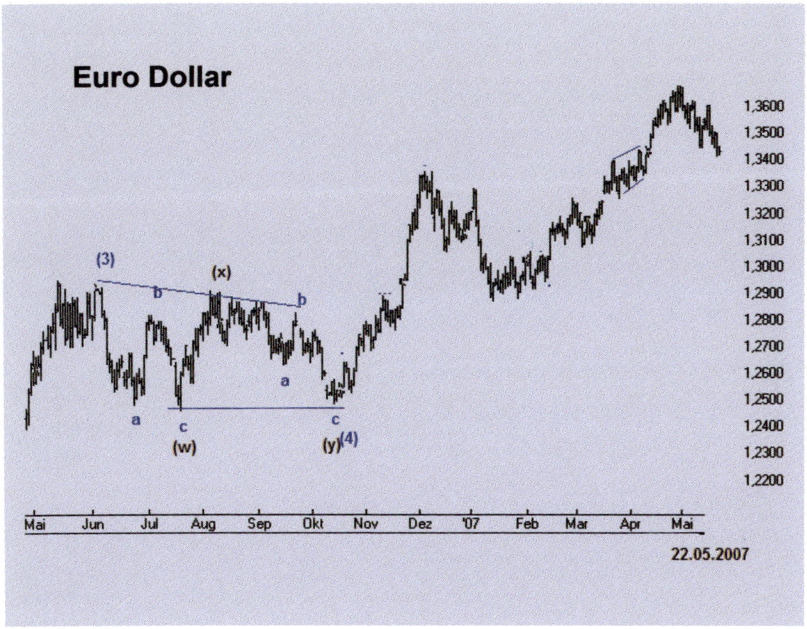

Abbildung 1-42

Beim Euro/Dollar hat sich im Jahr 2007 ein Doppel-Zickzack in Welle (4) gebildet (siehe Abbildung 1-42). Beachten Sie bitte, dass sich diese Variante als Flach-Formation entwickelt hat. Flach-Formationen werden wir nachfolgend in diesem Kapitel besprechen.

Zusammenfassung: Das doppelte Zickzack gehört zu den Wellenmustern, die schwer prognostizierbar sind, weil sie in verschiedenen Varianten auftreten. Häufig ist man enttäuscht, wenn sich der Trend nach einem einfachen Zickzack nicht fortsetzt und es scheint, dass die Prognose nicht aufgehen wird. In diesem Fall ist es wahrscheinlich, dass ein doppeltes Zickzack-Muster entsteht.

1.10.3 Flach-Formationen

Die Flach-Formationen sind Korrekturmuster, zu denen neben dem eigentlichen »Flach« oder Flat noch die unregelmäßige Korrektur (siehe Seite 62) und die laufende Korrektur (siehe Seite 70) gehören (siehe Abbildung 1-43).

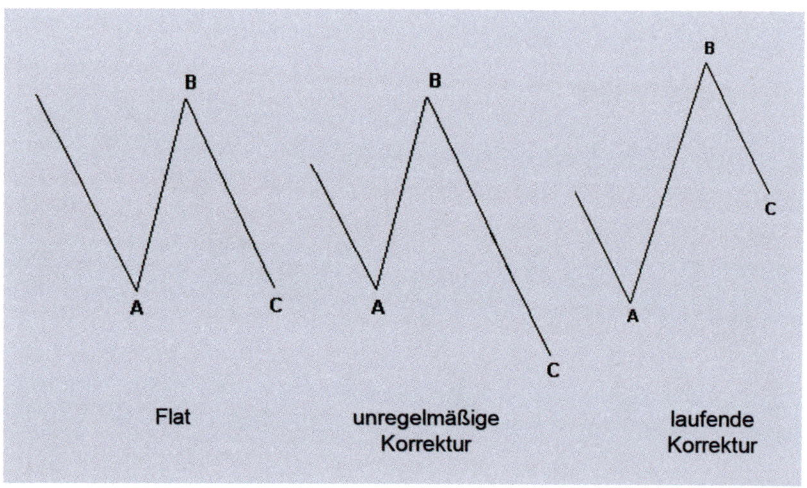

Abbildung 1-43

Im Gegensatz zu den Zickzack-Formationen (5-3-5) bestehen Flach-Korrekturen generell aus zwei dreigliedrigen Wellen, die von einer abschließenden Fünf-Wellen-Formation ergänzt werden (3-3-5). Welle A hat nicht genügend Energie, um ein Fünf-Wellen-Muster auszubilden.

Welle B entwickelt bei einem Flat starken Gegendruck und endet häufig am Anfang der Welle A. Die Welle C besteht, wie beim Zickzack, aus einem Fünf-Wellen-Muster, das nicht genug Energie besitzt, um das Ende der Welle A zu unterschreiten. Sie endet häufig an oder etwas oberhalb vom Ende der Welle A.

Fazit: Die Wellen A und C entwickeln nicht genug Kraft, um den bestehenden Trend stark zu schwächen. Welle B läuft mit dem Trend und entwickelt überdurchschnittliche Kraft. Daraufhin entwickelt sich die nachfolgende Bewegung im Trend überdurchschnittlich stark.

1.10.3.1 Flat

Ein Flat im steigenden Markt:

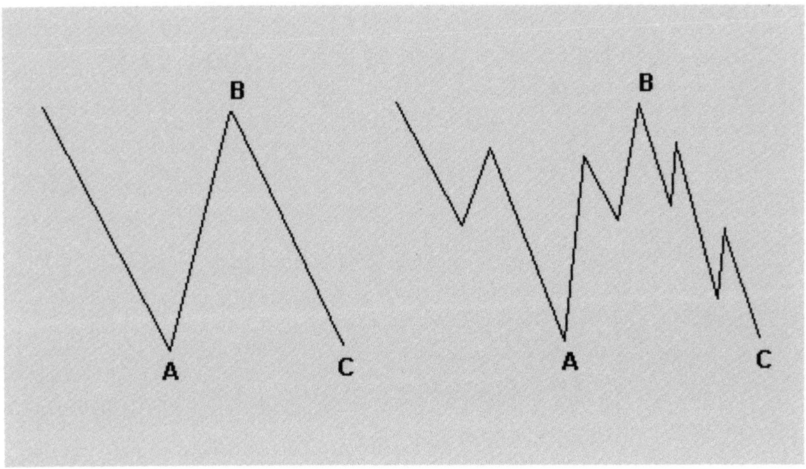

Abbildung 1-44

Entwickelt sich ein Flat in einem Haussemarkt (siehe Abbildung 1-44), entsteht eine fallende dreigliedrige Welle A. Welle B ist ebenfalls dreigliedrig und steigt bis zum Anfang der Welle A. Welle C besteht dagegen aus fünf Wellen und endet kurz oberhalb oder am Ende von Welle A.

Merkmale eines Flats im steigenden Markt:

- Anders als beim Zickzack sind Welle A und Welle B dreiteilig
- Welle B endet am Anfang der Welle A
- Welle C ist fünfgliedrig und endet an der Welle A
- Folge: Nach einem Flat ist ein stark steigender Trend zu erwarten.

Ein Flat im fallenden Markt:

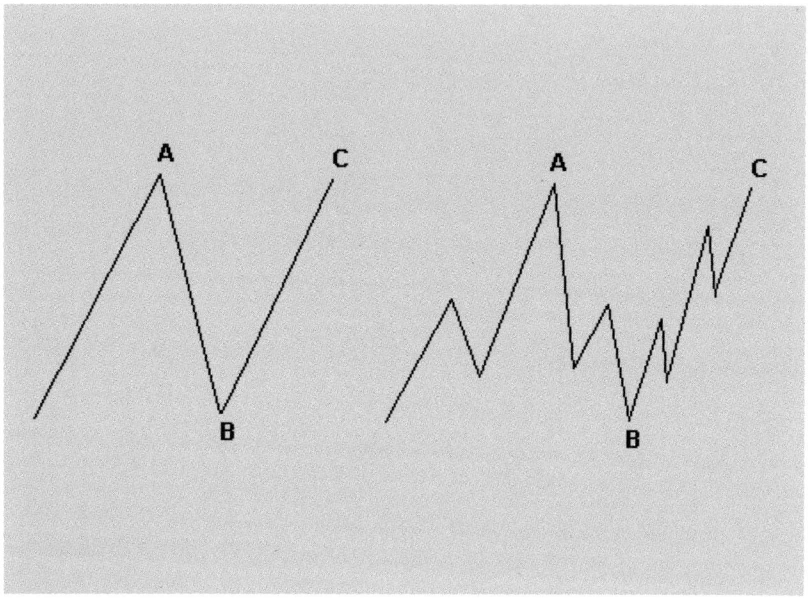

Abbildung 1-45

Entwickelt sich ein Flat in einem Baissemarkt (siehe Abbildung 1-45), entsteht eine steigende dreigliedrige Welle A. Welle B ist ebenfalls dreigliedrig und fällt bis zum Anfang der Welle A. Welle C besteht dagegen aus fünf Wellen und endet kurz unterhalb oder am Ende von Welle A.

Merkmale eines Flats im fallenden Markt:

- Anders als beim Zickzack sind Welle A und Welle B dreiteilig
- Welle B endet am Anfang der Welle A
- Welle C ist fünfgliedrig und endet am Ende der Welle A
- Folge: Nach einem Flat ist ein stark fallender Trend zu erwarten.

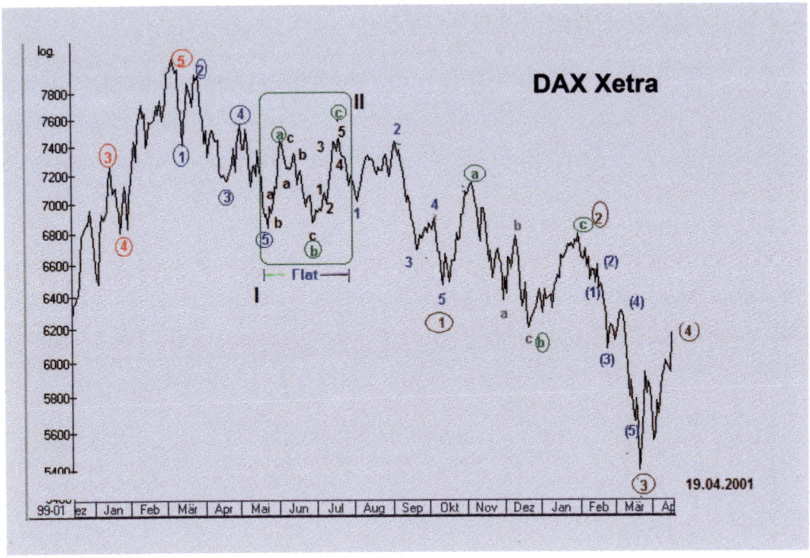

Abbildung 1-46

Der DAX entwickelte am 6. März 2000 ein Top bei 8.134 Punkten (siehe Abbildung 1-46). Nach der ersten fallenden Fünf-Wellen-Formation (Welle 1 bis 5 im Kreis in blau) entwickelte sich eine dreigliedrige, steigende Welle a im Kreis (grün). Zu deren Ausgangspunkt fiel die nachfolgende Welle zurück - siehe grünes Rechteck -, und zum Abschluss stieg eine fünfgliedrige Welle c im Kreis in grün bis zum Ende bzw. Hoch der Welle a im Kreis (grün).

Das Flat ist ein sehr seltenes Wellenmuster, hat aber eine besonders starke Aussagekraft. Eine solches Flat hatte sich beim DAX als erstes Korrekturmuster nach dem Hoch im März 2000 entwickelt. Bald darauf folgte der Crash. Ausgehend von 8.134 Punkten fiel der DAX bis auf 2.188 Punkte im März 2003. In dieser Zeit verlor er 73 Prozent seines Werts.

Fazit: Ein Flat tritt zwar selten auf, besitzt aber eine hohe Aussagekraft für die Prognose der anschließenden Marktentwicklung.

1.10.3.2 Unregelmäßige Korrektur

Die unregelmäßige Korrektur ist dem eben beschriebenen Flat sehr ähnlich. Die Welle A ist dreigliedrig, ebenso wie die gegenläufige Welle B. Welle C besteht aus einer Fünf-Wellen-Formation. Sowohl Flat als auch unregelmäßige Korrektur bestehen also aus einem 3-3-5 Wellenmuster.

Die Unterschiede liegen in der Ausdehnung der Wellen B und C. Im Gegensatz zum Flat endet bei der unregelmäßigen Korrektur das Hoch der Welle B jenseits des Beginns der Welle A, und Welle C endet jenseits des Beginns der Welle B (siehe Abbildungen 1-47 und 1-48).

Eine unregelmäßige Korrektur im steigenden Markt:

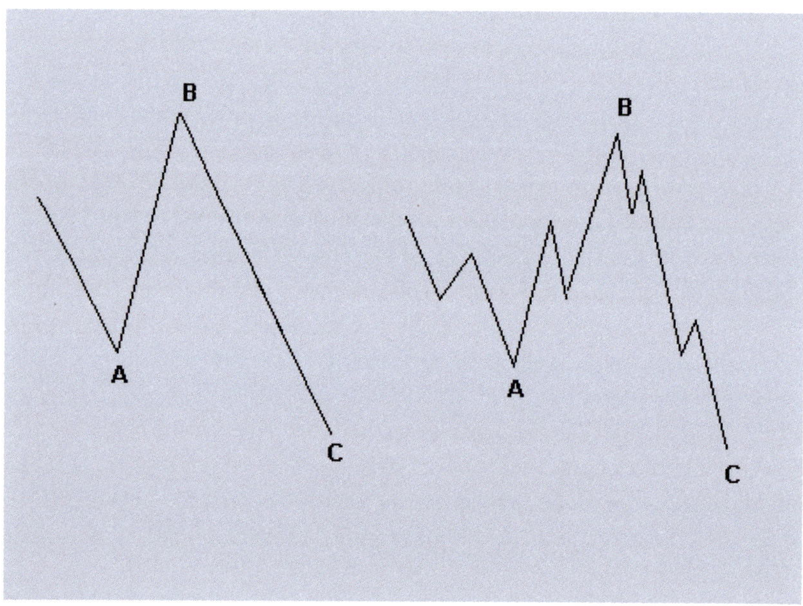

Abbildung 1-47

Merkmale:

- Im Unterschied zum Zickzack sind Welle A und Welle B dreiteilig
- Welle B endet oberhalb des Anfangs von Welle A

- Welle C ist fünfgliedrig und endet unterhalb der Welle A
- Folge: Nach einer unregelmäßigen Korrektur ist ein stark steigender Trend zu erwarten

Eine unregelmäßige Korrektur im fallenden Markt:

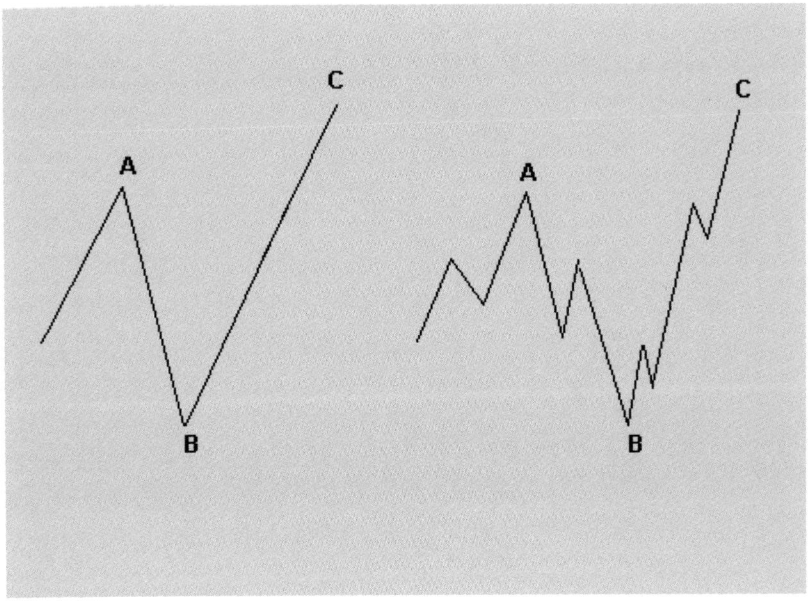

Abbildung 1-48

Merkmale:

- Im Unterschied zum Zickzack sind Welle A und Welle B dreiteilig
- Welle B endet unterhalb des Anfangs von Welle A
- Welle C ist fünfgliedrig und endet oberhalb der Welle A
- Folge: Nach einer unregelmäßigen Korrektur ist ein stark fallender Trend zu erwarten.

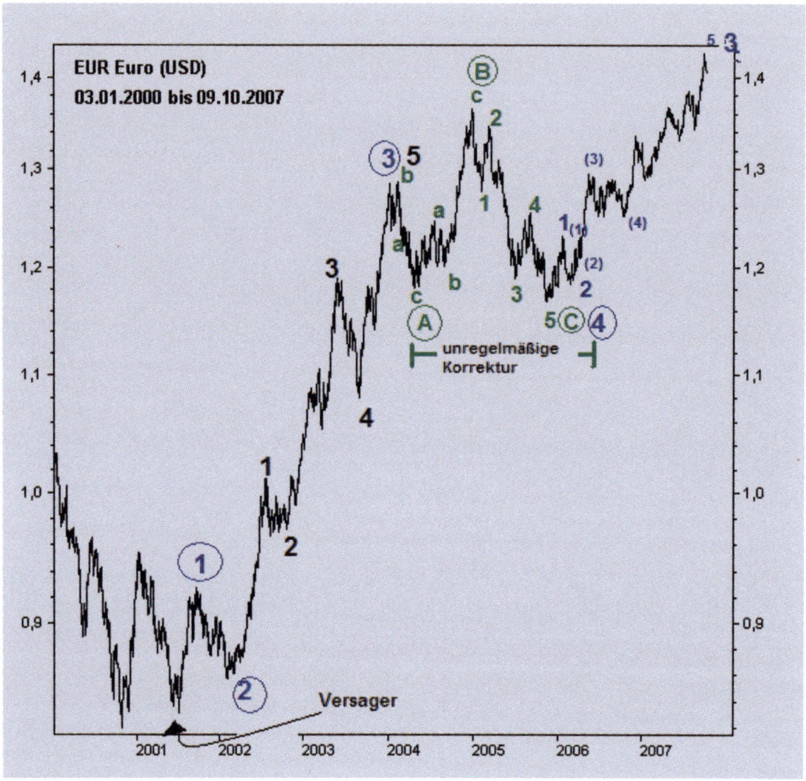

Abbildung 1-49

Der Chart in Abbildung 1-49 zeigt den Kursverlauf des Euro/Dollar von Juli 2005 bis Oktober 2007.

In der Welle C im Kreis grün ist eine deutlich fallende Trendwelle (1-5 in grün) zu erkennen. In Welle 3 in grün hat eine Ausdehnung stattgefunden. Die Wellen 1 und 5 in grün sind ungefähr gleich lang. Die Formation passt hervorragend in das von Elliott entdeckte Grundmuster für Trendwellen.

Erinnern Sie sich noch an die Grundregel: Eine Fünfer-Welle steht nicht allein? Die Ausnahme von dieser Regel bilden Korrekturmuster, die aus zwei dreigliedrigen und einer fünfgliedrigen Formation bestehen (3-3-5), zu denen auch die unregelmäßige Korrektur gehört.

Es ist wichtig, diese Korrekturwellen genau zu kennen, weil sie eine große Aussagekraft für den folgenden Markt haben.

Was würden Sie annehmen, wenn Sie die Korrekturwellen nicht kennen und nach einem Aufwärtstrend eine fallende Fünfer-Welle entsteht? Nun, wir würden diese Welle für den Anfang eines Abwärtstrends halten. In Wirklichkeit ist die fallende Fünfer-Welle aber der letzte Teil einer Korrekturwelle, der ein stark steigender Markt folgt - ein entscheidender Unterschied!

Die Welle (3) in blau hat sich unterdurchschnittlich entwickelt und wird von einem Flat ergänzt. Anschließend stieg der Euro/Dollar von 1,25 bis 1,42.

Korrekturen sind kompliziert, und es ist zeit- und nervenraubend, auf deren Ende zu warten. Sie gehören aber unabdingbar zum Rüstzeug für die Elliott-Wellen-Analyse, weil sie uns wichtige Informationen über den weiteren Kursverlauf mitteilen.

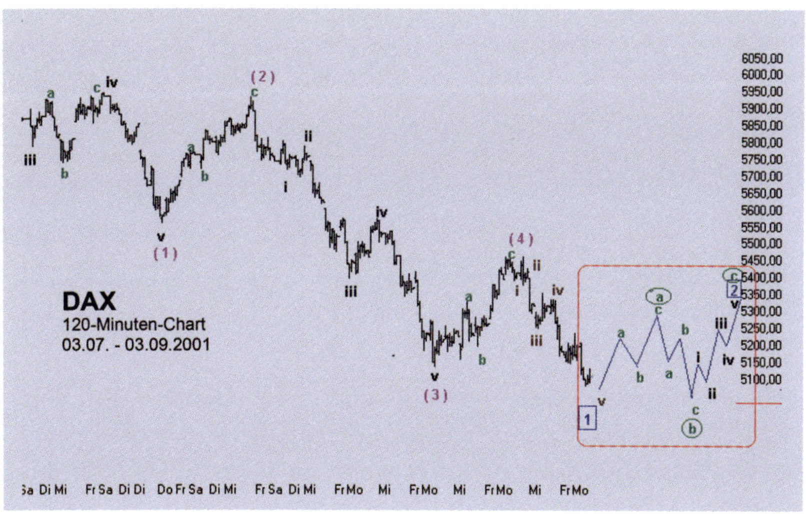

Abbildung 1-50

Die Analyse in Abbildung 1-50 wurde am 03.09.2001 erstellt. Ich erwartete eine unregelmäßige Korrektur in der Welle (5) in lila. Außerdem wurde eine starke Ausdehnung in der fünften Welle wahrscheinlich, weil sich die Welle (3) unterdurchschnittlich entwickelt hatte.

Nun wissen Sie bereits aus Kapitel 1.9 - Ausdehnung mit überschießender Welle -, dass sich unregelmäßige Korrekturen entwickeln, wenn sich in einer fünften Welle eine starke Ausdehnung gebildet hat.

In der Welle 1 in blau hat sich die untergeordnete Fünf-Wellen-Formation (Welle i bis v in braun) mit einer starken Ausdehnung entwickelt. Die Prognose für den weiteren Kursverlauf beinhaltete eine unregelmäßige Korrektur, der stark fallende Kurse folgen sollten.

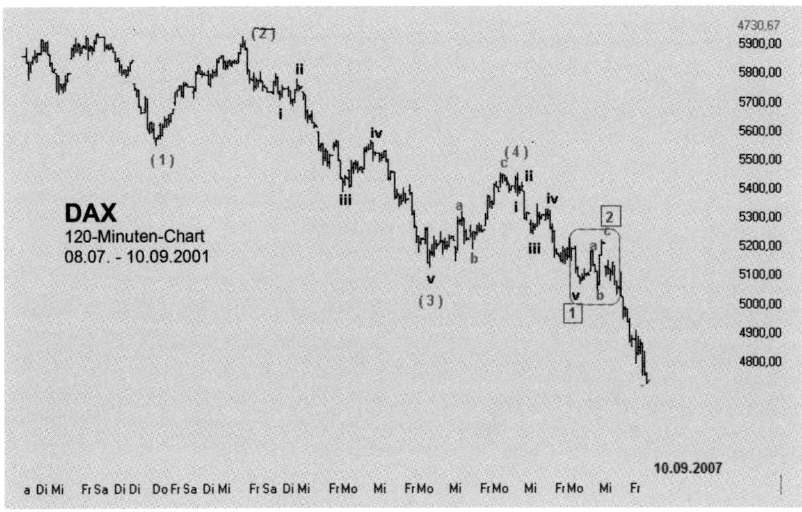

Abbildung 1-51

In Abbildung 1-51 ist der Markt mit Beginn der unregelmäßigen Korrektur in der blauen Welle 2 - mit dem roten Rechteck gekennzeichnet - bereits von 5.200 auf 4.800 Punkte gefallen. Der Markt folgt wiederum den Elliott-Wellen. Das Ausmaß der Korrektur wird im folgenden Chart deutlich.

Sie können in diesem Chart (Abbildung 1-52) deutlich erkennen, dass die Wellen (1) und (3) in rosa eine nahezu gleiche Ausdehnung erreicht hatten. Stark fallende Kurse in der fünften Welle sind also wahrscheinlich. Es folgte eine unregelmäßige Korrektur in der Welle 2 in blau, die ein zusätzliches Signal für starke Kursverluste war. In der Tat fiel der DAX mit geringen Korrekturen von 5.200 auf 3.600 Punkte und verlor so von Anfang September bis Ende September 2001 vierzig Prozent seines Werts.

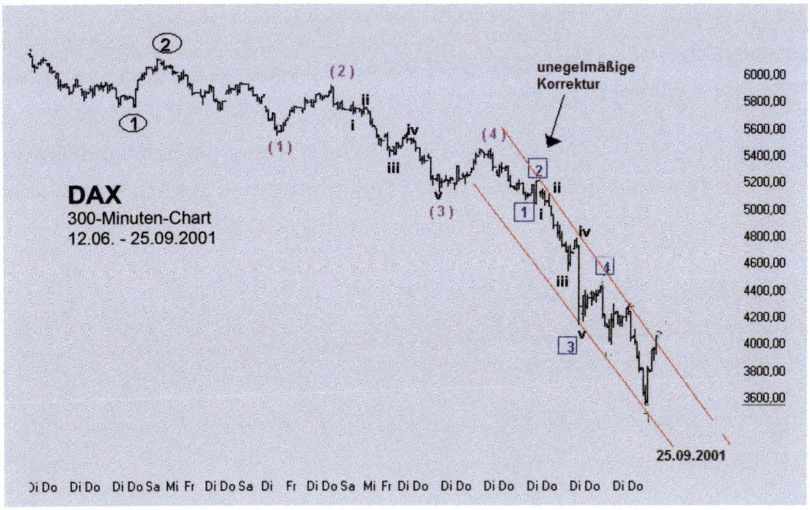

Abbildung 1-52

Die Prognose für stark fallende Kurse wurde am 4. September 2001 erstellt. Wie bereits erwähnt, waren die unterdurchschnittliche Ausdehnung einer dritten Welle und die Bildung einer unregelmäßigen Korrektur die Grundlage der Analyse. Am

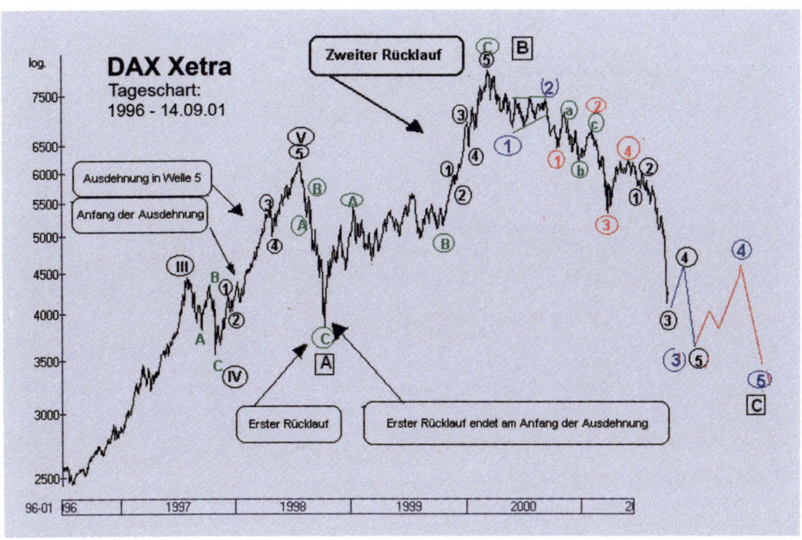

Abbildung 1-53

11. September 2001 versetzte die verachtenswerte Tat von Terroristen der Finanzwelt einen Schock. Die Kurse der Indizes fielen in einem atemberaubenden Tempo, folgten aber dem Elliott-Wellen-Prinzip.

Der Chart in Abbildung 1-53 wurde einer Analyse vom 14.09.2001 entnommen. Ich möchte mit diesem Beispiel noch einmal deutlich machen, dass unregelmäßige Korrekturen einen enormen Einfluss auf die Marktentwicklung haben.

1998 entwickelte sich das gewöhnliche Hoch im DAX. In der Welle V im Kreis hatte sich eine starke Ausdehnung gebildet. Ihr folgte eine fallende Welle A im Rechteck und eine steigende, dreigliedrige Welle B im Rechteck mit einem neuen Hoch.

Für die Prognose war nun ein Punkt von großem Interesse: Das neue Hoch in der Welle B hätte sich nach einer Korrektur zu einem weiter steigenden Fünf-Wellen-Muster entwickeln können.

Aber Sie kennen noch den Grundsatz: Die erste und vierte Welle dürfen sich nicht überschneiden. Wer in unserer Welle B im Rechteck von einer fünfgliedrigen Unterwelle ausgegangen wäre, hätte ja statt A, B und C in grün im Kreis 1, 2, 3 gezählt. Spätestens mit dem Tief unserer Welle 3 im Kreis in rot (die er ja für eine Welle 4 gehalten hätte) hätte er also erkennen müssen, dass dieser eben erwähnte Grund-

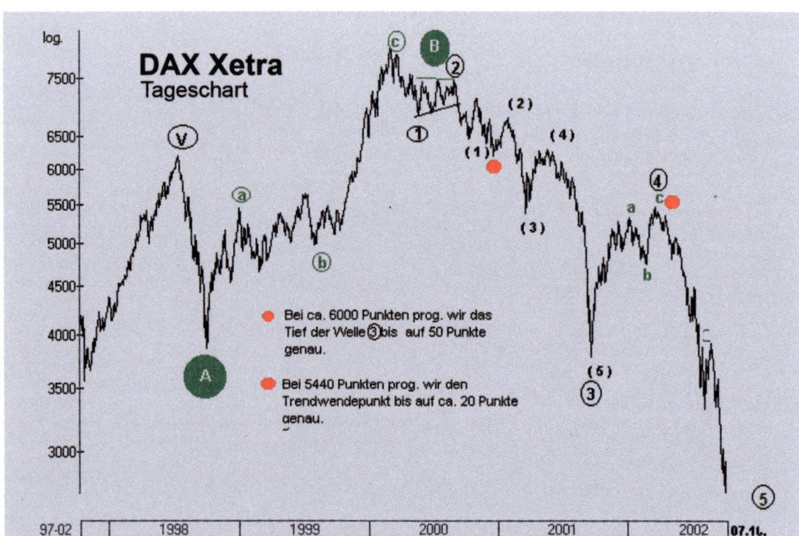

Abbildung 1-54

satz verletzt wurde. Mit anderen Worten: Die steigende Welle B im Rechteck wurde nachträglich bestätigt, und es war klar, dass der DAX gerade eine Welle C mit einem neuen Tief ausbilden würde.

Der DAX befand sich zu diesem Zeitpunkt ungefähr bei 5.350 Punkten, und wir wissen, dass die Welle C in einer unregelmäßigen Korrektur aus einem Fünf-Wellen-Muster besteht. Daraus ergab sich zwangsläufig die Prognose, dass der Markt nach einer Korrektur weiter fallen würde.

Abbildung 1-54 zeigt den weiteren Verlauf des DAX bis Oktober 2002. Dabei folgt der Markt den Regeln für die unregelmäßige Korrektur und hat nach einer steigenden Korrektur mit Zwischenhoch in der Welle 4 im Kreis ein weiteres Tief gebildet. Der DAX fiel in der noch nicht vollendeten Welle C des unregelmäßigen Dreiecks von 8.137 auf 2.188 Punkte.

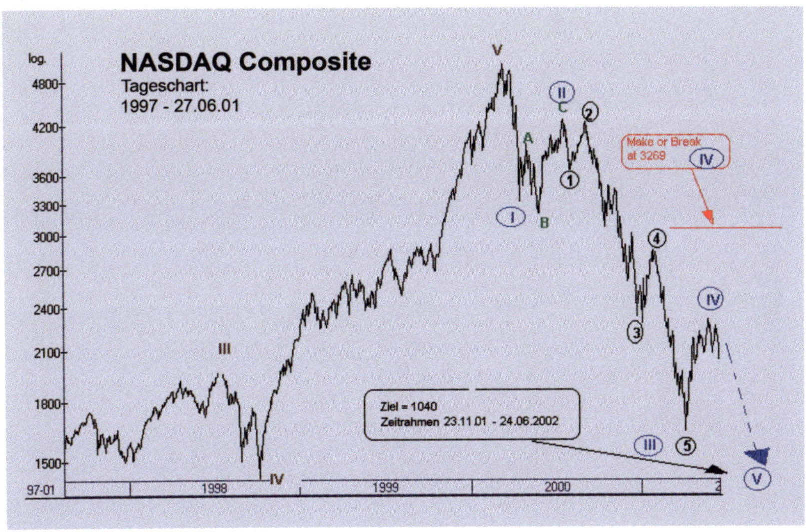

Abbildung 1-55

Der NASDAQ Composite hat nach der ersten Welle I im Kreis in blau eine zweite Korrekturwelle gebildet, die aus einer unregelmäßigen Korrektur bestand (siehe Abbildung 1-55). Dieses Beispiel zeigt deutlich, welche Kräfte freigesetzt werden, wenn die besondere Korrekturform beendet worden ist. Der NASDAQ fiel von 4.200 auf 1.600 Punkte. Dieses Tief wurde nach einer Korrektur sogar noch unterschritten.

1.10.3.3 Laufende Korrektur

Die laufende Korrektur gehört ebenfalls zu den Flachformationen (3-3-5). Die Wellen A und B sind somit dreigliedrig, und Welle C besteht aus einer Fünf-Wellen-Formation. Wie bei der unregelmäßigen Korrektur entwickelt sich auch bei der laufenden Korrektur die Welle B über den Anfang der Welle A hinaus. Welle C nähert sich dem Ende der Welle A, erreicht aber deren Tief bzw. Hoch nicht ganz (siehe Abbildung 1-56).

Sie werden nachfolgend einige praktische Beispiele sehen, in denen sich die Wellen jeweils sehr individuell entwickeln und häufig in sehr schnellen und starken Märkten bilden.

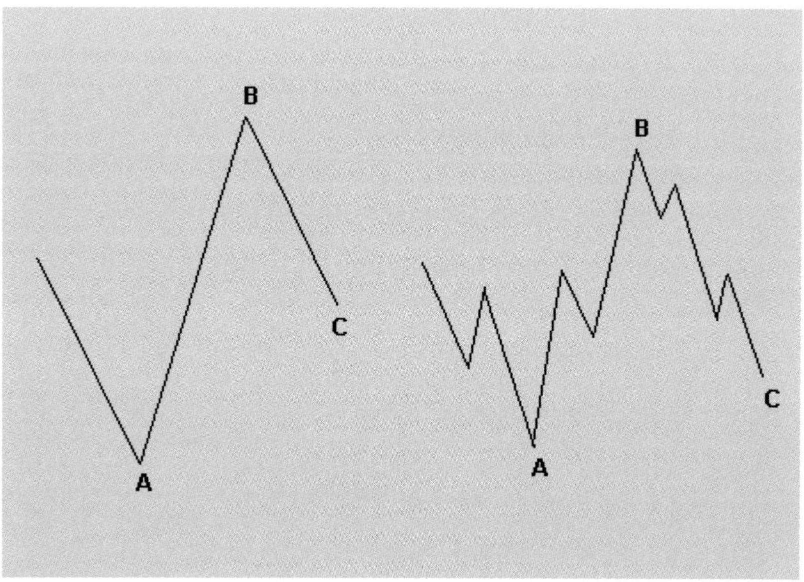

Abbildung 1-56

Eine laufende Korrektur in einem steigenden Trend:

Entwickelt sich eine laufende Korrektur in einem Haussemarkt, entsteht eine fallende dreigliedrige Welle A. Welle B ist ebenfalls dreigliedrig und steigt bis über den Anfang der Welle A. Welle C besteht dagegen aus fünf Wellen und endet oberhalb des Tiefs der Welle A.

Merkmale einer laufenden Korrektur in einem Haussemarkt:

- Im Unterschied zum Zickzack sind Welle A und Welle B dreigliedrig (3-3-5-Struktur)
- Welle B endet oberhalb des Anfangs von Welle A
- Welle C ist fünfgliedrig und endet oberhalb des Tiefs der Welle A
- Folge: Nach einer laufenden Korrektur ist ein sehr stark steigender Trend zu erwarten
- Tritt sehr selten auf

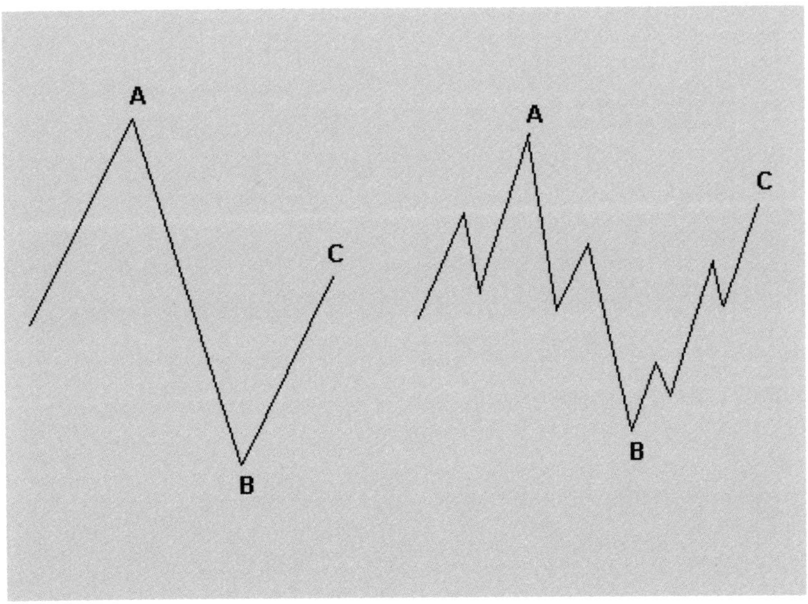

Abbildung 1-57

Eine laufende Korrektur in einem fallenden Trend:

Entwickelt sich eine laufende Korrektur in einem Baissemarkt, entsteht eine steigende dreigliedrige Welle A. Welle B ist ebenfalls dreigliedrig und fällt unter den Anfang der Welle A. Welle C besteht dagegen aus fünf Wellen und endet unterhalb des Hochs der Welle A.

Merkmale einer laufenden Korrektur in einem Baissemarkt:

- Im Unterschied zum Zickzack sind Welle A und Welle B dreiteilig (3-3-5-Struktur)
- Welle B endet unterhalb des Anfangs der Welle A
- Welle C ist fünfgliedrig und endet unterhalb des Hochs der Welle A
- Folge: Nach einer laufenden Korrektur ist ein sehr stark fallender Trend zu erwarten
- Tritt sehr selten auf

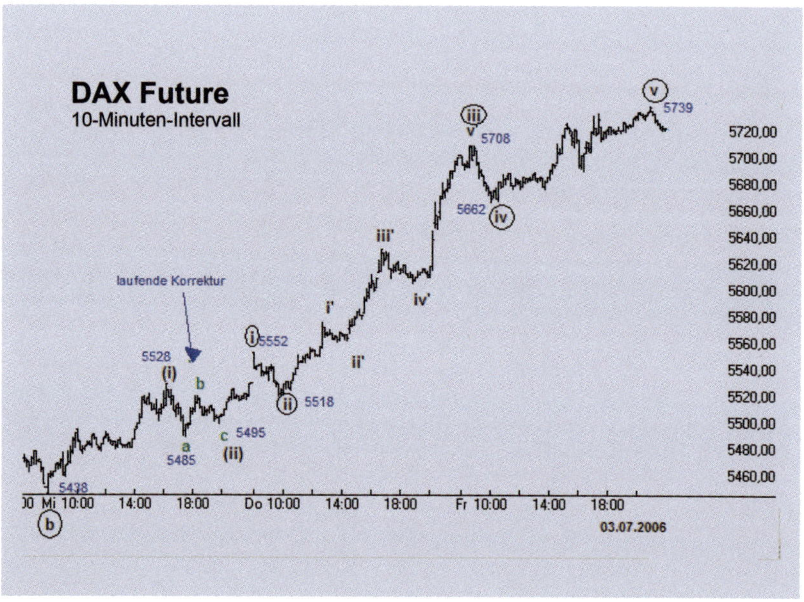

Abbildung 1-58

Im Juni 2006 entwickelte sich im DAX Future eine laufende Korrektur in der Welle (ii) vor einem stark steigenden Trend (siehe Abbildung 1-58). Die Welle c in grün konnte nicht genug Kraft entwickeln, um das Tief der Welle a zu unterschreiten. Die Folge war ein stark und schnell steigender Markt, der nur geringe Korrekturen zuließ.

Es ist besonders wichtig, sich diese Formationen regelmäßig in Erinnerung zu rufen, um das Muster frühzeitig zu erkennen. Laufende Korrekturen treten sehr selten auf und sind häufig - aber nicht ausschließlich - in einer zweiten Welle anzutreffen.

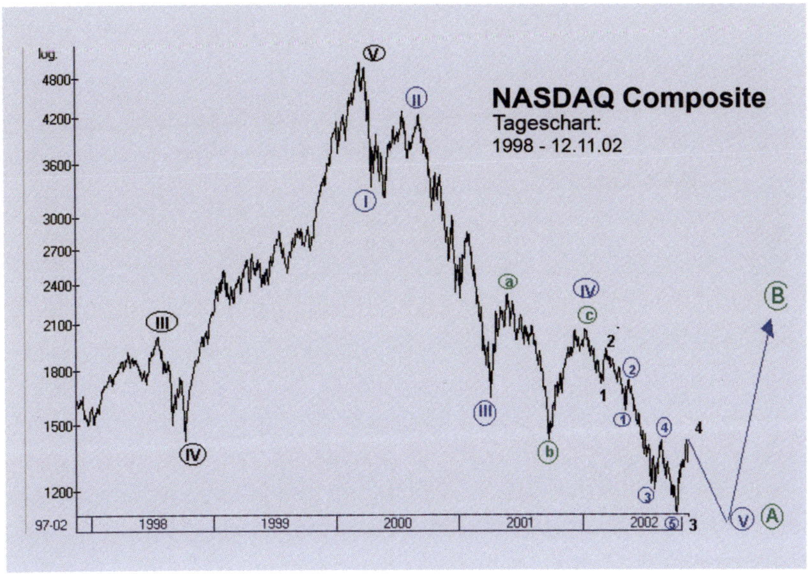

Abbildung 1-59

Beim NASDAQ Composite folgte der unregelmäßigen Korrektur in Welle II eine laufende Korrektur in Welle IV (siehe Abbildung 1-59). Bemerkenswert ist, dass sich eine stark ausgedehnte dritte Welle entwickelte, nachdem sich die unregelmäßige Korrektur in der zweiten Welle gebildet hatte. Anschließend entstand eine fallende fünfte Welle mit vergleichsweise geringer Dynamik.

Erinnern Sie sich noch an die Grundregel: Nach einer vollendeten fünften Welle steigt der Markt bis zum Niveau der vorherigen vierten Welle?

Im Bereich um 1.200 Punkte (Welle V in blau im Kreis) sollten nach der Elliott-Wellen-Regel steigende Notierungen bis 2.200 Punkte folgen, was dem Hoch der Welle IV in blau im Kreis entspricht. Diese Analyse wurde im Jahr 2002 erarbeitet. Im Jahr 2007 stieg der NASDAQ Composite sogar über dieses Niveau hinaus.

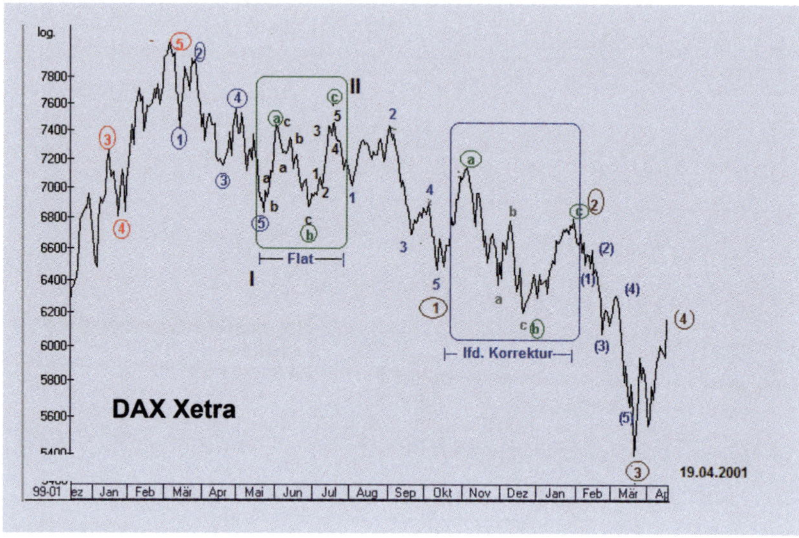

Abbildung 1-60

Beim DAX haben sich in den Jahren 2000 und 2001 zwei Flachformationen nacheinander gebildet: in Welle II ein Flat und in den Unterwellen 1 und 2 in braun im Kreis eine laufende Korrektur (siehe Abbildung 1-60). Im Nachhinein ist es leicht verständlich, dass der Markt nach diesen Korrekturmustern, die jedes für sich bereits für stark fallende Kurse stehen, sehr schnell und stark fiel.

Es hat sich, wie in den Regeln für eine laufende Korrektur in einem Baissemarkt beschrieben, eine steigende dreigliedrige Welle a in grün gebildet. Welle b ist ebenfalls dreigliedrig und fällt unter den Anfang der Welle a. Welle c besteht dagegen aus fünf Wellen und endet unterhalb des Hochs der Welle a.

1.10.4 Dreiecksformationen

Während des Börsencrashs nach 2000 haben sich im S&P 500 zwei aufeinander folgende laufende Korrekturen entwickelt: die erste in Welle 2 im Kreis und die zweite in Welle 4 im Kreis (siehe Abbildung 1-61).

Ihnen ist sicherlich die Überschneidung der Welle a im Kreis mit der Welle 1 im Kreis aufgefallen, was die Zählweise der fallenden Fünf-Wellen-Formation auf den Prüfstand stellt. Das heißt, ab diesem Punkt war klar, dass Welle a eben nicht als Welle 4 im Kreis gezählt werden durfte.

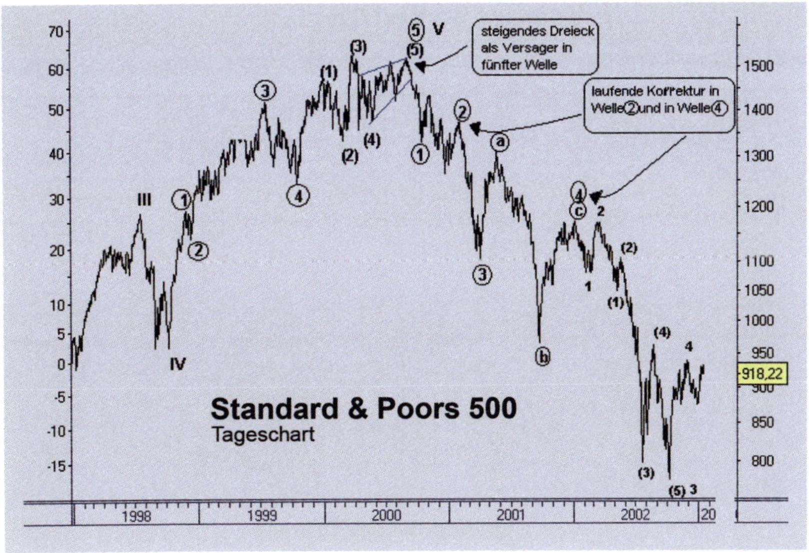

Abbildung 1-61

Gewöhnlich endet eine vierte Welle mit einem Zickzack, dessen Welle c ein Zwischenhoch bildet und die vierte Welle abschließt. Es erscheint mir logisch, dass bei einer laufenden Korrektur die Welle 4 mit der Welle c abschließt und die sich überschneidenden Wellen a und 1 im Kreis als innerer Bestandteil dieser laufenden Korrektur zu werten sind: Die Überschneidung wird also nicht gewertet.

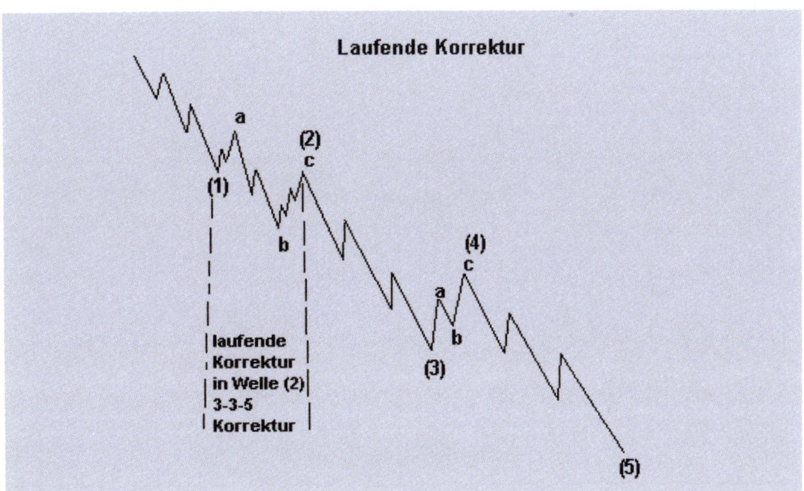

Abbildung 1-62

Die grafische Darstellung der laufenden Korrektur in einer kompletten Fünf-Wellen-Formation zeigt deutlich, dass sich nach dem Korrekturmuster starke und schnelle Kursbewegungen entwickeln. Die Skizze in Abbildung 1-62 hat große Ähnlichkeit mit dem Verlauf des S&P 500 in Abbildung 1-61.

1.10.4.1 Waagerechte oder horizontale Dreiecke

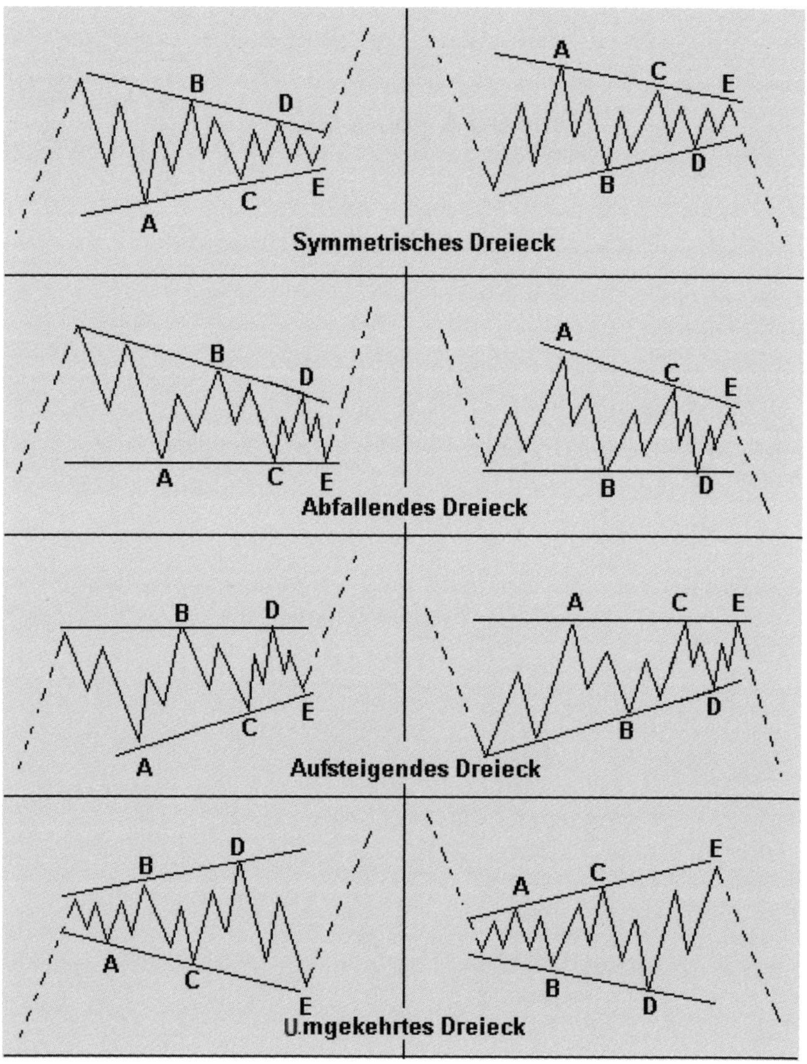

Abbildung 1-63

Dreiecke entstehen vor der letzten Bewegung in einem Trend und benötigen eine längere Zeit, um sich komplett zu entwickeln. Sie bestehen aus fünf dreigliedrigen Wellen - die mit den Buchstaben A, B, C, D, E gekennzeichnet werden - und entwickeln sich in einer Seitwärtsbewegung, das heißt, die Kräfte am Markt sind ausgeglichen.

Im Allgemeinen werden die oberen und unteren Begrenzungslinien exakt eingehalten. Die letzte Welle (Welle E) macht häufig eine Ausnahme. Sie endet in einigen Fällen vor der Begrenzungslinie oder überschreitet sie. Dies ist besonders bei symmetrischen und umgekehrten Dreiecken zu beobachten.

Waagerechte oder horizontale Dreiecke sind fast ausschließlich in einer vierten oder - deutlich seltener - in einer B-Welle anzutreffen. Nach Abschluss eines waagerechten Dreiecks entsteht eine sehr schnelle, letzte Antriebswelle (Fünfer-Welle). Elliott gebrauchte dafür den Begriff Vorstoß.

Tritt ein waagerechtes Dreieck in einer übergeordneten Welle auf, entsteht anschließend ein Trendwechsel.

Symmetrische, abfallende und aufsteigende Dreiecke zählen zur Kategorie der sich schließenden (contracting) Dreiecke. Das umgekehrte Dreieck gehört zur Gruppe der ausgedehnten (expanding) Dreiecke. Diese Formationen treten in Hausse- wie in Baissemärkten auf.

1. Das symmetrische Dreieck entwickelt fallende Hochpunkte und steigende Tiefpunkte.

2. Das abfallende Dreieck entwickelt fallende Hochpunkte und waagerechte Tiefpunkte.

3. Das aufsteigende Dreieck entwickelt waagerechte Hochpunkte und steigende Tiefpunkte.

4. Das umgekehrte Dreieck entwickelt steigende Hochpunkte und fallende Tiefpunkte.

Merkmale waagerechter oder horizontaler Dreiecke:

- 3-3-3-3-3 Formationen
- Waagerechte Ausbildung
- Entstehen in einer vierten Welle (sehr selten auch in einer Welle B)
- Die Unterwellen halten die Begrenzungslinien ein
- Ausnahme: Welle E kann die Begrenzung überschreiten oder nicht erreichen
- Nach kompletter Ausbildung entsteht die letzte Antriebswelle im Trend, die sehr schnell ist (Vorstoß)
- Wichtig: Signal für einen Trendwechsel

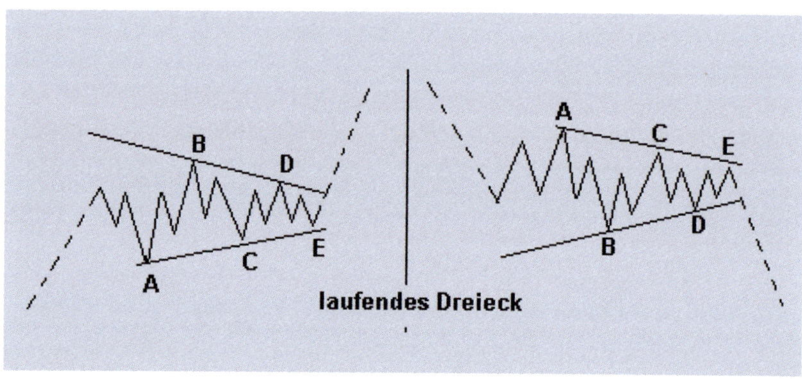

Abbildung 1-64

Das laufende Dreieck entsteht meist als symmetrisches Dreieck (siehe Abbildung 1-64), seltener auch als abfallendes Dreieck (siehe Abbildung 1-63).

Der Unterschied zu den anderen sich schließenden Dreiecken liegt in der überschießenden Welle B in einem Haussemarkt und unterschießenden Welle B in Baissemärkten: Welle B steigt in einem Haussemarkt über den Anfang der Welle A hinaus bzw. fällt in einem Baissemarkt unter den Anfang der Welle A.

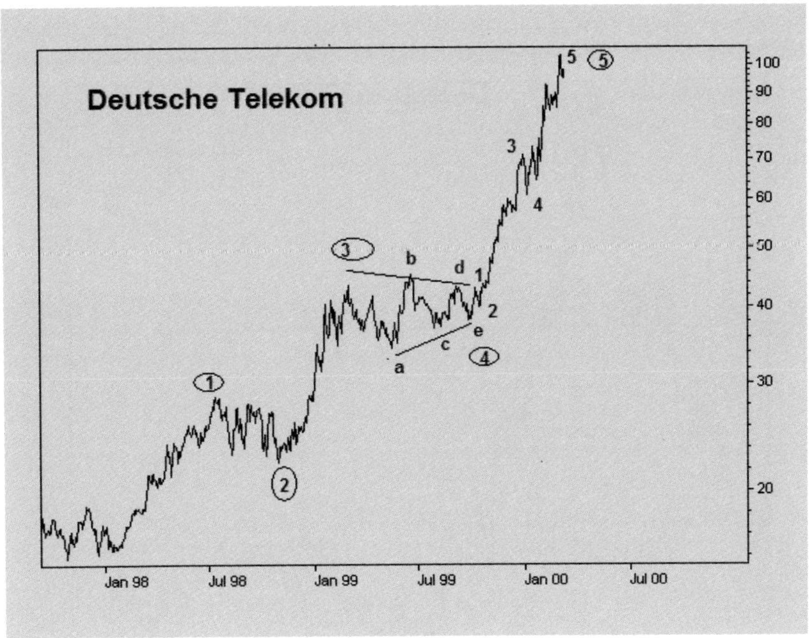

Abbildung 1-65

Im Jahr 1999 hat sich bei der Deutschen Telekom ein laufendes Dreieck in einer vierten Welle gebildet (siehe Abbildung 1-65). Die oberen und unteren Begrenzungslinien wurden perfekt eingehalten. Es haben sich exakt fünf Wellen in dem Dreieck gebildet, die sich aus abc-Wellen zusammensetzen.

Nachdem das Dreieck komplett abgeschlossen war, entwickelte sich eine schnelle Fünf-Wellen-Sequenz, in diesem Fall mit einer extremen Ausdehnung in der Welle 5 im Kreis. Von Januar 1998 bis Juli 2000 hatte sich eine übergeordnete Antriebswelle (Fünfer-Welle) gebildet.

Elliott entdeckte, dass sich nach einem Dreieck in einer vierten Welle eine letzte schnelle Trendwelle entwickelt und anschließend ein Trendwechsel stattfindet. Dieser Trendwechsel ist bei der Deutschen Telekom mit Kursverlusten von mehr als 90 Prozent sehr deutlich ausgefallen (siehe Abbildung 1-66).

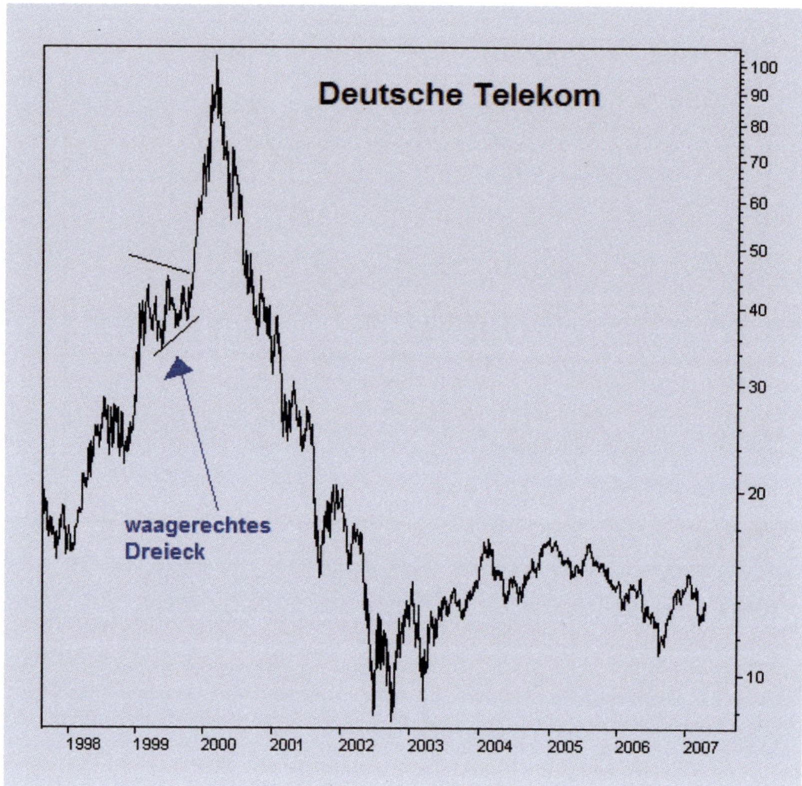

Abbildung 1-66

Der Chart in Abbildung 1-65 zeigt die Kursentwicklung der Deutschen Telekom von 1998 bis 2000, in Abbildung 1-67 ist die Entwicklung des Dow Jones Industrial Average von 1920 bis ca. 2002 zu sehen.

Obwohl die zeitliche Darstellung sehr unterschiedlich ist, sind beide Kursverläufe erstaunlich ähnlich: In beiden Charts hat sich eine Fünf-Wellen-Formation gebildet sowie in der vierten Welle ein waagerechtes Dreieck – bei der Telekom ein symmetrisches und beim Dow ein umgekehrtes Dreieck.

Beide entwickelten sich vor der letzten Bewegung in einem Trend. Die Telekom hatte den Aufwärtstrend bereits im Jahr 2000 abgeschlossen. Der Dow befindet sich dagegen von 1980 bis 2008 in der noch nicht abgeschlossenen letzten Trendwelle.

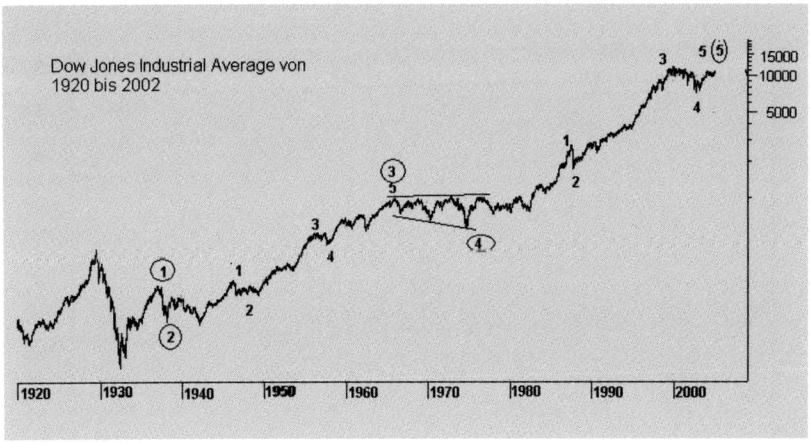

Abbildung 1-67

Sie erinnern sich sicherlich noch an die Grundregel: Nach einer abgeschlossenen fünften Welle fällt der Markt bis auf das Niveau der vorherigen vierten Welle zurück.

Übertragen wir diese Regel auf den Dow, müssten wir nach komplettem Abschluss des Trends damit rechnen, dass der Index bis in den Bereich um 1.000 Punkte zurückfällt. Sie werden sicherlich denken, dass ein solcher Kursrückgang unvorstellbar ist. Für diesen Rückgang müssen wir jedoch ein Zeitfenster von mehreren Jahrzehnten in Betracht ziehen.

Der Markt hat sich seit der vierten Welle in ca. 27 Jahren von 1.000 auf 14.000 Punkte entwickelt. Wer hat im Jahr 2000 geglaubt, dass der DAX von 8.000 auf 2.200 Punkte fallen würde?

Kursverluste dieser Art würden eine starke Depression auslösen, die sich niemand wünscht. Einer solchen Situation sollte man mit der Einstellung begegnen: Lassen Sie uns das Beste hoffen und auf das Schlimmste vorbereitet sein.

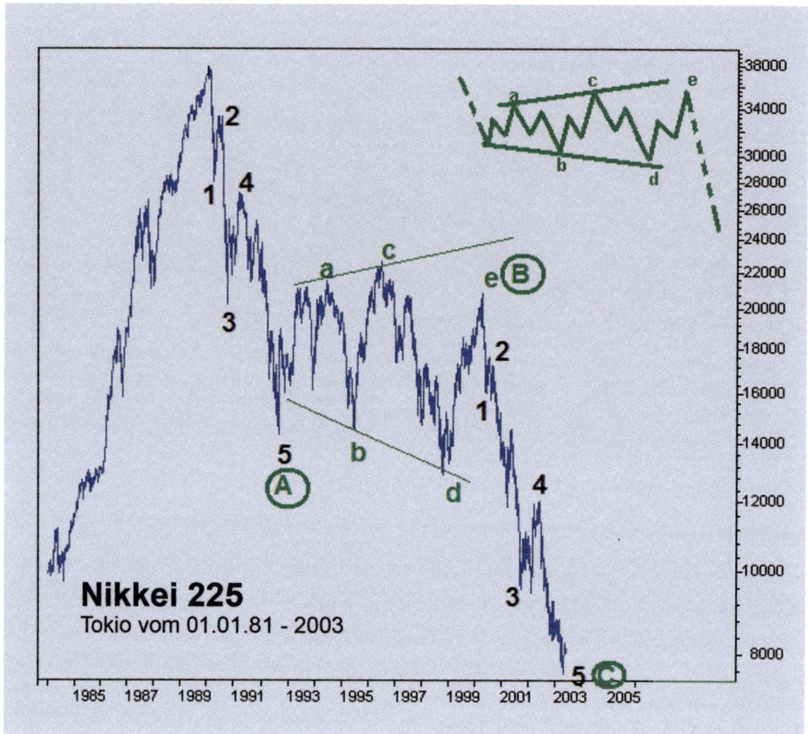

Abbildung 1-68

Der Nikkei-Chart in Abbildung 1-68 beginnt im Jahr 1985. Er zeigt den Index von seinem Hoch im Jahr 1988 bis zu seinem Tief 2003.

Erinnern Sie sich noch an das umgekehrte Dreieck in Abbildung 1-63? Die Regeln sagen, dass sich ein umgekehrtes Dreieck entweder in einer vierten oder einer B-Welle entwickelt. Wie können wir aber wissen, ob es sich um eine vierte Welle oder um die Welle B handelt?

Wenn sich eine fallende Fünf-Wellen-Formation gebildet hat und im Anschluss daran ein umgekehrtes Dreieck entstanden ist, wissen wir, dass sich nur noch *eine* fallende Fünfer-Welle entwickeln kann, weil sich das Dreieck nur vor der *letzten* Bewegung im Trend bildet.

Diese Regel lässt sich ebenso auf das Dreieck in der vierten Welle anwenden. Es ist bezeichnend, dass sich die Welle e in Abbildung 1-68 nicht komplett bis zur oberen Begrenzungslinie entwickelt hat und »vorzeitige« Kursverluste einleitete. Die schnelle letzte Welle C hat sich, wie von Elliott beschrieben, vor dem Trendwechsel entwickelt.

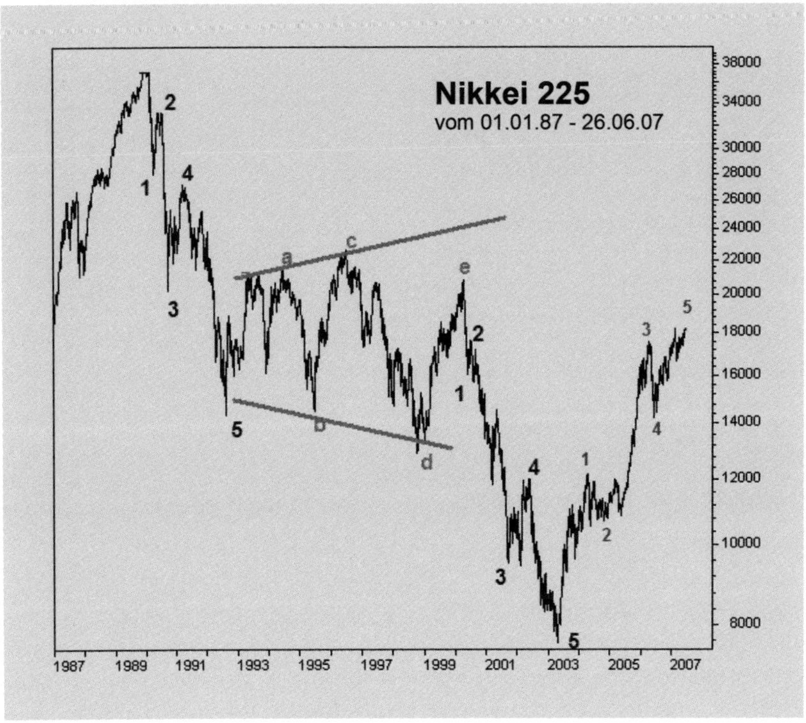

Abbildung 1-69

Der Trendwechsel ist im Jahr 2003 eingetreten. Der Nikkei stieg von 8.000 Punkten im Jahr 2003 auf 18.000 Punkte im Jahr 2007 (siehe Abbildung 1-69).

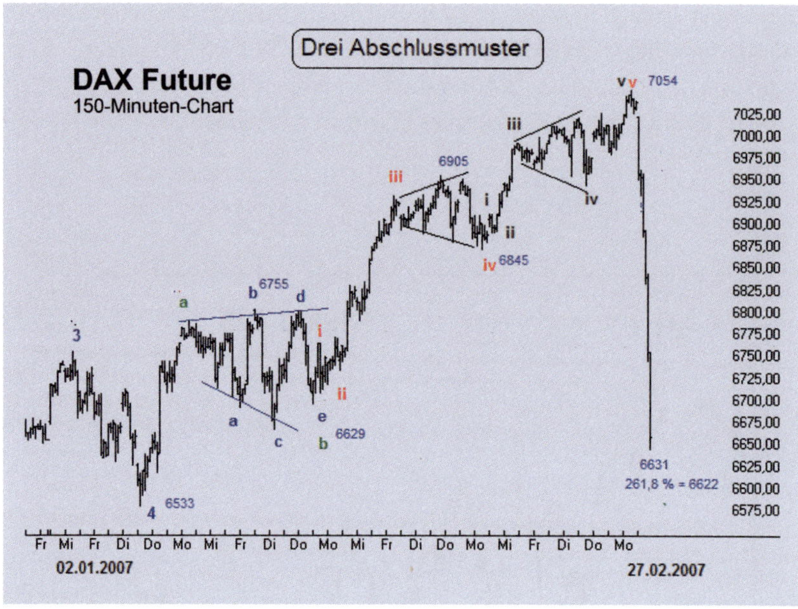

Abbildung 1-70

Zwischen Januar und Februar 2007 haben sich im DAX Future mehrere umgekehrte Dreiecke gebildet (siehe Abbildung 1-70). Bitte beachten Sie, dass sich diese Vorboten für einen Trendwechsel in einer übergeordneten und in zwei untergeordneten Wellen entwickelt haben.

Nach dem übergeordneten Dreieck in der Welle b sollte sich eine schnelle letzte Trendwelle entwickeln. Diese Fünfer-Welle wird mit der Bezeichnung Welle i bis v in rot gekennzeichnet.

In der untergeordneten Welle iv in rot hat sich ein weiteres umgekehrtes Dreieck entwickelt. Die Welle v in rot setzt sich wiederum aus den untergeordneten Wellen i bis v in schwarz zusammen, in deren vierter Welle das dritte umgekehrte Dreieck auftrat.

Nachdem sich die letzte fünfte Welle in der Unterwelle entwickelt hat, fiel der DAX wie ein Stein. Es haben sich über Wochen drei Warnsignale für den Kursrutsch Ende Februar 2007 gebildet.

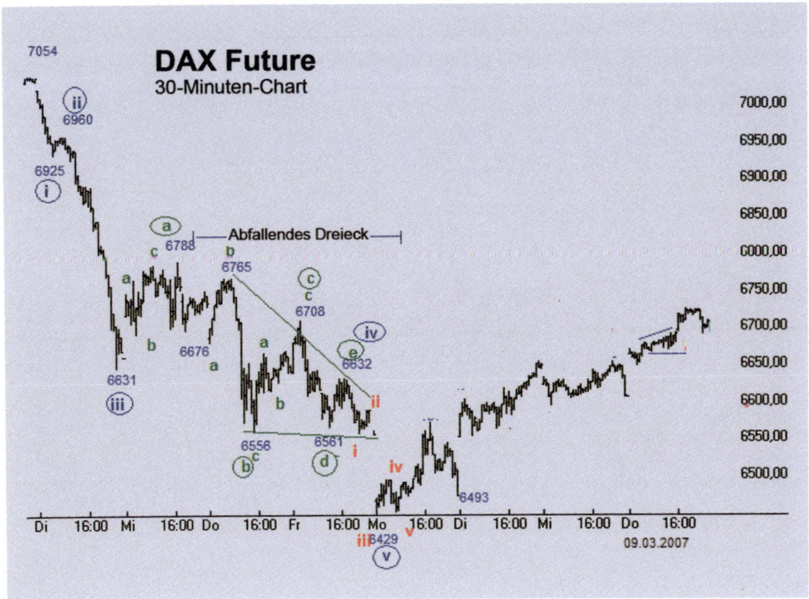

Abbildung 1-71

Abbildung 1-71 wurde am 09.03.2007 erstellt und zeigt die Fortsetzung des Kursverfalls nach den umgekehrten Dreiecken in Abbildung 1-70.

Der Markt fiel in wenigen Tagen von 7.054 auf 6.429 Punkte. Während der letzten Tage mit Kursverlusten bildete sich bereits das nächste Signal - wiederum ein waagerechtes Dreieck - und signalisierte das Ende der Baisse.

Vergleichen Sie bitte die Skizze in Abbildung 1-64 mit dem tatsächlichen Verlauf des laufenden Dreiecks in Abbildung 1-71.

1. Die Welle b fällt unter den Anfang der Welle a.
2. Es bilden sich fünf dreigliedrige Wellenmuster, die die Welle iv im Kreis abschließen.
3. Es folgt eine letzte fallende Trendwelle vor dem Trendwechsel, und zwar mit einem Sonderfall. In der Welle v in rot trat ein Versager auf.
4. Der Trendwechsel setzte ein.

Die Regeln wurden ein weiteres Mal bestätigt.

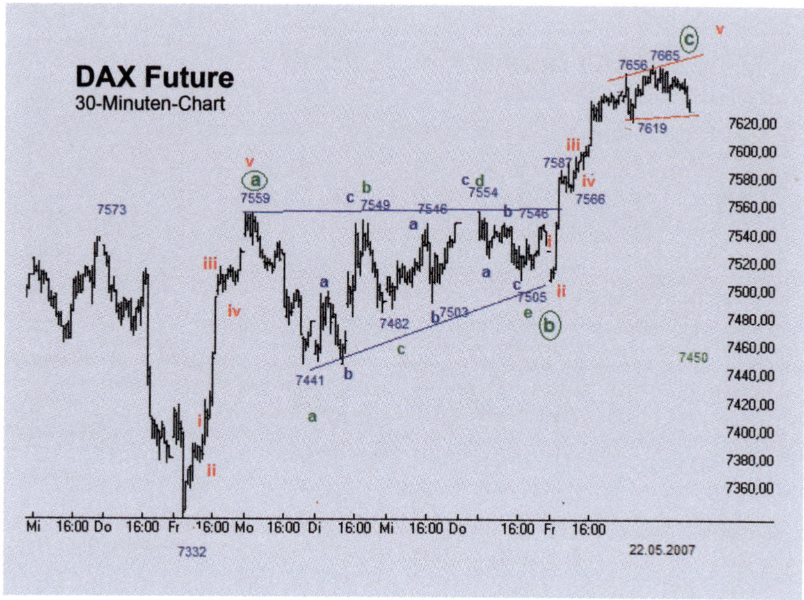

Abbildung 1-72

In diesem aufsteigenden Dreieck in Abbildung 1-72 können Sie deutlich erkennen, dass sich die Unterwellen a bis e ausschließlich als Zickzack entwickelt haben. Sehr selten beinhaltet ein waagerechtes Dreieck andere Korrekturformationen.

Ein weiteres Beispiel für ein waagerechtes Dreieck bietet der Gold-Chart von 1980 bis ca. 1996. Sie erinnern sich sicherlich, dass sich ein Dreieck in einer vierten Welle bildet. Diese Regel wird in dem Chart in Abbildung 1-73 erfüllt.

Blättern Sie bitte auf die Skizze des symmetrischen Dreiecks in der vierten Welle in einer Hausse zurück (Abbildung 1-63 links oben). Ihnen ist sicherlich nicht entgangen, dass die Welle E am unteren Rand des Dreiecks endet, bevor sich eine letzte steigende fünfte Welle entwickelt.

Vergleichen Sie den Gold-Chart bitte mit dem symmetrischen Dreieck in Abbildung 1-63 für einen Baissemarkt. Gold hat in einer vierten Welle ein waagerechtes Dreieck für den Abschluss eines Baissemarktes entwickelt.

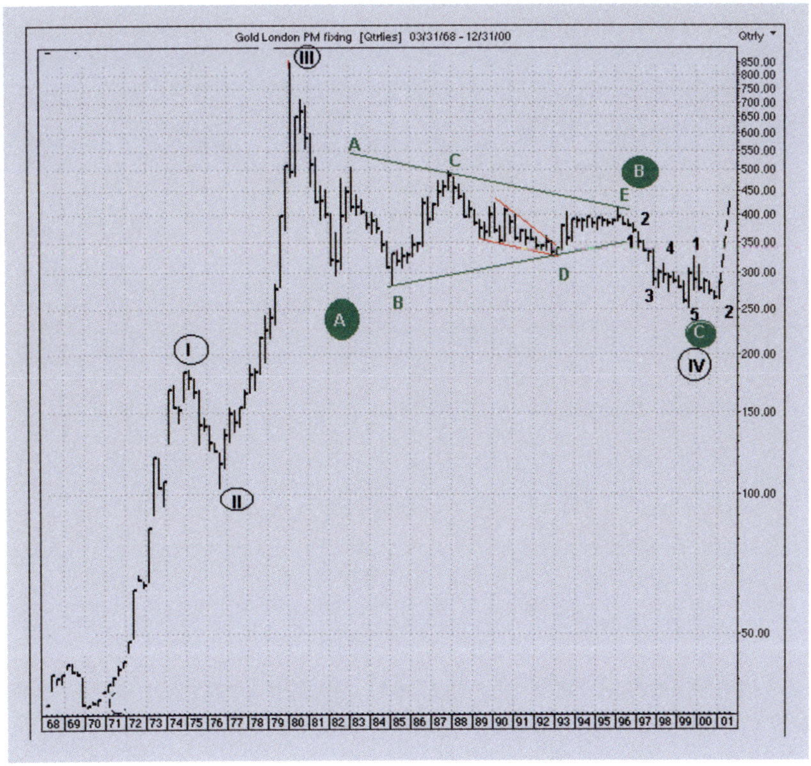

Abbildung 1-73

Bitte lassen Sie sich nicht verwirren. Dieses Dreieck hat sich in der Welle B einer vierten Welle entwickelt. Mit anderen Worten: Es bildet sich nach dem Abschluss des Dreiecks eine letzte fallende Trendwelle, die ein Zickzack (A B C in grün) abschließt. Das Zickzack schließt die Welle IV im Kreis ab.

Wenden wir die Regeln von R.N. Elliott an, wissen wir, dass sich nach einem Dreieck nur noch eine weitere Impulswelle (Welle 5) entwickelt. Anschließend findet ein Trendwechsel statt.

Auf das Gold bezogen, sollte das Dreieck in der Welle C einen starken Effekt auf den Markt ausüben. Ich erwarte in den nächsten Jahren, dass Gold weit über 1.000 Dollar je Unze steigen wird.

Das Ziel aus der ersten Auflage wurde bereits erreicht.

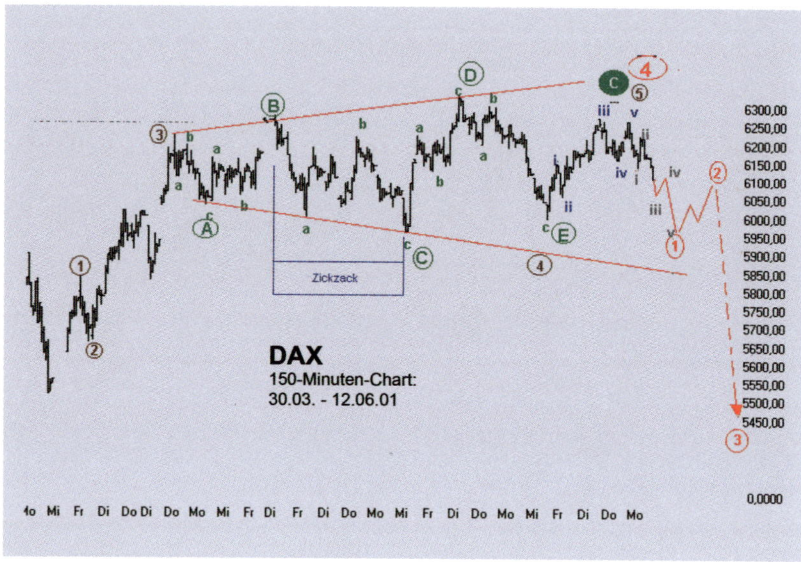

Abbildung 1-74

Auch am umgekehrten Dreieck, das der DAX im Jahr 2001 entwickelte, lassen sich die Elliott-Wellen-Regeln sehr schön ablesen (siehe Abbildung 1-74). Welle E hat die untere Begrenzung jedoch nicht vollständig erreicht. Nach Abschluss des Dreiecks sollte sich die letzte steigende Trendwelle bilden, die für gewöhnlich ein weiteres Hoch bildet.

In der obigen Originalchartanalyse vom 12.06.2001 erkennen Sie, dass sich in der Welle 5 im Kreis (braun) eine Fünfer-Welle gebildet hat. Diese Welle entwickelte nicht genug Kraft, um das gewöhnliche Ziel eines neuen Hochs zu erreichen. Es hat sich also ein Versager nach einem waagerechten Dreieck gebildet. Bitte merken Sie sich diese Sonderform.

In Kapitel 1.6 über Versager in der fünften Welle wurde bereits beschrieben, dass einem Versager ein starker Trendwechsel folgt. In Abbildung 1-74 wurde daher ohne Berücksichtigung von Fundamentaldaten ein Kursziel von 5.450 Punkten und tiefer erwartet.

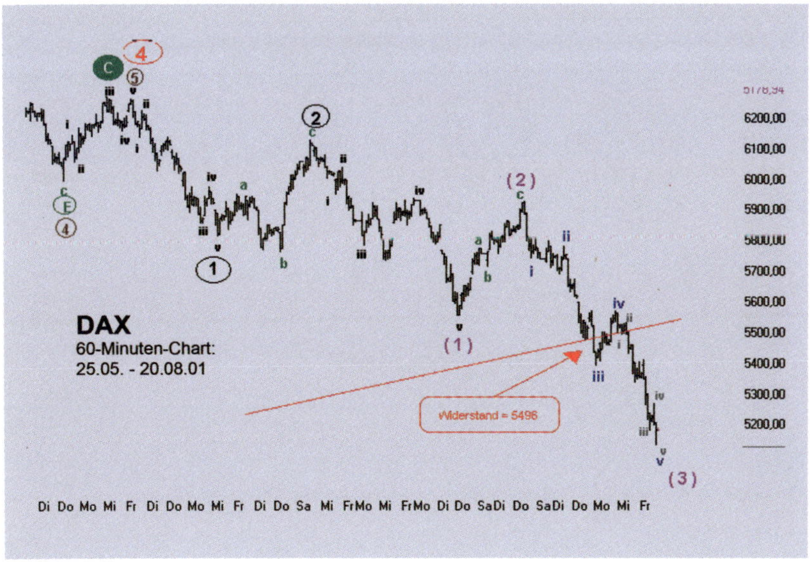

Abbildung 1-75

Links oben in Abbildung 1-75 finden Sie die braune Welle 5 im Kreis wieder, die als Versager gekennzeichnet wurde. Der DAX hat – wie in Abbildung 1-74 angekündigt – die Zwischenerholung vollzogen und ist anschließend nach dem Versager in den prognostizierten Bereich von 5.450 Punkten gefallen: Das Tief am 20. August 2001 lag unter 5.200 Punkten.

Die Welle (3) impliziert fallende Kurse, die im weiteren Verlauf auch eingetreten sind. Dieser Chart soll deutlich machen, welche Folgen ein umgekehrtes Dreieck kombiniert mit einem Versager für den weiteren Kursverlauf hat.

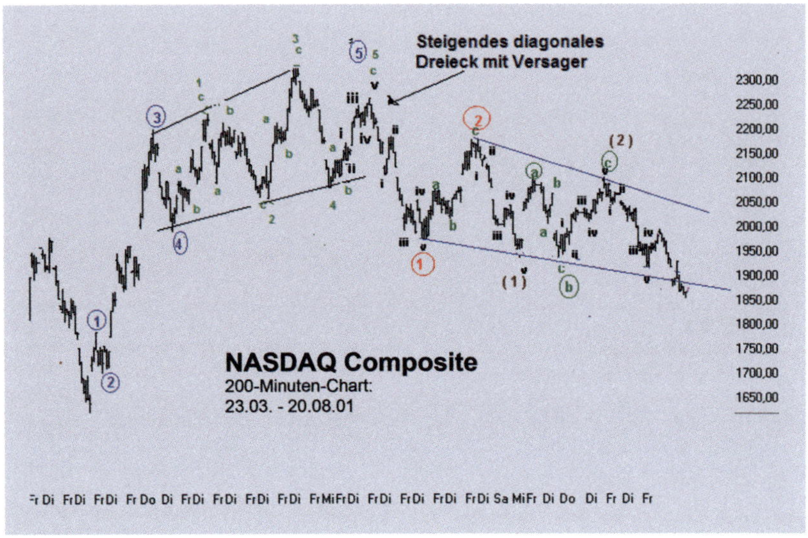

Abbildung 1-76

Abbildung 1-76 zeigt einen weiteren Versager nach einem umgekehrten Dreieck. Die beiden Signale für stark fallende Kurse helfen uns bei der Kennzeichnung der anschließenden Wellen. Es liegt nahe, dass sich im Anschluss fallende Fünf-Wellen-Muster bilden.

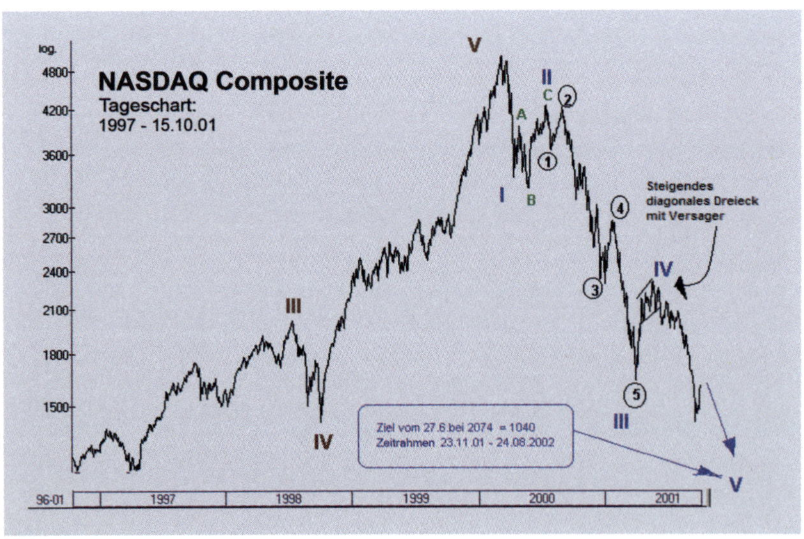

Abbildung 1-77

Der NASDAQ in Abbildung 1-77 zeigt ebenfalls, dass sich nach einem umgekehrten Dreieck in der Welle IV ein starker Abwärtstrend entwickelte.

1.10.4.2 Ausgedehntes diagonales Dreieck

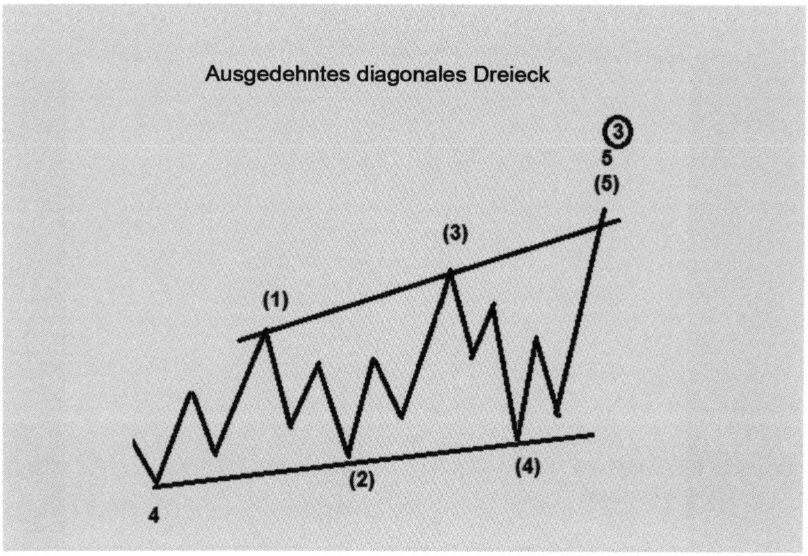

Abbildung 1-78

Ausgedehnte diagonale Dreiecke enden häufig mit einer überschießenden fünften Welle. Dabei wird die Trendlinie kurzfristig gebrochen. Die jeweiligen Unterwellen sind dreigliedrig.

Charakteristisch für diese Formation sind sowohl steigende Hoch- als auch steigende Tiefpunkte. Die oberen und unteren Begrenzungslinien dehnen sich aus und laufen nicht, wie bei einem diagonalen Dreieck, keilförmig zusammen.

Der Rücklauf endet außerdem nicht, wie bei einem diagonalen Dreieck, mindestens beim Ausgangspunkt des Dreiecks. In einigen Fällen dreht der Markt bereits vor diesem Niveau.

Wichtig: Nach mehrjährigen Untersuchungen ist mir aufgefallen, dass die Formation nicht am Ende eines Trends, sondern ausschließlich am Ende einer dritten Welle entsteht.

Merkmale eines ausgedehnten diagonalen Dreiecks:

- Starker, schneller Anstieg in Welle (3)
- Das Dreieck besteht aus 5 Wellen
- Es gibt eine Überschneidung der Wellen 1 und 4
- Jede Unterwelle ist dreigliedrig
- Welle 3 ist in manchen Fällen die kürzeste Welle
- Die Begrenzungslinien laufen als steigendes oder fallendes Dreieck auseinander
- Ausschließlich in einer dritten Welle zu finden
- Rücklauf mindestens bis zum Ausgang des Dreiecks
- Bildet sich häufig in der dritten Welle vor einem Trendwechsel. Es folgen Welle 4 und Welle 5. Anschließend setzt der Trendwechsel ein.

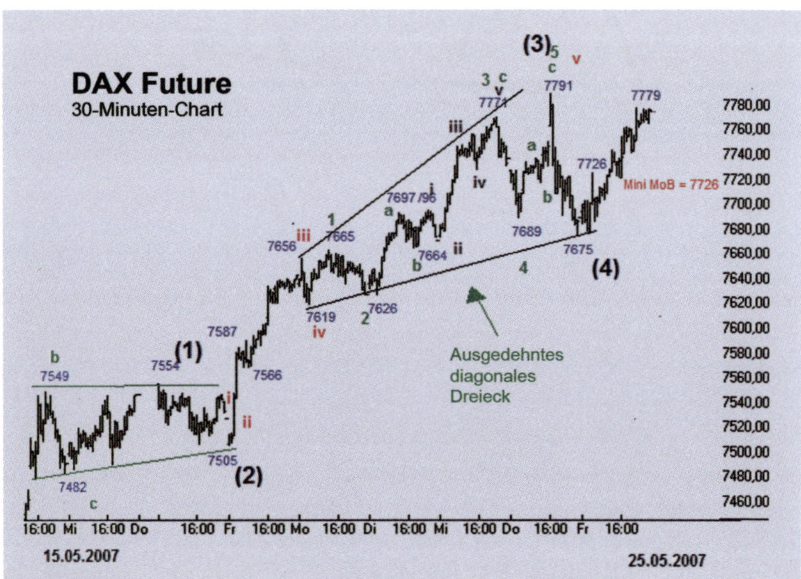

Abbildung 1-79

Der Chart des DAX-Future in Abbildung 1-79 zeigt, dass sich in jeder Unterwelle des Dreiecks dreigliedrige Muster entwickelt haben. Der Rücklauf nach Abschluss des Dreiecks endet bereits vor dessen Anfang (siehe Abbildung 1-80).

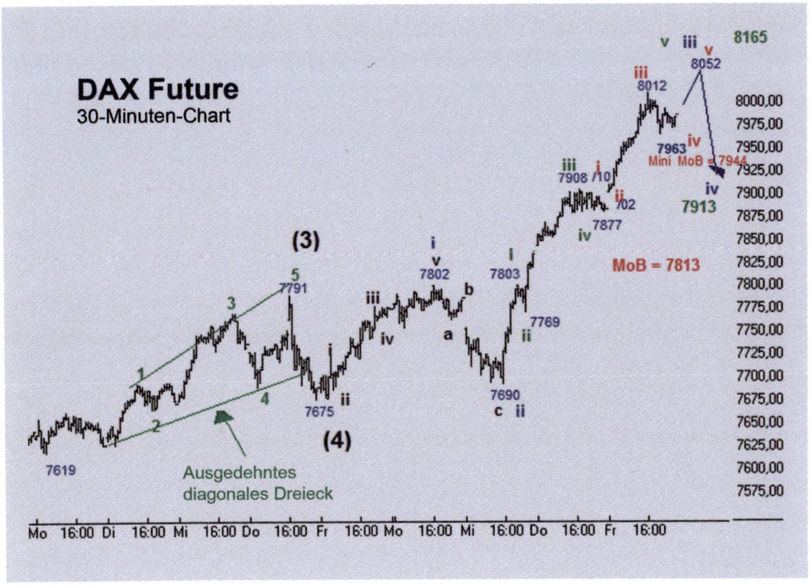

Abbildung 1-80

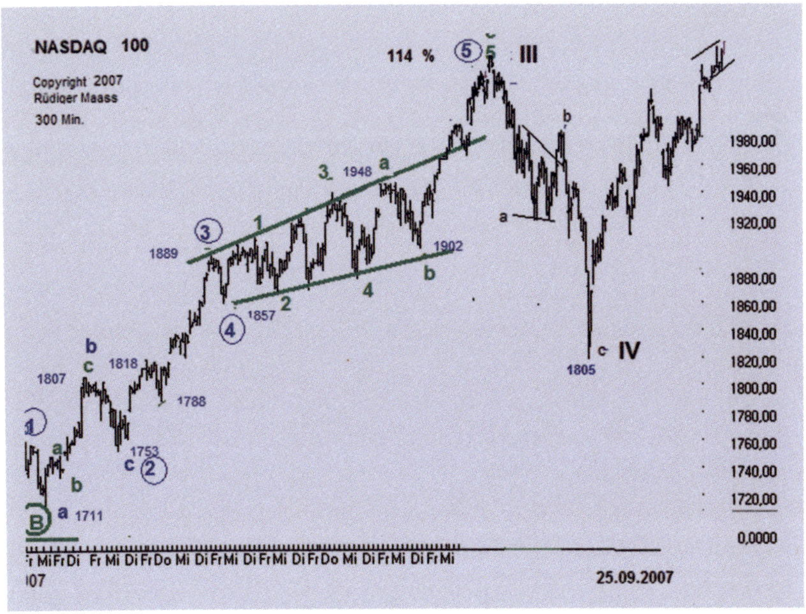

Abbildung 1-81

Die weitere Kursentwicklung des Dreiecks in Abbildung 1-80 zeigt, dass sich nach dem Dreieck ein weiteres Hoch gebildet hat. Wir können also davon ausgehen, dass der Trend nach der Ausbildung eines ausgedehnten diagonalen Dreiecks noch nicht beendet ist und ein weiteres Hoch in Haussemärkten oder ein weiteres Tief in Baissemärkten entsteht.

Im Jahr 2007 hat sich beim NASDAQ 100 ein steigendes ausgedehntes diagonales Dreieck mit einer überschießenden Welle gebildet (siehe Abbildung 1-81). Die dritte Welle ist verhältnismäßig kurz. Bei dieser Formation darf sie jedoch ausnahmsweise die kürzeste Welle sein. Nach der überschießenden Welle 5 hat sich ein Rücklauf gebildet, der in diesem Fall unter dem Anfang des Dreiecks endete.

Nach dem Abschluss des Dreiecks hat der NASDAQ ein weiteres Hoch gebildet.

1.10.5 Kombination verschiedener Korrekturmuster (doppelte und dreifache Dreier)

Doppel-Dreier

Ein einzelner »Dreier« besteht aus einem Zickzack oder einem Flach. Der doppelte Dreier setzt sich aus der Kombination zweier Korrekturmuster zusammen (Zickzack, Flach und waagerechtes Dreieck). Diese beiden Korrekturmuster werden durch einen beliebigen Dreier verbunden. Die Formation besteht also insgesamt aus sieben Abschnitten, die mit den Buchstaben abc und abc oder abc x abc gekennzeichnet werden (siehe Abbildung 1-82).

Die Unterwellen in Richtung des vorherrschenden Trends sind immer dreigliedrig. Die Unterwellen gegen den Trend sind hingegen teils dreigliedrig, teils fünfgliedrig, wobei die Fünf-Wellen-Formationen jeweils in der Welle c auftreten (siehe Abbildung 1-84 und 1-85). An dieser Verteilung der Drei- bzw. Fünfgliedrigkeit lässt sich erkennen, welche Richtung der Markt weiterhin einschlagen wird: nämlich die Richtung entgegen der fünfgliedrigen Wellen!

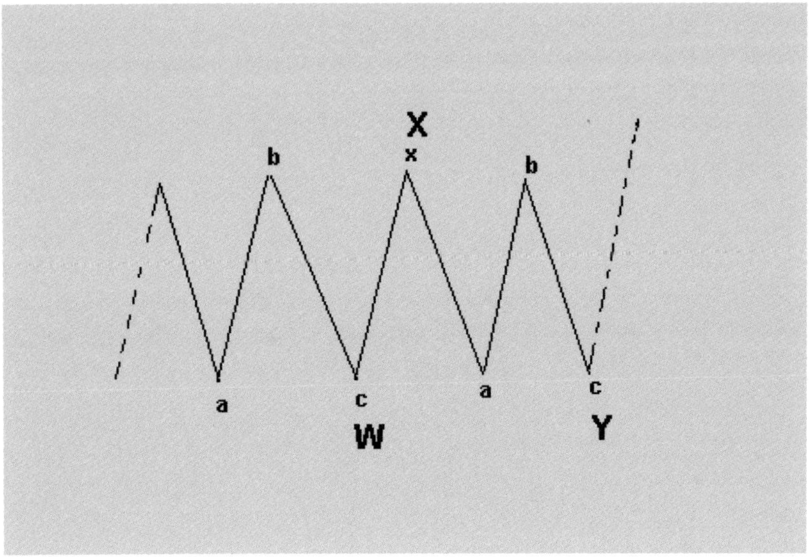

Abbildung 1-82

Doppel-Dreier bilden sich in einigen Fällen waagerecht zum Markt, meist jedoch entwickeln sie sich gegen den vorherrschenden Trend. Nach Abschluss der Wellenmuster entsteht häufig ein starker Trend.

Merkmale eines Doppel-Dreiers:

- Zusammensetzung aus Zickzacks, Flachs und Dreiecken
- Der Doppel-Dreier setzt sich aus zwei abc-Mustern zusammen, oder er kann von 1 bis 7 abgezählt werden.
- Die Unterwellen in Richtung des vorherrschenden Trends sind dreigliedrig.
- Die Unterwellen gegen die Richtung des vorherrschenden Trends sind drei- oder fünfgliedrig.
- Im steigenden Trend sind die fallenden Unterwellen fünfgliedrig und umgekehrt.

Dreifach-Dreier

Der Dreifach-Dreier setzt sich aus der Kombination dreier Korrekturmuster (Zickzack, Flach und waagerechtes Dreieck) zusammen (siehe Abbildung 1-83).

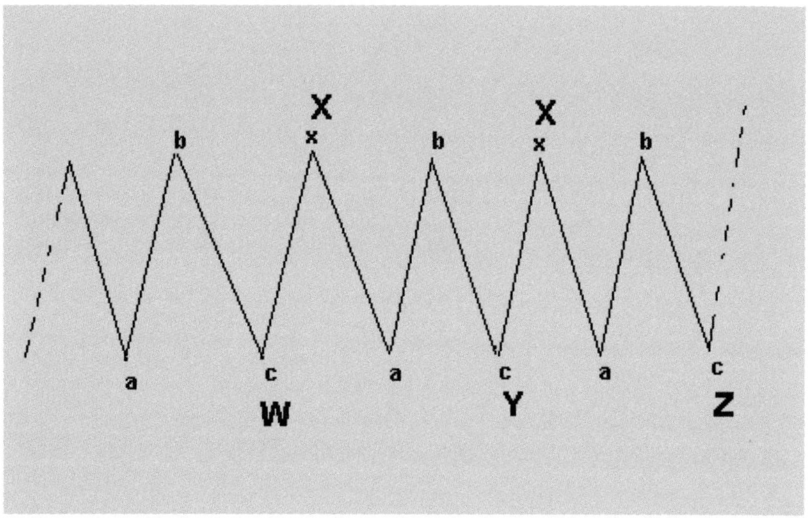

Abbildung 1-83

Ein Doppel-Dreier wird mit einem weiteren Dreier verbunden. An einen Doppel-Dreier schließt sich also ein weiterer beliebiger Dreier (Zickzack, Flach oder Dreieck) an. Die Formation besteht demnach aus elf Abschnitten, die mit den Buchstaben abc x abc x abc gekennzeichnet werden.

Die Unterwellen in Richtung des vorherrschenden Trends sind immer dreigliedrig. Die Unterwellen gegen den Trend sind hingegen teils dreiteilig, teils fünfteilig, wobei die Fünf-Wellen-Formationen jeweils in der Welle c auftreten (siehe Abbildung 1-84 und 1-85). An dieser Verteilung der Drei- bzw. Fünfgliedrigkeit lässt sich erkennen, welche Richtung der Markt weiterhin einschlagen wird: nämlich die Richtung entgegen der fünfgliedrigen Wellen!

Dreifach-Dreier bilden sich in einigen Fällen waagerecht zum Markt, meist jedoch entwickeln sie sich gegen den vorherrschenden Trend. Nach Abschluss der Wellenmuster entsteht häufig ein starker Trend.

Generell treten Doppel- und Dreifach-Dreier nur sehr selten auf.

Merkmale eines Dreifach-Dreiers:

- Zusammensetzung aus Zickzacks, Flachs und Dreiecken
- Der Dreifach-Dreier setzt sich aus drei abc-Mustern zusammen, oder er kann von 1 bis 11 abgezählt werden.
- Die Unterwellen in Richtung des vorherrschenden Trends sind dreigliedrig.
- Die Unterwellen gegen die Richtung des vorherrschenden Trends sind drei- oder fünfgliedrig.
- Im steigenden Trend sind die fallenden Unterwellen fünfgliedrig und umgekehrt.

Einige praktische Beispiele

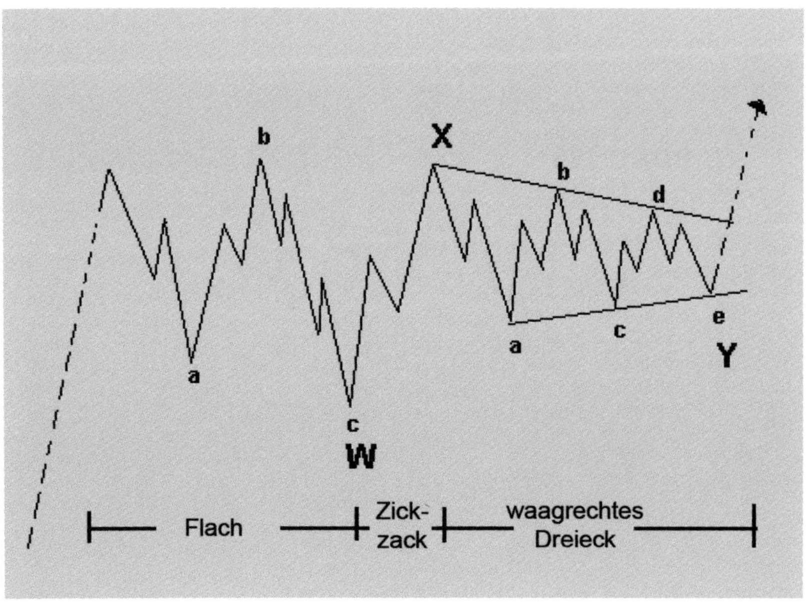

Abbildung 1-84

Die Skizze in Abbildung 1-84 zeigt die Kombination einer Flach-Formation (unregelmäßige Korrektur) mit einem waagerechten Dreieck. Beide Korrekturmuster werden mit einem Dreieck (Zickzack) verbunden.

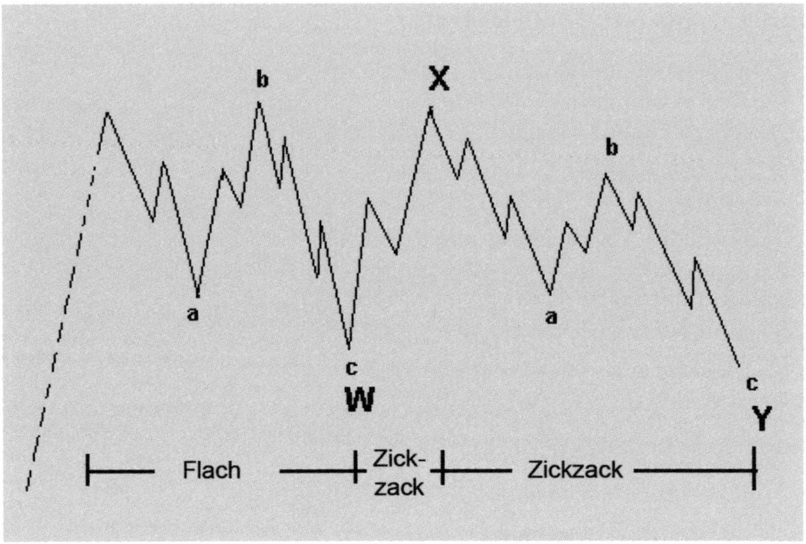

Abbildung 1-85

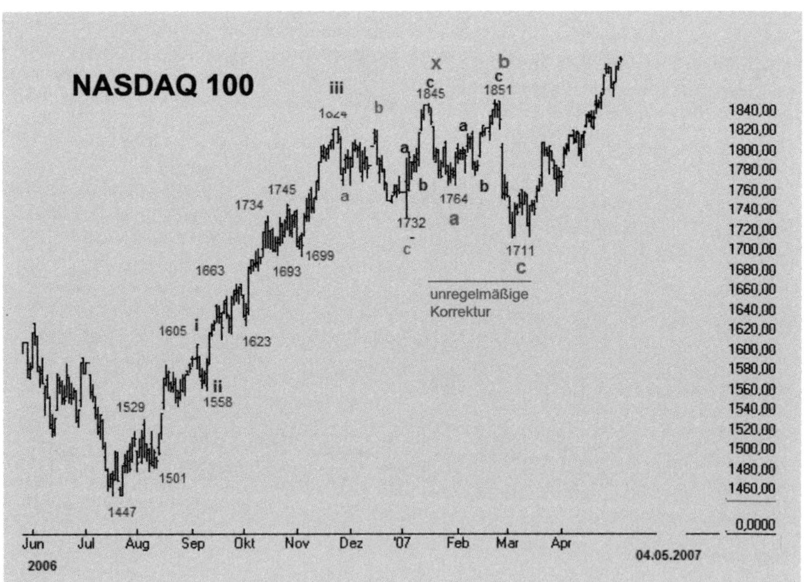

Abbildung 1-86

Die Kombination in Abbildung 1-85 setzt sich aus einem Flach (unregelmäßige Korrektur) und einem Zickzack zusammen, das in der Welle x mit einer Dreierwelle ebenfalls in Form eines Zickzacks verbunden wird. Zwei miteinander verbundene Drei-Wellen-Formationen werden mit den Buchstaben w x y gekennzeichnet.

Der Chart in Abbildung 1-86 zeigt einen Doppel-Dreier beim NASDAQ 100 im Jahr 2007, der aus einem Zickzack und einer unregelmäßigen Korrektur besteht. Beide Dreier werden mit einem Zickzack in der Welle x verbunden.

Nach dem vorläufigen Ende eines Trends in der Welle iii hat sich eine abc-Welle bis 1.732 Punkte entwickelt, ihr schließt sich eine steigende abc-Welle mit einem neuen Hoch bis 1.845 Punkte an. Es entsteht ein weiteres Hoch in der Welle b bei 1.851 Punkten.

Die Unterwellen in Richtung des vorherrschenden Trends bestehen aus dreigliedrigen Mustern. Die Korrekturwelle c bis 1.711 Punkte besteht aus einem Fünf-Wellen-Muster und zeigt an, dass sich die Fünfer-Wellen nur gegen den Trend entwickeln.

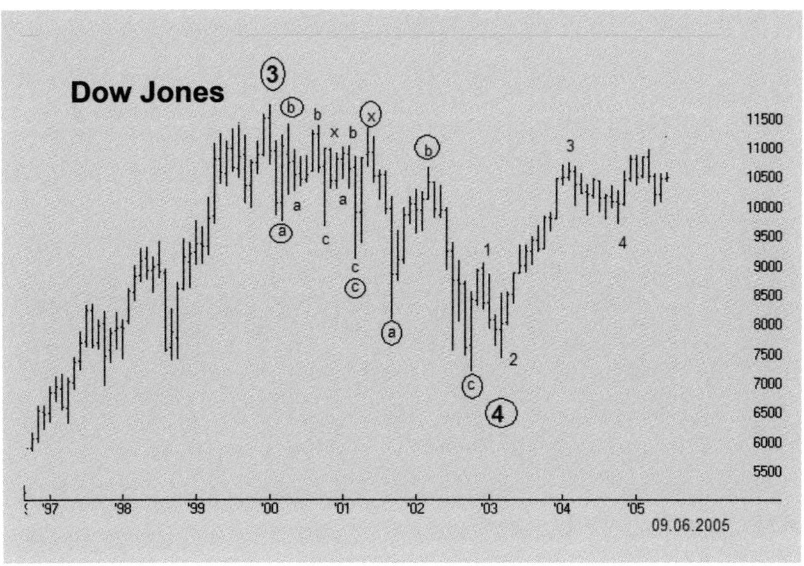

Abbildung 1-87

Während des Crashs von 2000 bis 2003 zeigt sich ein seltenes Doppel-Dreier-Korrekturmuster mit einer abc x abc-Korrektur in der Unterwelle: Im Anschluss an die Welle 3 im Kreis hat sich die erste abc (im Kreis) gebildet. In deren Welle c im Kreis hat sich wiederum eine abc x abc-Korrektur gebildet, die den ersten Teil des übergeordneten Doppel-Dreiers abschließt. Die Börsenbaisse schloss beim Dow mit einer weiteren abc im Kreis ab.

Die Korrektur verlief gegen den vorherrschenden Trend. Falls Sie während einer Analyse feststellen, dass sich doppelte oder dreifache Dreier bilden, sollten Sie den Markt mit großer Vorsicht analysieren, weil die Vielfalt der Korrekturmuster in diesem komplexen Wellenmuster sehr schwer vorhersehbar ist.

2

Teil 2

Richtlinien der Wellen-Formationen

2.1 Die Alternations- oder Wechselregel

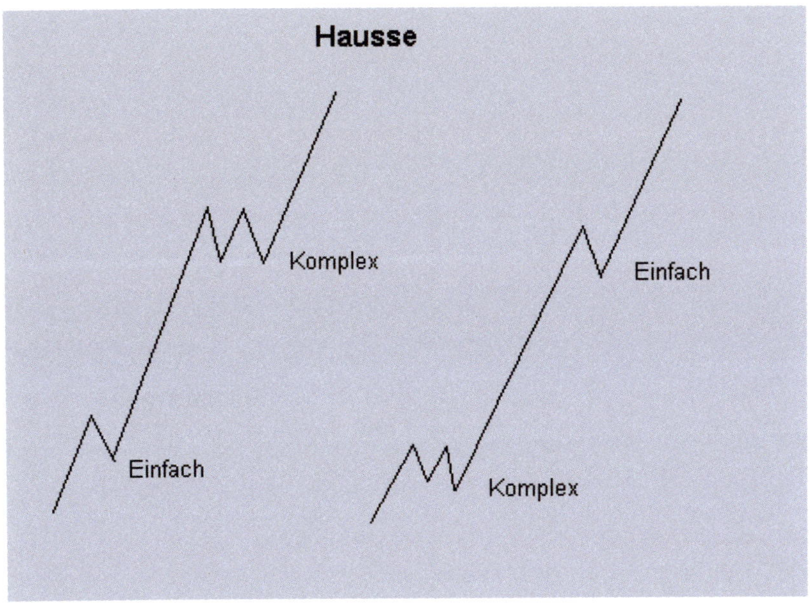

Abbildung 2-0

Die Wechselregel weist darauf hin, dass in vielen Bereichen alternierende Wellenmuster zu erwarten sind: Entwickelt sich in der zweiten Welle eine einfache Korrektur, ist es wahrscheinlich, dass sich in der vierten Welle ein komplexes Korrekturmuster bildet und umgekehrt (siehe Abbildung 2-0 und 2-1).

Die komplexen Wellenmuster bilden sich aus Flachs, Dreiecken, Doppel-Dreiern und Dreifach-Dreiern. Dies gilt sowohl für Hausse- als auch Baissephasen.

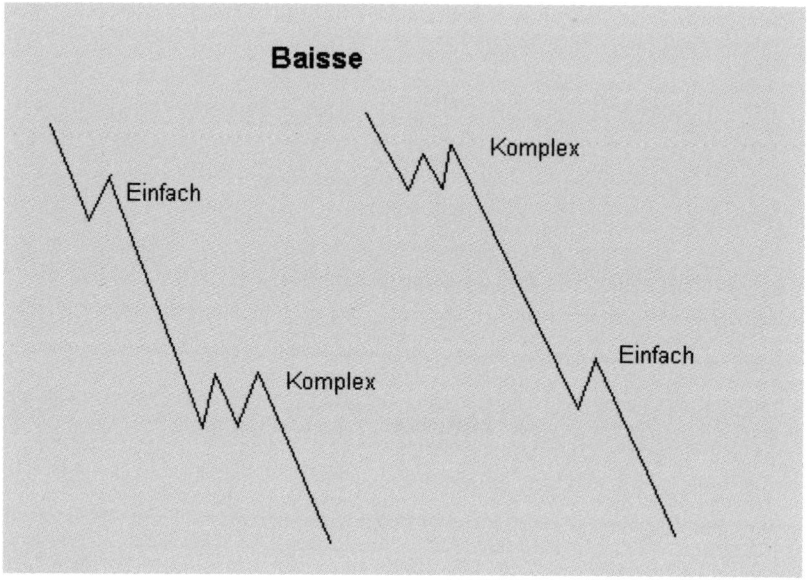

Abbildung 2-1

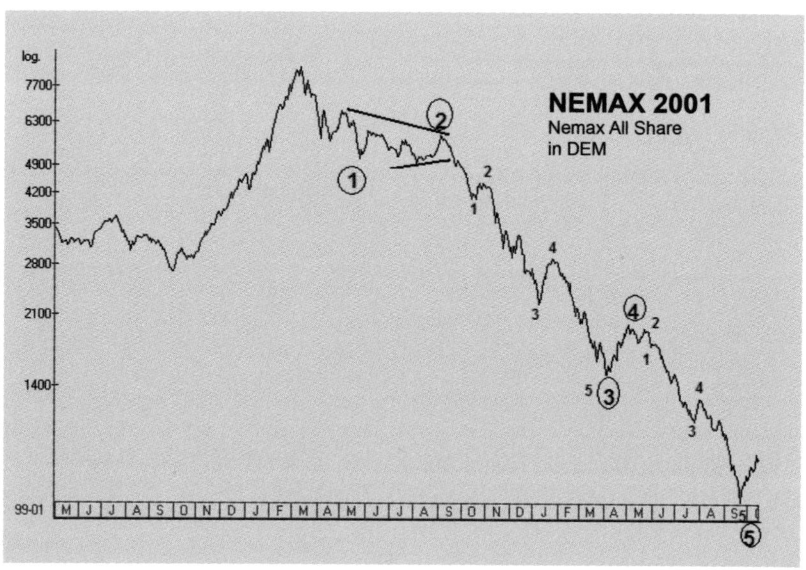

Abbildung 2-2

Diese Regel soll als Hinweis gelten und ist nicht in jedem Fall zu erwarten. In stark fallenden Baissemärkten habe ich häufig die Erfahrung gemacht, dass sich in einer zweiten *und* in einer vierten Welle nur einfache Korrekturmuster bilden.

Allerdings gibt die Alternationsregel keine Auskunft darüber, welche Korrekturformation im Einzelnen zu erwarten ist. Sie schließt auch kein Korrekturmuster kategorisch aus.

Der NEMAX von 1999 bis 2001 zeigt deutlich, dass sich in der Welle 2 ein komplexes Abschlussmuster entwickelt hat (siehe Abbildung 2-2). Welle 4 ist als einfaches Zickzack aufgetreten. Die Unterwellen in den Wellen 3 und 5 im Kreis folgten der Alternationsregel nicht: Deren zweite und vierte Korrekturwelle hatte jeweils einfache Wellenmuster.

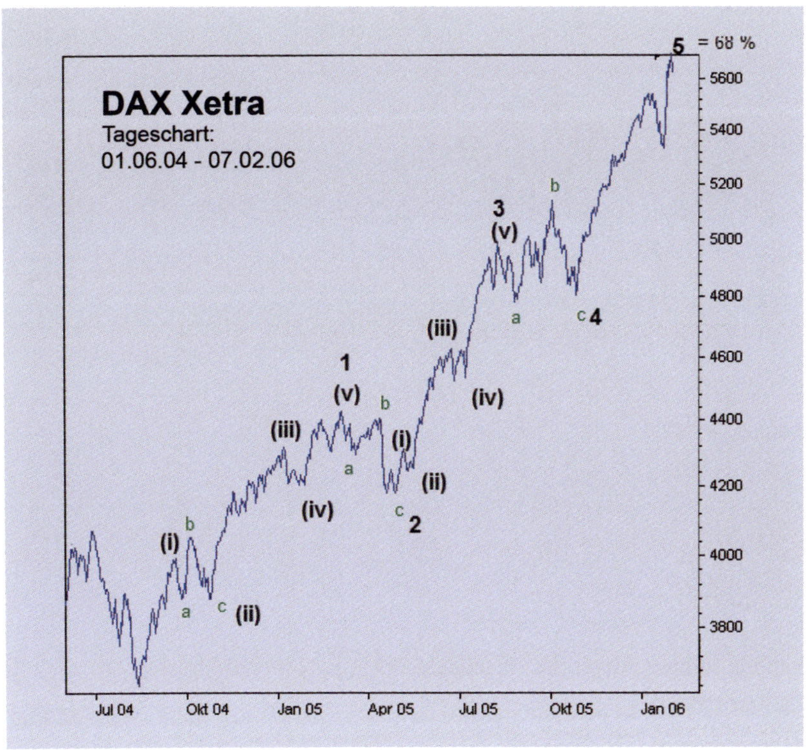

Abbildung 2-3

In den übergeordneten Wellen 1 bis 5 des DAX von 2004 bis Januar 2006 (siehe Abbildung 2-3) hat sich in der Welle 2 ein einfaches Zickzack gebildet und in der Welle 4 eine einfache laufende Korrektur. Auch hier ist also keine Alternation aufgetreten.

Auch in den Unterwellen (i) bis (v) in Welle 1 hat sich in Welle (ii) eine einfache laufende Korrektur gebildet und in Welle (iv) ein einfaches Zickzack. In der Welle 5 gab es ebenfalls nur einfache Korrekturen.

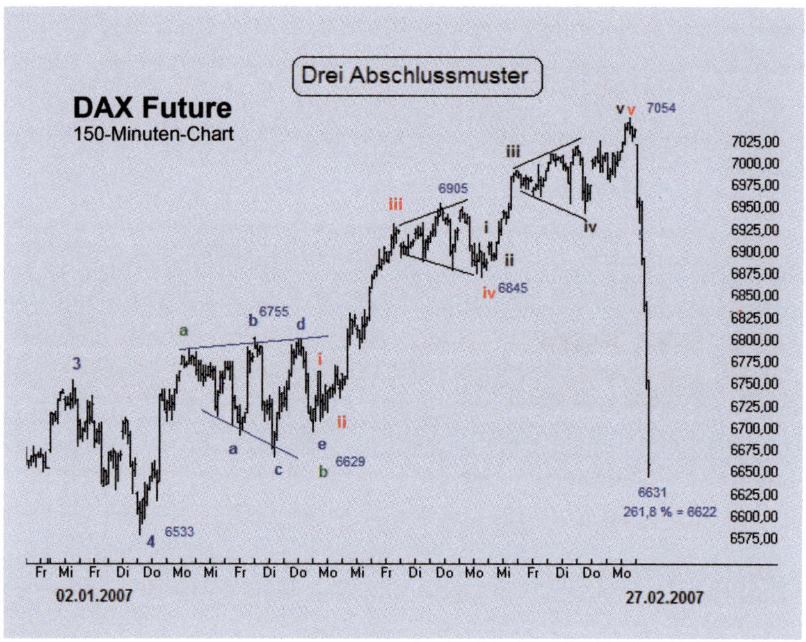

Abbildung 2-4

Beim DAX Future vom 27.02.2007 wiederum alternieren die Wellen ii und iv in rot und die Wellen ii und iv in schwarz, wobei sich jeweils in der Welle iv ein komplexes Korrekturmuster gebildet hat.

Die Beispiele zeigen, dass die Wechselregel im Markt zu finden ist, aber nicht in jedem Fall eintritt.

2.2 Rückläufe von Korrekturwellen

Welches Ausmaß hat die Korrektur in einem Hausse- bzw. Baissemarkt? Im Gegensatz zu den anderen Analyseverfahren liefert das Elliott-Wellen-Prinzip auf diese Frage eine Antwort: Gewöhnlich entwickeln sich die Korrekturen bis zum Endpunkt der vorhergegangenen vierten Welle zurück.

Bitte betrachten Sie die Regel aber lediglich als Grundsatz. In schnell steigenden oder fallenden Wellen findet diese Regel häufig keine Anwendung. Nähere Informationen zu den Rückläufen finden Sie in Teil 3 über Fibonacciverhältnisse.

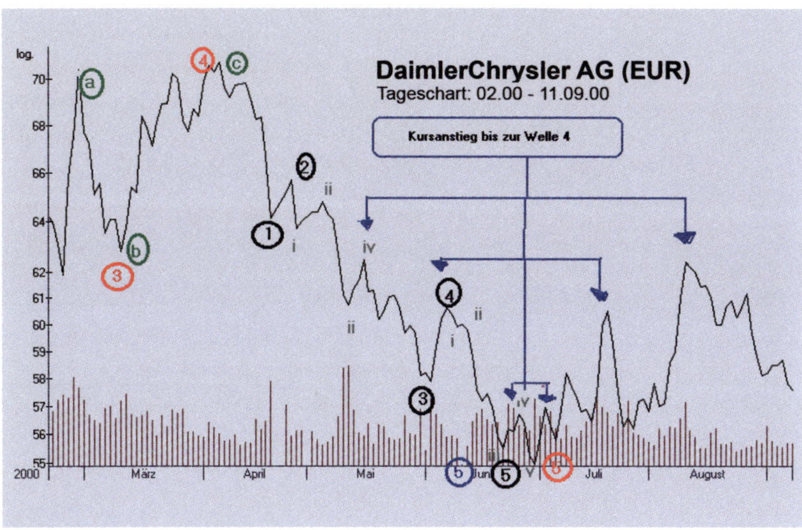

Abbildung 2-5

Der Kursverlauf der DaimlerChrysler-Aktie aus dem Jahr 2000 spiegelt auf eindrucksvolle Weise die von Elliott entdeckte Regel der Rückläufe (siehe Abbildung 2-5).

1. In der Welle 5 im Kreis in schwarz hat sich eine Fünf-Wellen-Formation gebildet. Der erste Rücklauf endete im Bereich des Hochpunkts der untergeordneten Welle iv.

2. Der zweite Rücklauf endete im Bereich der Welle 4 im Kreis.

3. Der dritte Rücklauf endete im Bereich der Unterwelle iv in der Welle 3 im Kreis.

Auch der folgende DAX-Chart in Abbildung 2-6 bestätigt die Regel, dass sich Rückläufe an den vorherigen untergeordneten vierten Wellen orientieren.

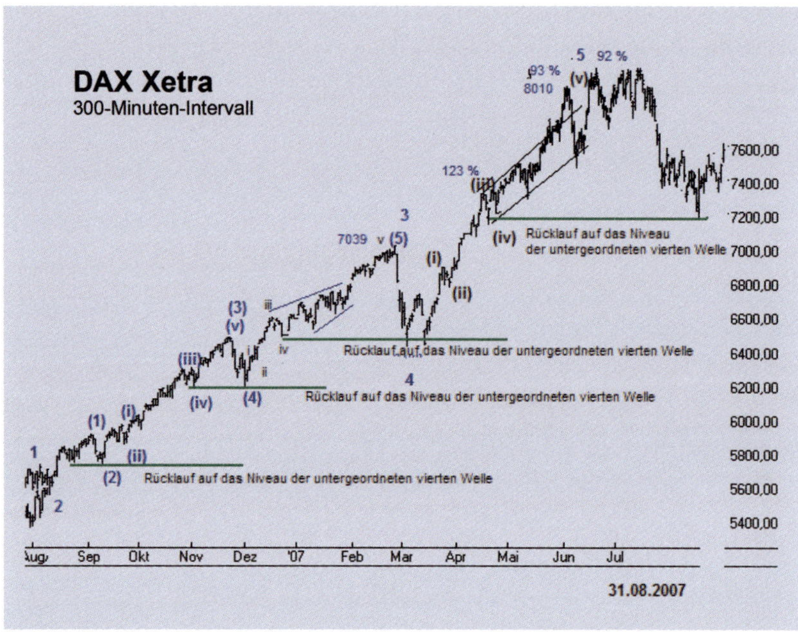

Abbildung 2-6

Der Chart des DAX vom August 2006 bis August 2007 zeigt dasselbe Prinzip in einem Haussemarkt: Die Rückläufe enden in vier Fällen exakt auf dem Niveau der untergeordneten vierten Welle.

2.3 Wellengleichheit

Ein Grundsatz der Wellentheorie besteht darin, dass jeweils zwei der drei Antriebswellen innerhalb einer Fünf-Wellen-Formation zur Gleichheit in der zeitlichen Dauer und in der Ausdehnung (Ausmaß der Kursbewegungen) neigen.

Dieser Grundsatz ist vor allem dann festzustellen, wenn sich eine Ausdehnung in der dritten Welle entwickelt hat.

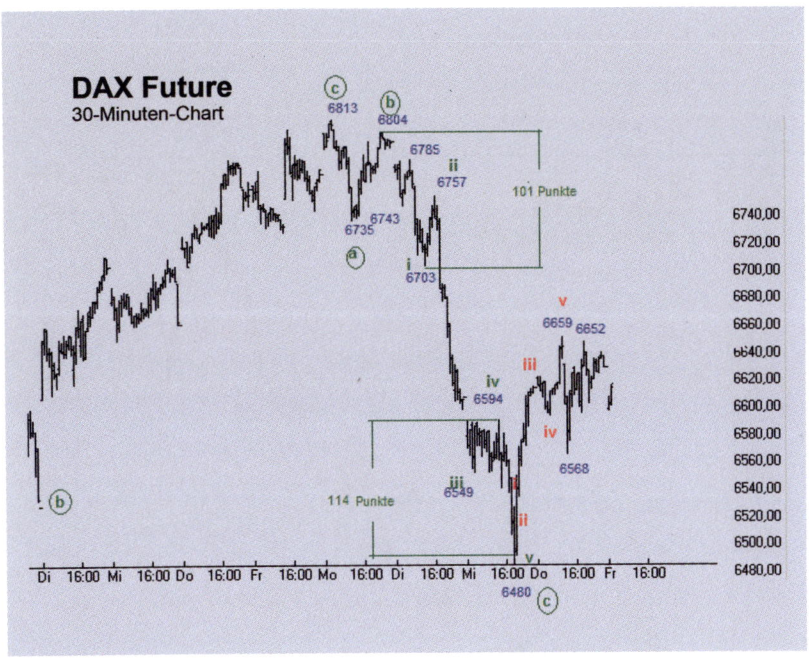

Abbildung 2-7

Der DAX Future vom 19.03.2007 in Abbildung 2-7 zeigt eine fallende Fünf-Wellen-Sequenz mit einer ausgedehnten dritten Welle. Gemäß dem soeben erwähnten Grundsatz, dass zwei Wellen zur Gleichheit neigen, besonders wenn sich die dritte Welle ausgedehnt hatte, hat die Welle i in grün eine Länge von 101 Punkten erreicht und die Welle v von 114 Punkten.

2.4 Chartauswahl

R. N. Elliott soll die stündlichen Kursveränderungen aus einer Wirtschaftszeitung entnommen und auf halblogarithmisches Papier übertragen haben. Im Zeitalter der Computer können wir uns diese mühsame Arbeit ersparen. Viele Chartprogramme stellen uns Kurse vom »Tick by Tick« bis zu monatlichen Grafiken zur Verfügung.

Ein Tick-Chart zeigt jeden einzelnen Umsatz an und bildet die kleinste Ebene, auf der Elliott-Wellen entstehen. Im Allgemeinen werden jedoch Charts verwendet, die Veränderungen pro Minute, Stunde, Tag, Woche oder Monat anzeigen. Mit dieser Vielfalt von Möglichkeiten lassen sich Analysen auf jeder Zeitebene erstellen.

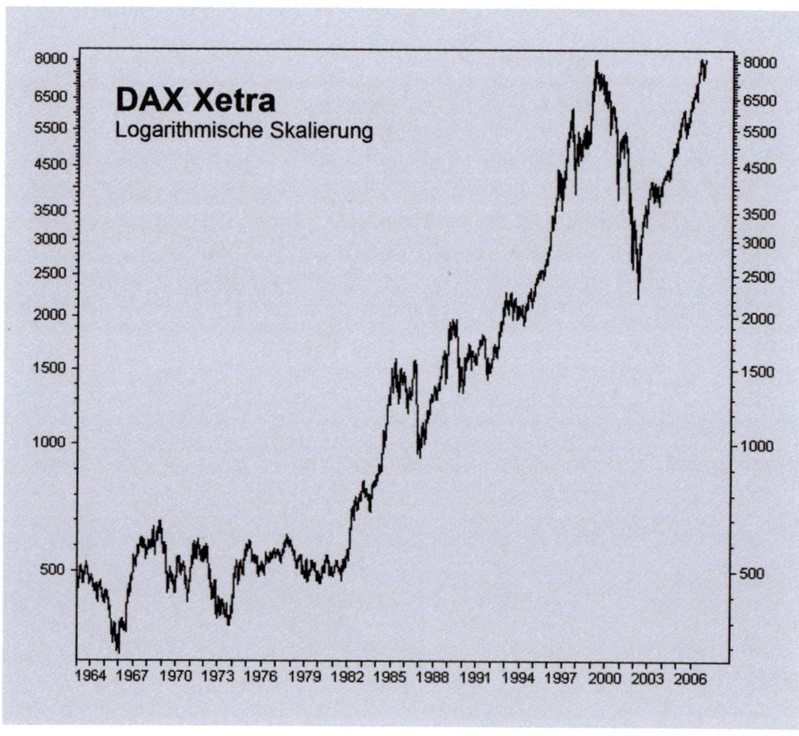

Abbildung 2-8

Bitte vergleichen Sie die logarithmische Darstellung des langfristigen DAX-Charts in Abbildung 2-8 mit der arithmetischen Darstellung in Abbildung 2-9.

Die arithmetische Skalierung kann verwendet werden, wenn Sie einen kurzfristigen Zeitbereich analysieren. Es macht kaum einen prozentualen Unterschied, wenn sich der DAX von 8.000 oder von 7.500 Punkten um 50 Punkte bewegt. Dagegen ist der prozentuale Unterschied erheblich, wenn sich der DAX von 1.000 oder von 8.000 Punkten um 50 Punkte bewegt.

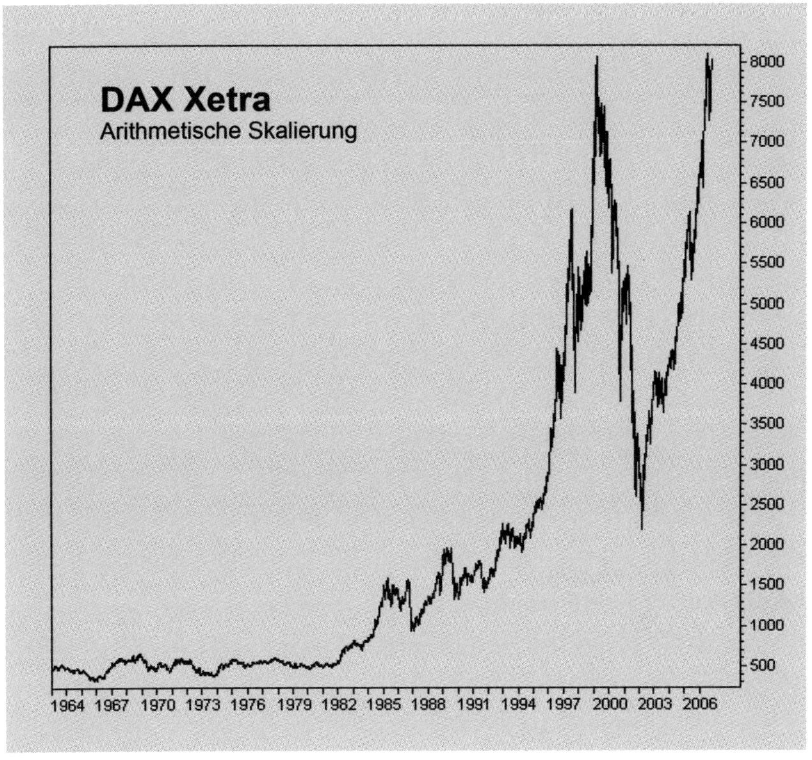

Abbildung 2-9

Die arithmetische Darstellung ist also nur für den kurzfristigen Bereich geeignet. Im langfristigen Bereich ist die Darstellung der Elliott-Wellen so jedoch kaum zu identifizieren.

2.5 Trendkanalbildung

Um Anhaltspunkte für den Verlauf eines Trends zu erhalten und Kursziele zu bestimmen, hat R. N. Elliott die These aufgestellt, dass ein Markt sich innerhalb zweier paralleler Linien bewegt. Die Trendkanäle betrachtet er als wichtiges Werkzeug für die Analyse. Dabei ist möglichst exaktes Arbeiten notwendig, das heißt, falls verfügbar verwenden wir im Kerzen- oder Open-High-Low-Close-Chart die jeweiligen Hoch- bzw. Tiefpunkte und nicht die oberen bzw. unteren Enden der Kerzenkörper beziehungsweise die Eröffnungs-/Schlusskurse oder gar einen geglätteten Linienchart.

Die Trendkanaltechnik setzt sich aus mehreren Schritten zusammen.

Zwei parallele Linien können nur gezeichnet werden, wenn drei Bezugspunkte bestehen.

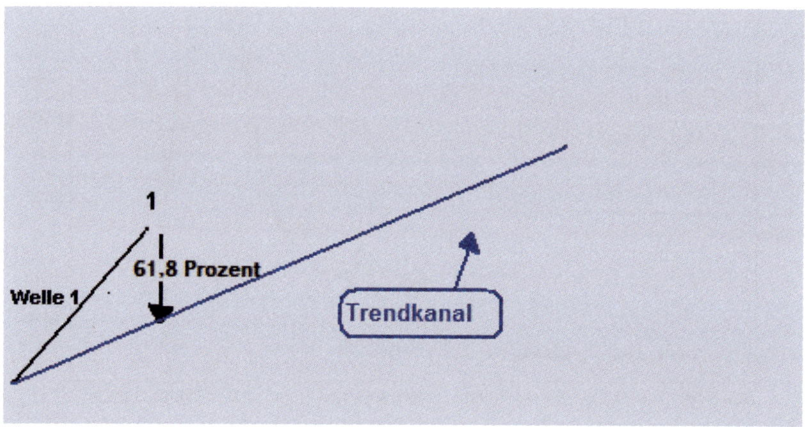

Abbildung 2-10

Um einen vorläufigen Trendkanal bestimmen zu können, muss die erste Welle in einem Trend beendet sein. Häufig entsteht dann in der zweiten Welle ein Rücklauf von 61,8 Prozent. Zunächst wird der Kursanstieg der ersten Welle gemessen. Diese Punktezahl wird mit 0,618 multipliziert und von dem Betrag des Anstiegs abgezogen.

Ein Beispiel: Welle 1 beginnt bei 8.000 Punkten und endet bei 8.100 Punkten. Die Länge der Welle 1 beträgt also 100 Punkte. Die 100 Punkte werden mit 0,618 multipliziert = 61,8 Punkte. 100 - 62 = 38 Punkte.

Der untere Trendkanal wird demnach bei 8.000 Punkten (am Anfang der Welle 1) angesetzt und mit einem vorläufigen Punkt bei 8.038 Punkten verbunden (siehe Abbildung 2-10).

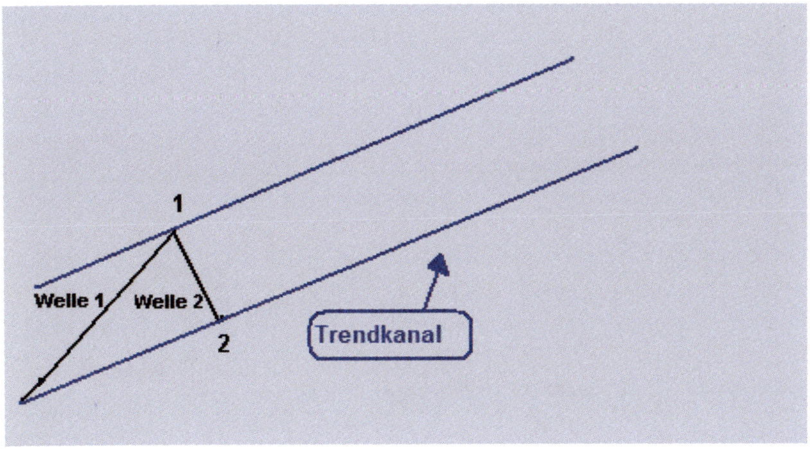

Abbildung 2-11

Nachdem sich die Wellen 1 und 2 ausgebildet haben, ergeben sich drei Schnittpunkte, mit deren Hilfe zwei parallele Trendlinien eingezeichnet werden können (siehe Abbildung 2-11).

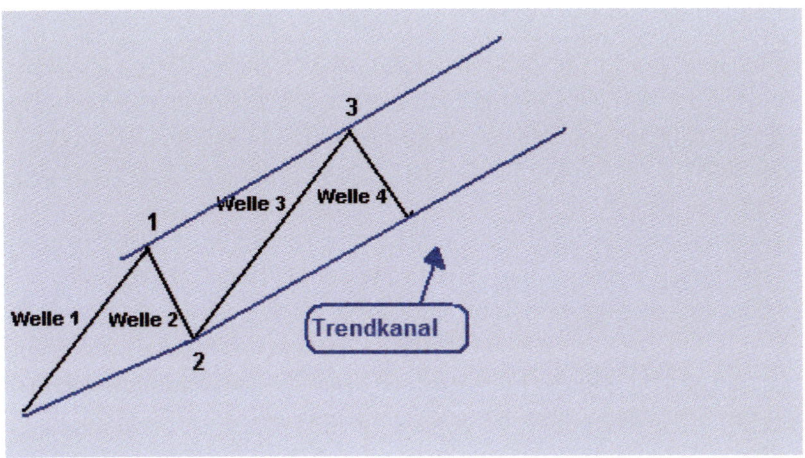

Abbildung 2-12

Die vorläufige obere Trendlinie wird festgelegt, wenn das Hoch der Welle 3 feststeht (siehe Abbildung 2-12). Während der Entwicklung dieser dritten Welle kann der Trendkanal noch angepasst werden.

Der untere Trendkanal wird fixiert, wenn das Tief der Welle 4 feststeht. In der Entwicklungsphase der vierten Welle sind Anpassungen notwendig.

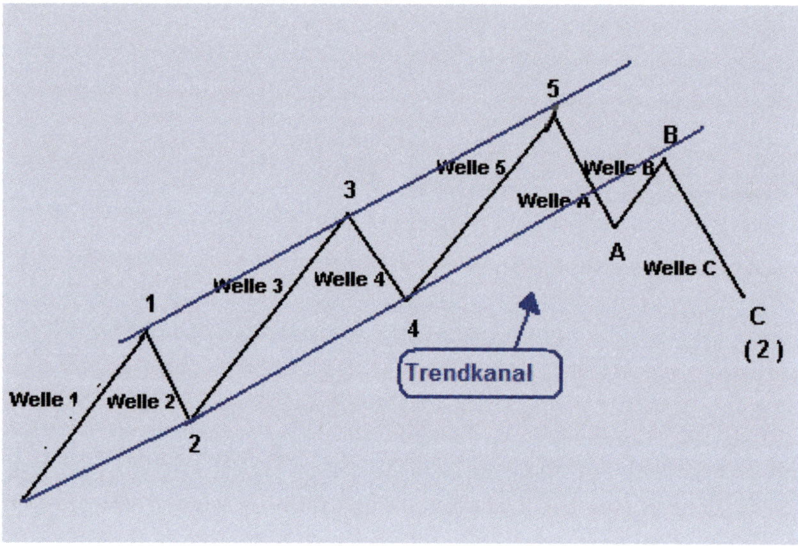

Abbildung 2-13

Die zunehmende Anzahl der Schnittpunkte erhöht die Stabilität des Trendkanals. Das grobe Ziel der Welle 5 kann nach Abschluss der Wellen 1 und 3 bestimmt werden. Wenn der Kurs den oberen Trendkanal berührt, entsteht ein Signal für das Ende der fünften Welle.

Für die Bestimmung des Zielbereiches der fünften Welle ist das Umsatzvolumen hilfreich. Nimmt es während der Annäherung an die Trendlinie ab, sollte der Markt an der oberen Begrenzungslinie oder kurz davor enden. Bleibt das Umsatzvolumen stabil oder erhöht es sich sogar in der Nähe des oberen Trendkanals, sollte eine Überschreitung stattfinden. Weitere Informationen über die Zielbestimmung einer fünften Welle erhalten Sie in Teil 3 über Fibonacciverhältnisse.

2.6 Überschießende Wellen

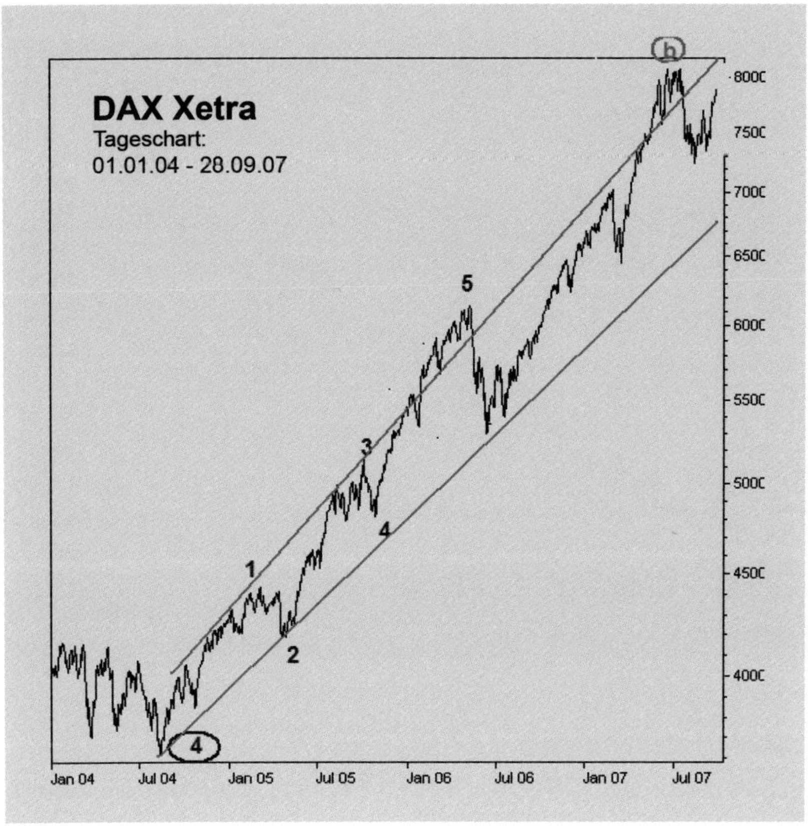

Abbildung 2-14

Der DAX hat von Juli 2004 bis Juli 2007 einen stark steigenden Trend entwickelt (siehe Abbildung 2-14). Nachdem das Tief der Welle 1 und der Rücklauf der Welle 2 miteinander verbunden wurden, hat der DAX die untere Begrenzungslinie nicht unterschritten, die daher als Hilfsmittel für die Trendbestimmung von großer Bedeutung war.

Der obere Trendkanal hat seine Aufgabe bis in den Bereich um 5.700 Punkte erfüllt. Welle 5 durchbrach jedoch den Trendkanal nach oben und stieg noch weitere 500 Punkte. Daraufhin folgten stärkere Kursverluste. Dies war auch der Fall, nachdem Welle b im Kreis den oberen Trendkanal überschritten hatte. Generell ist nach Überschreiten des Trendkanals häufig ein stärkerer Kursrückgang zu beobachten.

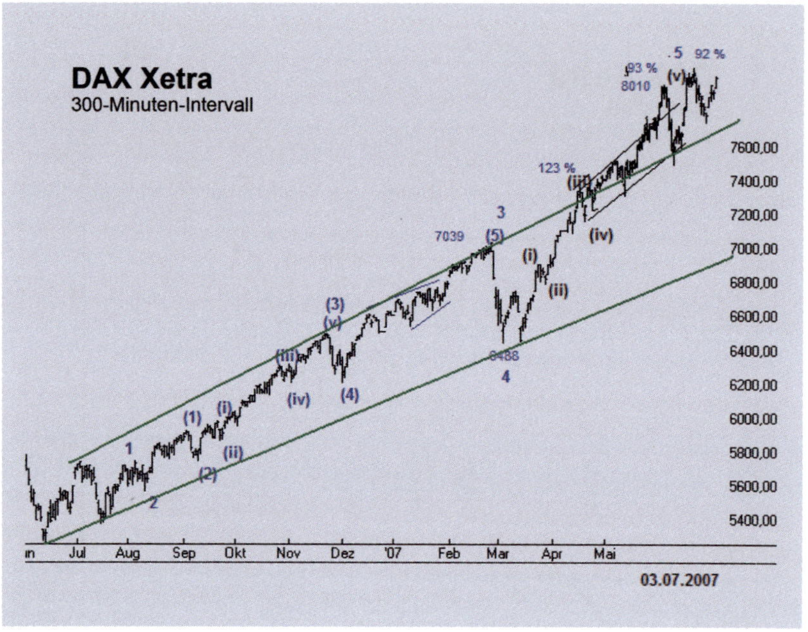

Abbildung 2-15

Abbildung 2-15 zeigt den DAX von Juni 2006 bis Juni 2007. Der Trendkanal hat als untere Begrenzungslinie gehalten. Die Zwischentiefs haben das Niveau der unteren Begrenzung nicht erreicht, und in Welle 4 drehten die Kurse kurz vor Erreichen des Trendkanals. Der obere Trendkanal wurde dagegen häufig berührt, hat aber bis zum Ende der Welle 3 exakt gehalten. Erst in der fünften Welle wurde die obere Begrenzungslinie überschritten. In den Abbildungen 2-14 und 2-15 wurde der obere Trendkanal anschließend kurzzeitig zur Unterstützungslinie.

2.7 Umsatzvolumen

Das Umsatzvolumen hat Elliott nur am Rande berücksichtigt. Er war der Ausfassung, dass das Umsatzvolumen den Elliott-Wellen folgt.

Elliott fand heraus, dass sich das Umsatzvolumen mit einem Haussemarkt entwickelt. In Korrekturphasen weist abnehmendes Umsatzvolumen häufig auf nachlassenden Verkaufsdruck hin. Der Tiefpunkt des Umsatzvolumens deckt sich daher häufig mit dem Tief der Korrektur.

2.8 Die richtige Zählweise

Wenn man die Regeln der Elliott-Wellen-Lehre nicht richtig anwendet, werden Fünf-Wellen-Muster gelegentlich als Korrekturwellen abgezählt. Achten Sie also besonders darauf, dass Sie bei der Analyse eines Marktes keine Regel verletzen und jede Welle gründlich und vorurteilsfrei untersuchen. Manche Analysten neigen dazu, die Wellen entsprechend ihrer eigenen Marktposition zu betrachten. Wenn die richtige Zählweise gefunden werden soll, darf die eigene Markthaltung jedoch keine Rolle spielen.

Beginnen Sie bitte mit dem Chart, der die längste Historie aufweist. Dabei ist es wichtig, jede Welle genau zu analysieren und falls angebliche Regelabweichungen auftreten, die innere Struktur der betroffenen Welle noch einmal unter die Lupe zu nehmen.

Nachdem Sie jede Welle und Unterwelle im übergeordneten Superzyklus eindeutig analysiert haben, müssen Sie die gleiche Arbeit auf den untergeordneten Ebenen bis hin zum Nanozyklus durchführen. Die Zählweise aller Zyklen muss dabei harmonisch verlaufen, wobei der jeweils übergeordnete Zyklus die Grundlage für die untergeordnete Zählweise vorgibt.

Sollten Sie sich bei einer zweideutigen Zählweise nicht entscheiden können, wählen Sie die Variante mit der höchsten Wahrscheinlichkeit, und markieren Sie die fragwürdigen Punkte. Das Elliott-Wellen-Prinzip ist ein Ausschlussverfahren, bei dem Wellenzählungen so lange ausgeschlossen werden, bis nur eine richtige Zählweise verbleibt. Sollte bei zwei Prognosevarianten die gewählte Zählweise nicht eintreffen, bleibt nur noch die richtige übrig.

Es ist wichtig, dass Sie sich für eine Zählweise entscheiden, denn so trainieren Sie die Gewohnheit gründlich zu arbeiten. Außerdem können etwaige Fehler so schnell erkannt und berichtigt werden. Wenn Sie hingegen mehrere Zählweisen gleichrangig zulassen, werden Sie nach der Bestätigung einer dieser Prognosevarianten nur sagen können: »Die Alternative 5 war richtig. Schade, dass ich ihr nicht genug Aufmerksamkeit geschenkt habe.«

Der zukünftige Kursverlauf steht aufgrund des von Elliott entdeckten Naturgesetzes bereits fest, wir müssen ihn nur finden. Sollte sich ein Markt in einer undurchsichtigen Phase befinden, warten Sie einfach, bis sich ein eindeutiges Signal ergeben hat.

2.9 Individuelle Entwicklung der Wellen

Die Emotionen der Massen – vom Pessimismus zum Optimismus und vom Optimismus zurück zum Pessimismus – bewirken immer wiederkehrende Wellenmuster an den Märkten.

Die Wellenmuster unterliegen zwar den jeweils gleichen Gesetzmäßigkeiten, sind in ihrer Darstellung aber individuell. Ein Vergleich soll diesen Umstand beleuchten: Das Grundmuster eines menschlichen Gesichts ist auf der ganzen Erde gleich. Nase, Augen, Ohren und Mund befinden sich bei jedem gesunden Menschen an nahezu derselben Stelle. Größe und Form des Gesichtes unterliegen denselben mathematischen Verhältnissen. Ein menschliches Gesicht ist mit Leichtigkeit als ein solches zu identifizieren, trotzdem ist jedes Gesicht (bis auf wenige Ausnahmen) einzigartig.

Die Wellenmuster – vom Nanozyklus bis hin zum Superzyklus – unterliegen ebenfalls genau definierten Regeln. Dennoch ist die einzelne Formation in den meisten Fällen einzigartig. Dazu ist die Kenntnis über die Individualität der Wellen in Zeiten verschiedener Interpretationsmöglichkeiten von großem Nutzen. Erkennen Sie eine einzelne Welle, kann dies für die Prognose eines komplexen Wellenmusters von entscheidender Bedeutung sein.

1. Die erste Welle:

Die erste Welle entwickelt sich nach einem Trendwechsel und besteht grundsätzlich aus zwei verschiedenen Varianten.

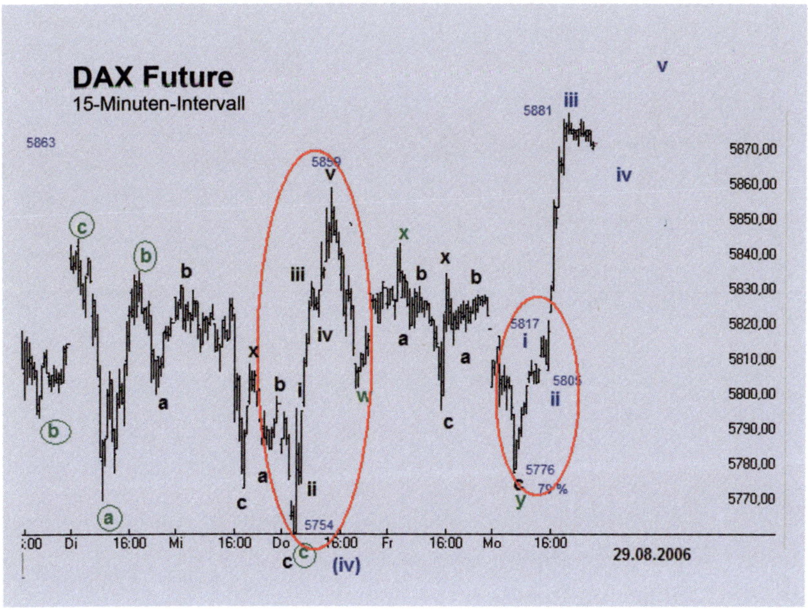

Abbildung 2-16

Die rot markierten ersten Wellen in Abbildung 2-16 weisen eine klare Struktur auf: Die Entwicklung der einzelnen Unterwellen verläuft schnell, und der Rücklauf in der vierten Welle bildet keine Überschneidung mit dem Hoch der ersten Welle.

Ich habe festgestellt, dass diese Variante der ersten Welle häufig im Anschluss an stark fallende C-Wellen eines Zickzacks oder nach einer doppelten Korrektur (abc x abc) auftritt.

Abbildung 2-16 verdeutlicht, dass sich zwei abc x abc-Wellen nacheinander gebildet haben und die Reaktion der nachfolgenden Fünf-Wellen-Sequenzen in ähnlicher Weise verläuft.

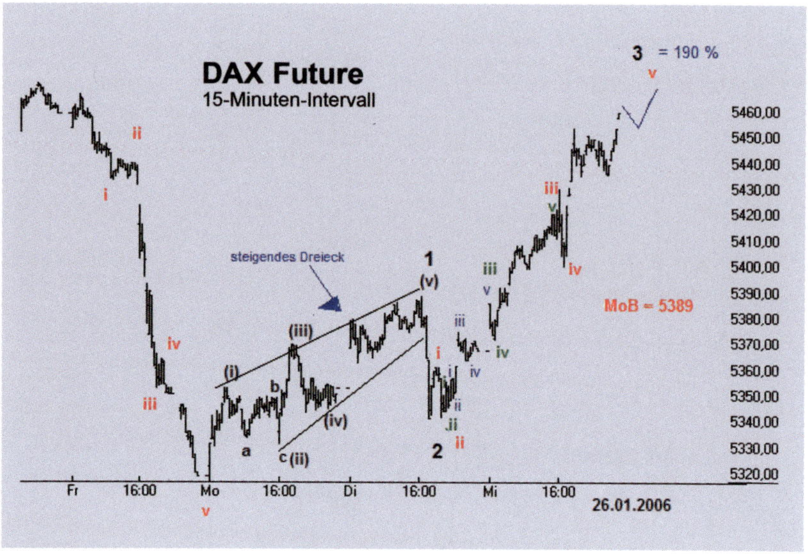

Abbildung 2-17

Die zweite Variante der ersten Welle ist das diagonal steigende Dreieck Typ II (5-3-5-3-5). Es entwickelt sich wie in Abbildung 2-17 langsam mit Überschneidungen. Dem Dreieck folgt häufig ein Rücklauf von 50 bzw. 61,8 Prozent. In den meisten Fällen ist der nachfolgende Trend sehr dynamisch und überschreitet die durchschnittliche Entwicklung einer dritten Welle.

2. Die zweite Welle:

Die zweite Welle korrigiert die erste Welle häufig so stark, dass der größte Teil der bis dahin gemachten Gewinne wieder verloren geht. Sie entwickelt oft geringe Rückläufe, wenn sich im vorherigen Abwärtstrend doppelte Korrekturmuster oder Zickzacks mit einer stark fallenden C-Welle gebildet haben.

3. Die dritte Welle:

Die dritten Wellen sind das Filetstück des Elliott-Wellen-Prinzips, denn in ihnen tritt häufig eine Ausdehnung auf. Auch das größte Umsatzvolumen entsteht häufig in dieser Welle. Die internen Wellen sind dabei klar definierbar. In der dritten Welle einer Hausse gewinnen die Marktteilnehmer ihr Vertrauen zurück, beziehungsweise sie verlieren es in der dritten Welle einer Baisse.

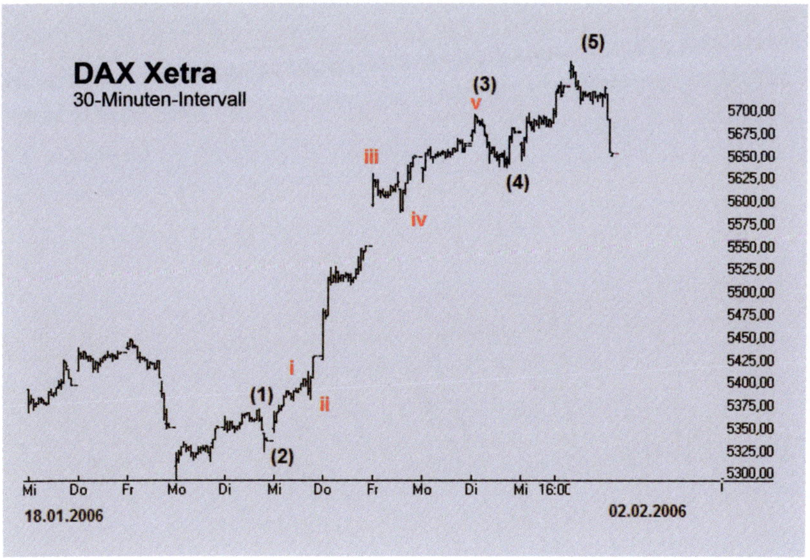

Abbildung 2-18

In der dritten Welle (3) entsteht gewöhnlich eine starke Dynamik (siehe Abbildung 2-18), wobei die höchste Volatilität häufig in der dritten Unterwelle (Welle iii) zu finden ist. Meist ist die Wellenstruktur einfach und übersichtlich, und die Rückläufe in den Unterwellen sind unterdurchschnittlich entwickelt. Außerdem sind Kursausbrüche und Gaps (Kurslücken) für eine dritte Welle charakteristisch.

4. Die vierte Welle:

Das Ausmaß einer vierten Welle ist häufig schon früh bestimmbar. Im Gegensatz zur zweiten Welle, die häufig ein einfaches Muster aufweist, hat eine vierte Welle gemäß der Alternationsregel oft eine komplexe Struktur. In ihr bilden sich Wellenmuster, die auf das Ende eines Trends hinweisen. Sie erfordern Geduld, weil ihre zeitliche Ausdehnung je nach Wellenzyklus Tage, Wochen oder Monate dauern kann. Ein Beispiel für komplexe vierte Wellen finden sie in Abbildung 2-4.

In schnellen Märkten sollten Sie nicht der Alternationsregel folgen und auf eine ausgedehnte vierte Welle warten. In Abbildung 2-18 ist klar erkennbar, dass die vierten Wellen iv und (4) nicht genug Zeit hatten, um ein komplexes Muster zu bilden.

5. Die fünfte Welle:

Gewöhnlich verfügen die fünften Wellen über eine geringe Dynamik. Eine Ausnahme ist lediglich dann gegeben, wenn in der fünften Welle eine starke Ausdehnung auftritt.

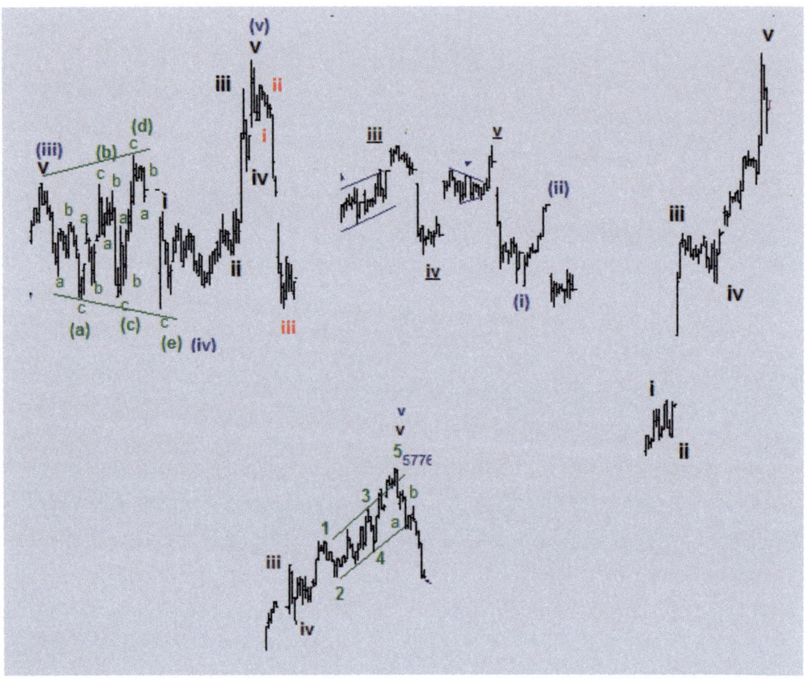

Abbildung 2-19

Fünfte Wellen können sehr vielfältig sein (siehe Abbildung 2-19): Neben den Ausdehnungen entstehen beispielsweise Versager, die das Hoch der dritten Welle nicht überschreiten. Oder es entstehen steigende Korrekturwellen, die als diagonales Dreieck zusammengefasst werden können. Natürlich finden Sie auch die klassische Fünf-Wellen-Formation, bei der sich Welle eins und Welle vier nicht überschneiden. Sie können sich zum Teil sehr langsam und bedächtig oder aber blitzschnell entwickeln und abrupt enden.

Dabei ergeben sich entweder in der dritten oder vierten Welle Signale, die auf den wahrscheinlichen Verlauf der fünften Welle hinweisen.

6. Die A-Welle:

A-Wellen bilden sich als Zickzack oder als Fünf-Wellen-Muster und gehen der B-Welle voraus. Nach einem Zickzack bildet sich ein Flach, und nach einer Fünf-Wellen-Sequenz bildet sich ein Zickzack.

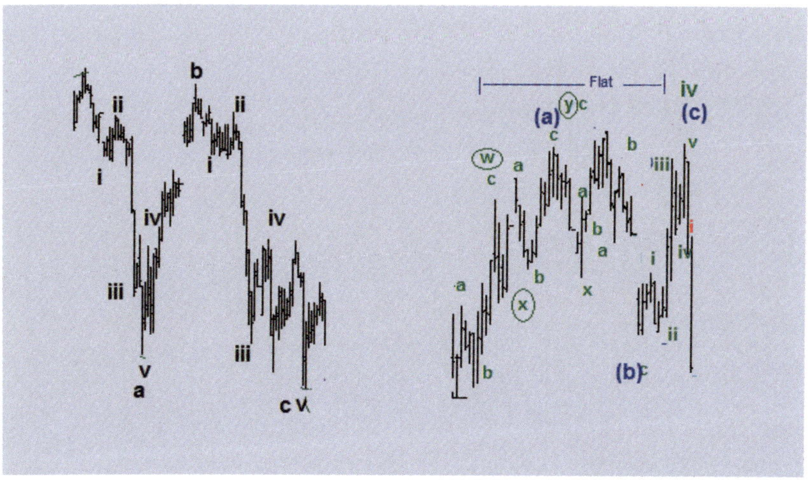

Abbildung 2-20

Abbildung 2-20 links zeigt eine fallende Fünf-Wellen-Formation in einer Welle a. Ihr folgt eine steigende Welle b, die kein weiteres Hoch bildet. Welle c endet unter dem Niveau der Welle a. Anschließend folgen steigende Kurse.

Die rechte Grafik zeigt Welle a in Form einer abc-Welle, die für gewöhnlich eine einfache abc-Welle ist. Im abgebildeten Sonderfall hat sich jedoch sowohl in Welle a als auch in Welle b eine doppelte abc-Welle gebildet. Wir erinnern uns, dass die Welle c eines Flachs als Fünf-Wellen-Formation enden muss.

Nach Abschluss der Welle (c) folgen fallende Kurse.

7. Die B-Welle:

B-Wellen richtig zu analysieren, bedeutet große Marktbewegungen vor deren Beginn zu erkennen. B-Wellen sind »Reinleger« und führen die Kleinanleger oft in die Irre. Denn B-Wellen täuschen eine Hausse bzw. eine Baisse an, um eine C-Welle vorzubereiten, die Spekulanten dann auf dem falschen Fuß erwischt.

Häufig täuscht die B-Welle eines Flachs die falsche Richtung an, bevor sie unerwartet und schnell die C-Welle einleitet. Sie täuscht also eine Hausse an, um stark fallende Kurse einzuleiten oder eine Baisse, bevor stark steigende Kurse folgen.

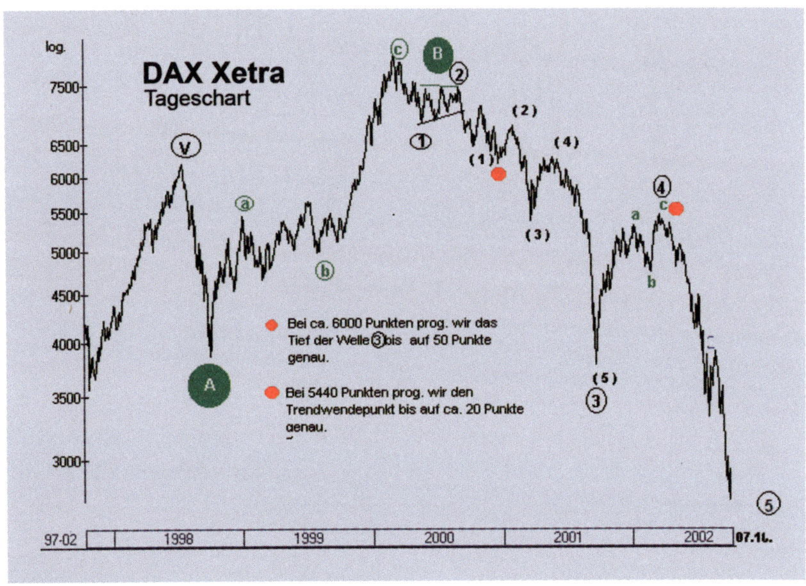

Abbildung 2-21

Als das letzte Hoch im Jahr 1998 überschritten wurde, setzte der DAX den Aufwärtstrend in hohem Tempo fort (siehe Abbildung 2-21). Auch der Neue Markt boomte. Die Kleinanleger wurden in den Jahren 1999 und 2000 optimistisch bzw. euphorisch.

Dabei entwickelte sich eine typische Bullenfalle, indem der DAX eine überschießende Welle B bildete. Abbildung 1-28 zeigt, dass sich vor dem Crash eine

Vielzahl von Warnsignalen entwickelt hatten. Nur den Entdeckungen von R. N. Elliott ist es zu verdanken, dass ich meine Kunden vor der starken Baisse warnen konnte. Im Text zu Abbildung 1-27 finden Sie die Erklärungen, die auf eine überschießende Welle B hinwiesen und mit deren Hilfe exakte Kurziele errechnet werden konnten.

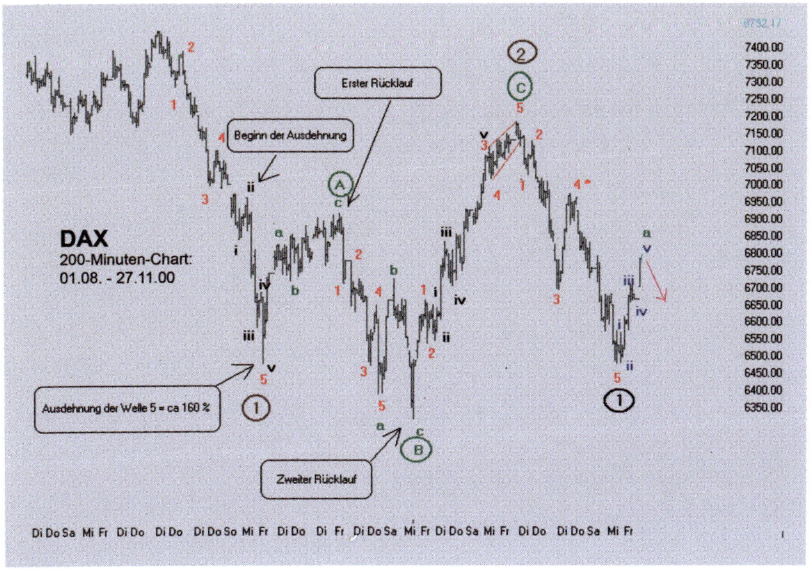

Abbildung 2-22

Der DAX liefert uns im Jahr 2000 ein weiteres Beispiel für den »faulen Zauber« einer B-Welle. Nach der Welle A im Kreis entwickelte sich eine fallende Fünf-Wellen-Formation, und der Markt bildete ein weiteres Tief. Diese Zeichen sprechen gewöhnlich für einen fallenden Trend. Doch nach der Welle 5 in rot entstand nur noch ein weiteres Tief als Abschluss der Welle B. Anschließend stieg der DAX in rasantem Tempo und mit geringen Korrekturen von 6.350 auf 7.200 Punkte.

Es war also eine Bärenfalle, für die der Markt im Vorfeld Signale geliefert hatte. In der Welle 1 im Kreis (braun), hatte sich eine Fünf-Wellen-Formation gebildet, die mit einer starken Ausdehnung in der fünften Welle endete. Allerdings folgt nicht in jedem Fall nach einer starken Ausdehnung in einer fünften Welle eine »Reinleger«-B-Welle.

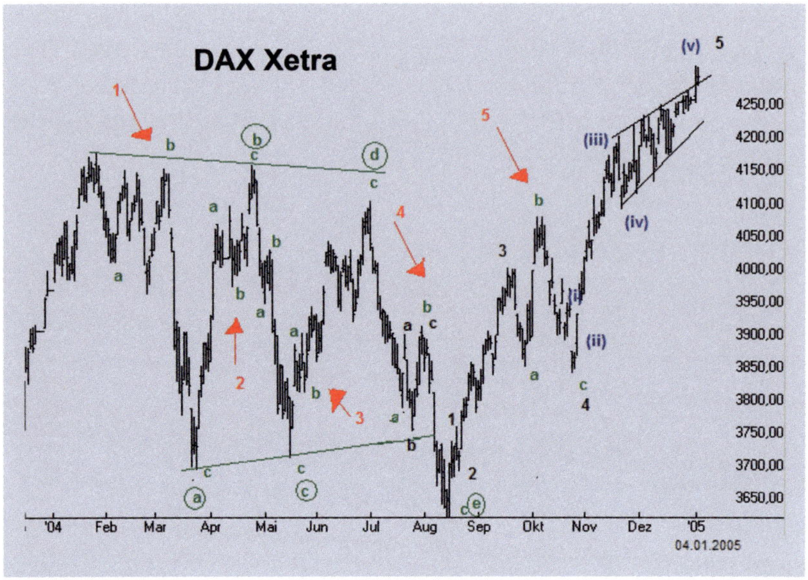

Abbildung 2-23

Abbildung 2-23 zeigt mehrere verschiedene B-Wellen.

- In der ersten Welle b (mit Pfeil und roter 1 markiert) ist ein Flach entstanden, dem stark fallende Kurse in der anschließenden Welle c – der Unterwelle von a im Kreis – folgten.
- Die Welle b-2 entstand vor dem Ende der übergeordneten Welle b im Kreis und zeigt Anzeichen eines waagerechten Dreiecks.
- In der Welle b-3 haben sich drei Tiefpunkte gebildet, die auf ein Flach hinweisen.
- In der Welle b-4 hat sich eine unregelmäßige Korrektur gebildet.
- Welle b-5 hat eine unregelmäßige Korrektur der besonderen Art gebildet: Ihr Hoch liegt über dem Hoch der Welle 3, bevor Welle c kurz unter dem Ende der Welle a endet.

Die Kenntnis der B-Wellen schützt Sie vor negativen Überraschungen, und das Wissen, dass sich die B-Wellen als Teil einer Korrekturformation bilden, gibt Ihnen wertvolle Hinweise für den weiteren Kursverlauf. Die B-Wellen waren in den meisten Beispielen ein Signal für eine starke Marktbewegung.

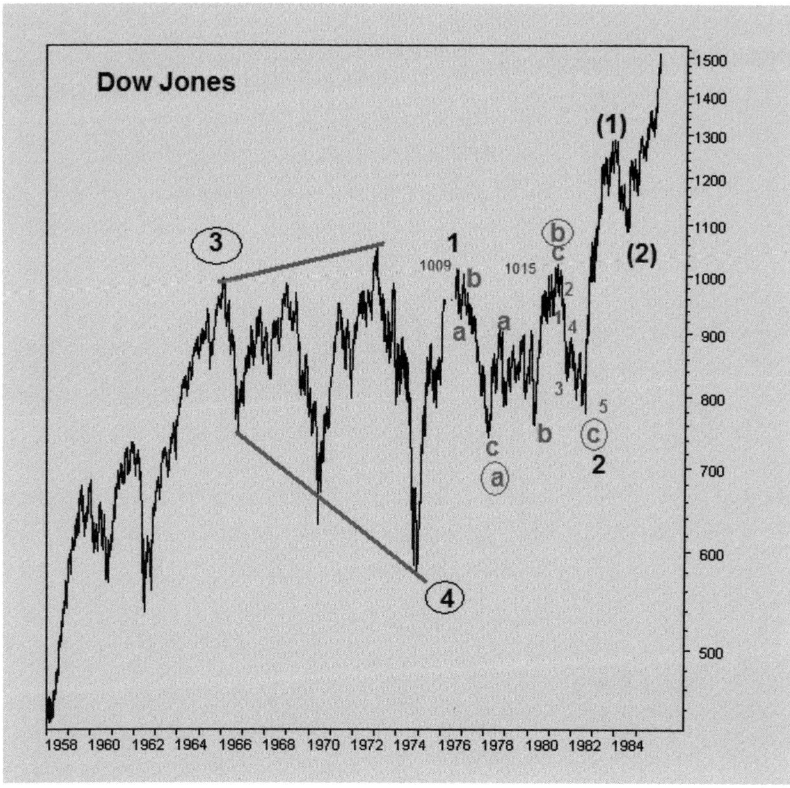

Abbildung 2-24

Abbildung 2-24 zeigt den Dow Jones in einer Seitwärtsbewegung, die 1966 begann und 1983 endete. Siebzehn Jahre lang wurden also die Grundlagen für eine starke Hausse gelegt.

Eine dieser Grundlagen finden Sie in der Welle 2:

1. Es hat sich eine steigende Trendwelle in der Welle 1 entwickelt.
2. Ihr folgt eine abc-Welle als Zickzack und liefert ein Signal für das Ende der Korrekturwelle.
3. Der Markt steigt wie erwartet und bildet ein weiteres Hoch über 1.009 Punkten, ein zweites Signal für steigende Kurse.
4. Der Markt fällt unerwartet weit zurück und bildet eine fallende Trendwelle.

An diesem Punkt entsteht für Anfänger Verwirrung. Es haben sich zwei Signale für einen steigenden Trend entwickelt, und anschließend bildet sich eine fallende Fünfer-Welle, die gewöhnlich die erste Bewegung in einem Abwärtstrend ist.

Hier ist es wichtig, sich bewusst zu machen, dass es sich um ein Flach handelt und die fallende Fünfer-Welle nicht der Anfang eines Abwärtstrends ist, sondern das Ende eines Flachs. Wenn Sie sich die »Reinleger« einprägen, erkennen Sie rechtzeitig die nächste starke Marktbewegung.

8. Die C-Welle

Die C-Welle hat grundsätzlich die gleiche Kraft wie eine dritte Welle, wenn sie ein Teil eines Zickzacks oder einer unregelmäßigen Korrektur ist.

In Trendmärkten wird eine C-Welle von Angst oder Gier getrieben und ist stark und dauerhaft. Es besteht die Gefahr, dass sie als erste Welle eines neuen Trends interpretiert wird, weil sie aus einem Fünf-Wellen-Muster besteht.

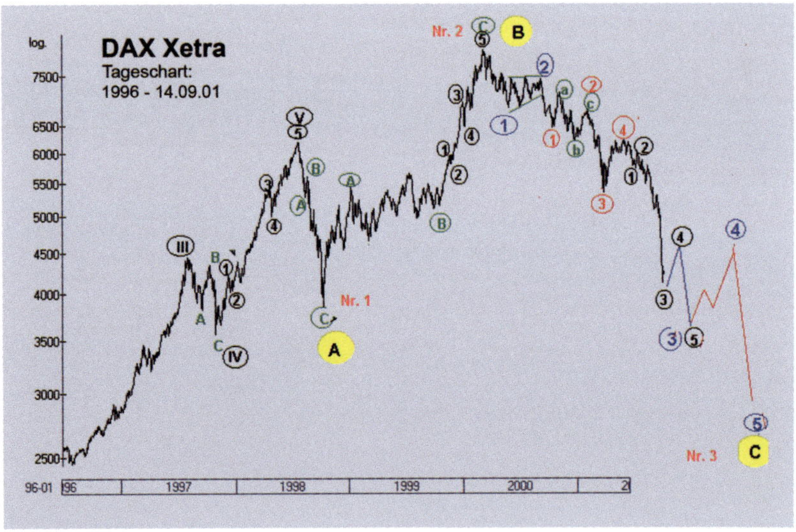

Abbildung 2-25

Im Jahr 1998 hat sich in der gelb hinterlegten Welle A in Abbildung 2-25 eine untergeordnete Welle A B C im Kreis gebildet. Diese Welle C im Kreis brachte starke Kursverluste mit sich, die für eine C-Welle typisch sind.

Die zweite starke C-Welle hat sich in der überschießenden Welle B (gelb hinterlegt) gebildet. Die Unterwelle C im grünen Kreis zeichnet sich durch geringe Rückläufe und eine starke schnelle Marktbewegung aus.

Eine außergewöhnlich starke übergeordnete C-Welle hat sich vom Top im Jahr 2000 bis zum Tief im Jahr 2003 bei 2.188 Punkten entwickelt. Ihr dynamischer Kursverlust umfasste ca. 6.000 Punkte.

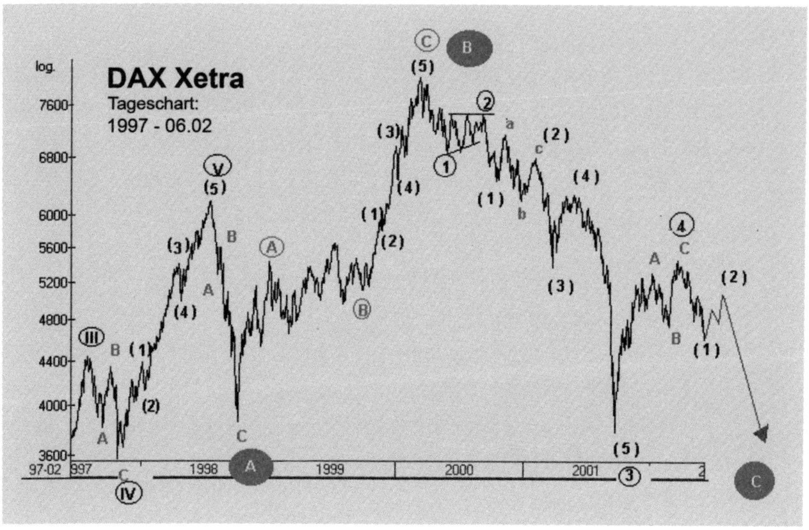

Abbildung 2-26

Das Elliott-Wellen-Prinzip besteht aus festen Regeln, die manchmal durch außergewöhnliche Ausnahmen bereichert werden.

In der Welle 4 im Kreis rechts in Abbildung 2-26 hat sich im Jahr 2002 eine ABC-Welle (grün) entwickelt. In diesem sehr seltenen Fall ist die Ausdehnung der Welle C viel kürzer als die der Welle A.

Ich habe dieses Beispiel hinzugefügt, um Sie bei der Analyse auf diesen Sonderfall vorzubereiten. Wenn Sie nämlich immer davon ausgehen, dass eine C-Welle nicht mit einer kurzen Ausdehnung enden kann, wird es in seltenen Fällen zu Schwierigkeiten bei der Analyse eines Marktes kommen.

2.10 Anwendung von Basiswissen

Die Marktanalyse mit dem Elliott-Wellen-Prinzip ist faszinierend, wenn man das erste Mal einen Trendwendepunkt bestimmt hat oder ein Kursziel bis auf den letzten Punkt erreicht wurde. Das Elliott-Wellen-Prinzip liefert nämlich keine automatischen Signale. Vielmehr müssen sämtliche unter- und übergeordneten Wellen eigenhändig identifiziert werden. Verwenden Sie das Ausschlussverfahren, um zur richtigen Analyse zu gelangen. Manchmal muss man dabei geduldig warten, bis sich eine eindeutige Zählweise ergibt.

Die Analyse mit dem Elliott-Wellen-Prinzip ist zugegebenermaßen arbeitsintensiv. Sie ist auch nicht leicht - aber lohnenswert. Ihre Ausdauer und Genauigkeit wird immerhin mit der Kenntnis über den jeweiligen Stand eines Marktes belohnt. Das Elliott-Wellen-Prinzip öffnet Ihnen sozusagen die Tür für die zukünftige Entwicklung eines Marktes.

Erfolgreich ist, wer sich ausnahmslos an die Regeln hält.

Im Gegensatz zu uns Menschen ist das Elliott-Wellen-Prinzip objektiv. Nach einer falschen Prognose gehe ich grundsätzlich auf die Suche nach meinem Fehler und habe ihn noch jedes Mal gefunden. Mir ist keine Marktbewegung bekannt, die sich nicht in eine Elliott-Wellen-Regel einbinden ließe. Einschränkend muss ich jedoch darauf hinweisen, dass kleine Märkte, die von Einzelnen manipuliert werden können, nicht für die Elliott-Wellen-Analyse geeignet sind.

Ich habe das Elliot-Wellen-Prinzip in den 1970er Jahren kennen gelernt. Es hat mich von Anfang an begeistert. Schon die ersten Versuche glückten, und ich konnte Ein- und Ausstiegspunkte ziemlich genau bestimmen! Doch der dritte Versuch misslang. Daraufhin revidierte ich meine Meinung und sagte: Das System funktioniert nicht.

Dennoch musste ich immer wieder an dieses System denken. Nach einigen Jahren beschloss ich, die Regeln des Elliott-Wellen-Prinzips nicht nur zu lesen, sondern in allen Einzelheiten zu studieren. Ich kaufte mir also eine Chartsoftware, machte mich auf die Suche nach jeder möglichen Trend- und Korrekturwelle und rechnete die Fibonacciverhältnisse nach. Insgesamt beschäftigte ich mich zwei Jahre lang täglich mit dem System, bis ich mich an die Öffentlichkeit traute.

Schnell stellte ich fest, dass das Elliott-Wellen-Prinzip von großem Wert für die Analyse von Märkten sowie meiner Überzeugung nach ein objektiver Maßstab zur Bewertung ist, vorausgesetzt, die Regeln werden kompromisslos angewendet. Wenn der Analyst allerdings seine eigenen Wünsche in die Betrachtung einfließend lässt oder die Regeln beugt, um eine Zählweise zu finden, die seine Marktpositionierung rechtfertigt, wird die Analyse subjektiv - und wertlos.

Je länger ich mich mit dem Elliott-Wellen-Prinzip beschäftige, desto größer wird meine Achtung vor ihrem Entdecker. Das Elliott-Wellen-Prinzip schult die Gedanken des Analysten und bändigt seine Emotionen bei der Untersuchung des menschlichen Verhaltens als Massenphänomen und dessen Auswirkungen auf die Börse. Zwar bestimmen Angst und Euphorie das Verhalten dieser Massen. Das Elliott-Wellen-Prinzip gibt uns indes die Kraft, unser Verhalten nicht den Massen unterzuordnen, sondern mit seiner Hilfe Marktbewegungen objektiv zu betrachten.

Kein Analyst arbeitet fehlerfrei

Häufig haben Freunde, Verwandte und professionelle Analysten eine gegensätzliche Auffassung vom Markt und seiner Entwicklung. Besonders am Ende großer Trends sagten mir schon viele »Experten«, der Markt werde auf jeden Fall weiter laufen. Es ist manchmal schwer an den Regeln festzuhalten, und es ist manchmal ebenso schwer zu glauben, was man sieht. Wenn man Erfolg ernten will, muss man Anstrengungen säen. In manchen Fällen können wir nicht genau sagen, was passieren wird, in den meisten Fällen wissen wir aber, was nicht passieren wird. Und bisher stehen die kleinen Misserfolge in einem gesunden Verhältnis zu den Erfolgen.

3

Teil 3

Fibonacciverhältnisse

3.1 Wer war Leonardo Fibonacci?

Leonardo da Pisa wurde zwischen 1170 und 1180 geboren. Wir kennen ihn unter dem Namen Fibonacci, eine Verkürzung von »Filius Bonacci«, also »Sohn des Bonacci«. Auf Handelsreisen nach Algerien, Ägypten, Syrien, Griechenland, Sizilien und Südfrankreich lernte er alle damals bekannten Rechenverfahren kennen. Im Jahr 1202 erschien sein Werk *Liber Abaci*, das in Europa die indische Rechenkunst bekannt machte und die heute gebräuchliche arabische Schreibweise der Zahlen einführte. Weder Fibonaccis Geburts- noch sein Todesjahr sind exakt bekannt. Der letzte Beleg für sein Leben ist ein Schreiben aus dem Jahr 1240, in dem ihm die Republik Pisa ein jährliches Gehalt aussetzte.

In seinem Werk *Liber Abaci* (Rechenbuch) veröffentlichte Fibonacci folgende Aufgabe:

> Wie viele Nachkommen erzeugt ein Kaninchenpärchen in einem umgrenzten Raum, wenn es jeden Monat ein neues Paar zeugt? Die Jungtiere werden im zweiten Monat nach ihrer Geburt geschlechtsreif, Todesfälle kommen nicht vor.
>
> Im ersten Monat wird also das erste Paar geschlechtsreif.
>
> Fibonaccifolge 1
>
> Im zweiten Monat wird die Schwangerschaft ausgetragen.
>
> Fibonaccifolge 1, 1

Im dritten Monat wirft das Paar Junge und verdoppelt sich somit selbst. Es gibt also zwei Pärchen in dem Raum.

Fibonaccifolge 1, 2

Das erste Paar wirft im dritten Monat erneut zwei Jungtiere. Das zweite Paar wird geschlechtsreif. Es leben also 3 Pärchen in dem Raum.

Fibonaccifolge 1, 2, 3

Im vierten Monat werfen beide Pärchen je zwei Jungtiere, so dass es insgesamt 5 Kaninchenpärchen sind.

Fibonaccifolge 1, 2, 3, 5

Im fünften Monat werfen 3 Pärchen Jungtiere, so dass sie sich zu 8 Pärchen vermehren. Die fünf zuletzt geborenen Pärchen werden geschlechtsreif.

Fibonaccifolge 1, 2, 3, 5, 8

Von diesen zeugen 5 Pärchen weitere 5 Pärchen und werden den 8 Pärchen im sechsten Monat hinzugefügt.

Fibonaccifolge 1, 2, 3, 5, 8, 13

Im siebten Monat werden 8 Pärchen trächtig, während 5 noch nicht geschlechtsreif sind. Die Zahl der Kaninchen steigt auf 21 Paare.

Fibonaccifolge 1, 2, 3, 5, 8, 13, 21

Im achten Monat werfen 13 Pärchen, die anderen 8 noch nicht. Die Kaninchen vermehren sich also um 13 Paare.

Fibonaccifolge 1, 2, 3, 5, 8, 13, 21, 34

Im neunten Monat werfen 21 Pärchen jeweils zwei neue Jungtiere.

Fibonaccifolge 1, 2, 3, 5, 8, 13, 21, 34, 55

Im zehnten Monat werfen 34 Pärchen, während die anderen 21 erst im nächsten Monat fortpflanzungsfähig werden.

Fibonaccifolge 1, 2, 3, 5, 8, 13, 21, 34, 55, 89

Im elften Monat werfen 55 Pärchen, die anderen 34 noch nicht.

Fibonaccifolge 1, 2, 3, 5, 8, 13, 21, 34, 55, 89, 144

Im zwölften Monat werfen nunmehr 89 Pärchen, während die 55 übrigen noch nicht geschlechtsreif sind. Die Kaninchenpärchen vermehren sich somit um 89 Paare.

Fibonaccifolge 1, 2, 3, 5, 8, 13, 21, 34, 55, 89, 144, 233

3.2 Fibonaccizahlen

Fibonacciverhältniszahlen	
1	1 : 1 = 1
1 + 1 = 2	1 : 2 = 0,50
2 + 1 = 3	2 : 3 = 0,666
3 + 2 = 5	3 : 5 = 0,6
5 + 3 = 8	5 : 8 = 0,625
8 + 5 = 13	8 : 13 = 0,615
13 + 8 = 21	13 : 21 = 0,619
21 + 13 = 34	21 : 34 = 0,617
34 + 21 = 55	34 : 55 = 0,618
55 + 34 = 89	55 : 89 = 0,6179
89 + 66 = 144	89 : 144 = 0,618
144 + 89 = 233	144 : 233 = 0,618

Abbildung 3-0

Auf der linken Seite von Abbildung 3-0 sind die Fibonaccizahlen aus der Kaninchen-Aufgabe noch einmal aufgelistet. In der rechten Spalte wird jede Zahl der Fibonaccifolge durch die nächst höhere Zahl dividiert. Je größer die Zahlen werden, desto näher liegt das Ergebnis bei 0,618 – dem sogenannten Fibonacciverhältnis. Diese Folge lässt sich bis ins Unendliche fortführen.

Die Addition zweier beliebiger Zahlen führt zum Fibonacciverhältnis

532 + 28 = 560	
532 + 560 = 1092	532 : 560 = 0,95
560 + 1092 = 1652	560 : 1092 = 0,512
1092 + 1652 = 2744	1092 : 1652 = 0,661
1652 + 2744 = 4396	1652 : 2744 = 0,602
2744 + 4396 = 7140	2744 : 4396 = 0,624
4396 + 7140 = 11536	4396 : 7140 = 0,615
7140 + 11536 = 18676	7140 : 11536 = 0,618

Abbildung 3-1

Wie in Abbildung 3-1 dargestellt, funktioniert das Ganze auch bei einer x-beliebigen Zahlenfolge, bei der jeweils der zweite Summand zum vorigen Additionsergebnis hinzuaddiert wird und anschließend der kleinere Summand durch den größeren Summanden geteilt wird. Je größer die Zahlen werden, desto stärker nähern sie sich dem Fibonacciverhältnis von 0,618 – auch »goldener Schnitt« genannt.

Fibonacciverhältnisse an der Börse

Welle (1) = 5 Unterwellen
Welle (2) = 3 Unterwellen
Welle (1) – (2) = 8 Unterwellen
Welle (1) – (3) = 13 Unterwellen
Welle (1) – (5) = 21 Unterwellen
Welle 1 + 2 = 34 Unterwellen

Abbildung 3-2

Vergleichen Sie bitte die Zahl der Elliott-Wellen mit den Fibonaccizahlen. Die erste Trendwelle hat fünf Unterwellen, Welle 2 korrigiert dreiwellig. Die Summe beider Wellen ergibt 8 Unterwellen. Fügen wir die dritte Welle in einem Trend hinzu sind 13 Unterwellen entstanden, u.s.w. (siehe Abbildung 3-2).

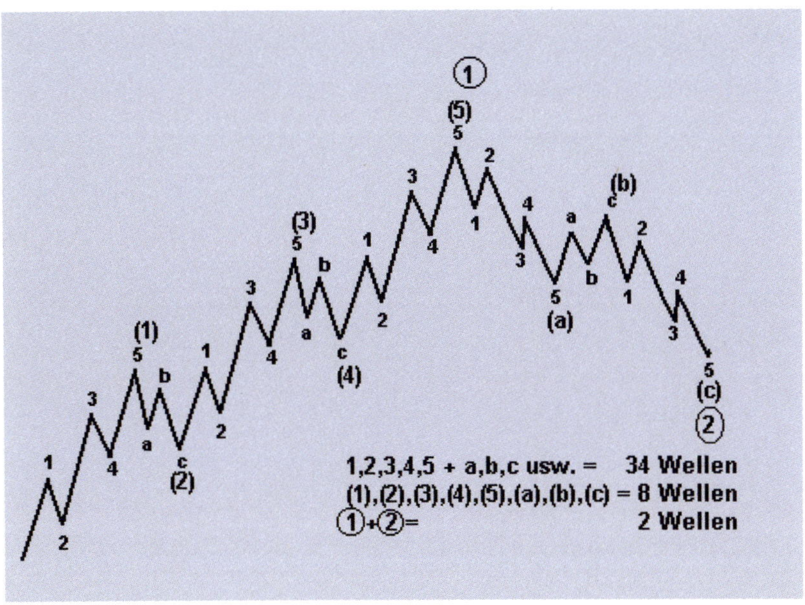

Abbildung 3-3

Die Gesamtzahl der Unterwellen (1, 2, 3, 4, 5 + abc) in Abbildung 3-3 beträgt 34. Die übergeordneten Wellen (1) bis (5) und (a) bis (c) ergeben 8 Unterwellen. Aus diesen ergibt sich die übergeordnete Welle 1 und 2 im Kreis. Sämtliche Wellenstrukturen basieren also auf den Fibonaccizahlen.

Fibonacciverhältnisse für die Berechnung der Elliott-Wellen	
0,618	In richtiger Reihenfolge:
1 : 2 = 0,5	0,382
0,618 : 0,618 = 1	0,5
1 : 1 = 1	0,618
0,618 * 0,618 = 0,382	1
1 + 0,618 = 1,618	1,618
1,618 * 1,618 = 2,618	2,618

Abbildung 3-4

Die Rückläufe und Ausdehnungen in den Elliott-Wellen lassen sich daher durch Addition, Division und Multiplikation von Fibonaccizahlen und -verhältnissen errechnen (siehe Abbildung 3-4, linke Spalte).

Die Werte 0,382, 0,5 und 0,618 sind häufig bei Rückläufen oder Korrekturen von Trendwellen zu beobachten.

Die Werte 1, 1,618 und 2,618 finden Sie häufig als Ausdehnung einer Trendwelle.

3.3 Der Mensch und Fibonacciverhältnisse

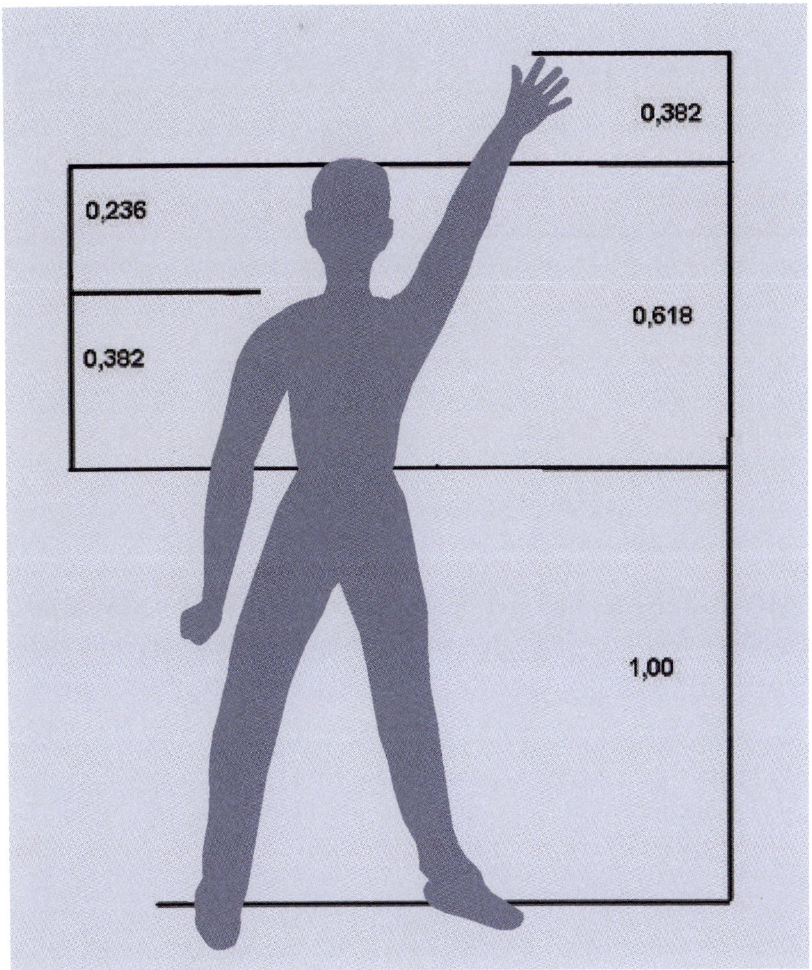

Abbildung 3-5

Die Fibonaccizahlen und -verhältnisse sind nicht nur die Grundlage aller Kursbewegungen an der Börse, auch der gesunde menschliche Körper lässt einen Bezug zu den Fibonacciverhältnissen erkennen, denn der Mensch hat 1 Kopf, 2 Arme, 3 Fingergelenke, 5 Finger.

Die folgenden Beispiele sollen Ihnen zeigen, dass beim Menschen und an der Börse die gleichen mathematischen Verhältnisse herrschen.

1. Bei einer Untersuchung von 65 Frauen wurde festgestellt, dass die Gesamtgröße mit 0,618 multipliziert der Höhe ihres Bauchnabels entspricht.

2. Multiplizieren Sie bitte Ihre Körpergröße mit 0,382. Bei normalem Wuchs entspricht das Ergebnis der Differenz zwischen Körpergröße und einer nach oben ausgestreckten Hand.

3. Multiplizieren Sie bitte Ihre Bachnabelhöhe (also dessen Höhe über dem Boden) mit 0,382 und addieren diese Zahl wieder zur Bauchnabelhöhe. Das Ergebnis sollte Ihre Schulterhöhe ergeben.

4. Multiplizieren Sie bitte Ihre Bauchnabelhöhe mit 0,236 und addieren Sie die Zahl zur Schulterhöhe. Das Ergebnis sollte Ihrer Gesamtgröße entsprechen.

5. Das erste Fingerglied multipliziert mit 1,618 ergibt annähernd die Länge des Mittelknochens desselben Fingers.

6. Plastische Chirurgen haben festgestellt, dass wir das Gesicht eines Menschen als schön empfinden, wenn Nase, Augen, Mund und Ohren den Fibonacciverhältnissen entsprechen.

Jede Hand besteht aus 5 Fingern, die einzelnen Finger haben drei Glieder (mit Ausnahme des Daumens). 3:5 = 0,6 oder 5:3 = 1,666. Oder betrachten Sie die Tier- und Pflanzenwelt. Sie werden erstaunt sein, wie oft auch hier die Fibonacciverhältnisse zu finden sind.

Was können wir nun daraus schließen, wenn die Fibonacciverhältnisse am menschlichen Körper, bei Tieren, in der Natur und am Aktienmarkt mit solch schöner Regelmäßigkeit zu finden sind?

Das Verhalten der Menschen spiegelt sich in ihren Aktionen an der Börse und Charts sind nichts anderes als eine grafische Darstellung dieses Verhaltens. Meiner Meinung nach unterliegt das Verhalten von Menschenmassen einem Gesetz - einem Naturgesetz.

Die Fibonacciverhältnisse lassen sich im Marktverhalten nachweisen, seit es Börse gibt. Auch das Computerzeitalter hat daran nichts geändert. Ich glaube, dass uns damit eine konstante Bewertungsmethode für Finanzmärkte zur Verfügung gestellt wurde.

Eine Herausforderung müssen wir allerdings meistern: Wir sind ein Teil dieses Phänomens, und deshalb es ist so schwer vorurteilsfrei zu analysieren.

3.4 Basisverhältnisse an der Börse

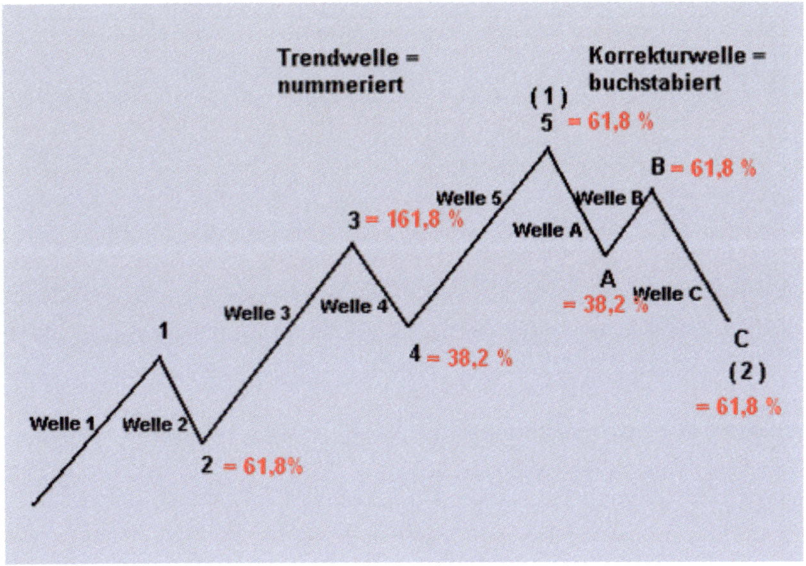

Abbildung 3-6

- Welle 2 korrigiert 61,8 % des Anstiegs von Welle 1
- Welle 3 steigt um 161,8 % des Anstiegs von Welle 1. Das Ergebnis wird zum Tief der Welle 2 addiert.
- Welle 4 korrigiert um 38,2 % des Anstiegs von Welle 3. Das Ergebnis wird vom Hoch der Welle 3 abgezogen.
- Welle 5 steigt um 61,8 % gemessen vom Tief der Welle 1 bis zum Hoch der Welle 3. Das Ergebnis wird zum Tief der Welle 4 addiert.

Abbildung 3-6 zeigt die am häufigsten anzutreffenden Fibonacciverhältnisse.

1. Welle 2 korrigiert in der Regel 61,8 Prozent der Welle 1. In stark steigenden bzw. fallenden Märkten entstehen auch Rückläufe von 23,6 Prozent bzw. 50 Prozent. Ein weiterer potentieller Rücklauf liegt bei 76,4 Prozent.

2. Welle 3 steigt häufig 161,8 Prozent der Welle 1. Im Falle der Wellengleichheit entsteht jedoch logischerweise eine Ausdehnung von 100 Prozent. Weiterhin sind Ausdehnungen von 261,8 Prozent möglich. In einem extremen Fall habe ich sogar eine Ausdehnung von 552 Prozent entdeckt.

3. Welle 4 korrigiert häufig 38,2 Prozent des Anstiegs von Welle 3. Rückläufe von 23,6 Prozent, 50 Prozent und 61,8 Prozent sind ebenfalls möglich.

4. Welle 5 steigt häufig 61,8 Prozent der Kursspanne vom Anfang der Welle 1 bis zum Hoch der Welle 3. Es sind jedoch auch Versager oder Ausdehnungen von »nur« 100 Prozent bis maximal 161,8 Prozent möglich.

5. Nachdem fünf Wellen beendet worden sind, korrigiert der Markt häufig 61,8 Prozent der Kursspanne vom Anfang der Welle 1 bis zum Hoch der Welle 5.

Die wichtigsten Fibonacciverhältnisse sind die Rückläufe 38,2 und 61,8 Prozent.

Die wichtigsten Ausdehnungen liegen bei 161,8 und 261,8 Prozent.

Mit diesen grundlegenden Fibonacciverhältnissen ist die einfache Einschätzung aller Devisen-, Aktien- und Rohstoffmärkte möglich. Für die Feinabstimmung ist ein umfangreiches Regelwerk zu beachten.

Die Kombination der Elliott-Wellen mit den Fibonacciverhältnissen ist also die Grundlage für eine hochwertige Analyse und hohe Prognosesicherheit.

4

Teil 4

Das Handelskonzept

Die Ziele dieses Kapitels sind:

- Das Handelskonzept erarbeiten.
- Das Handelskonzept umsetzen.
- Das Handelskonzept anwenden.

4.1 Das Handelskonzept erarbeiten

Entscheidungen sollten immer auf die gleiche Weise herbeigeführt werden. Das Handelskonzept muss also Regeln beinhalten, die wiederkehrend sind und eine Entscheidung auf objektiver Grundlage zulassen. Der Sport hilft uns, dieses Prinzip zu verstehen: Ein Tennisspieler übt seine Schlagtechnik bis zur Perfektion, und wenn er sie erreicht hat, trainiert er weiter, um diese Perfektion zu erhalten. Die Grundlage für ein gutes Spiel sind somit einstudierte, immer wiederkehrende Bewegungen.

Bei der Marktanalyse müssen wir uns dementsprechend auf die wiederkehrenden Elliott-Wellen-Muster vorbereiten. Wir müssen jedes Muster auswendig lernen, dann müssen wir üben es so früh wie möglich zu erkennen und zwar in fallenden wie in steigenden Märkten. Nach einer Weile gelingt es uns, die Muster zu erkennen, bevor sie vollständig ausgebildet sind. In diesem Moment können wir einen Trade planen, der ebenfalls immer wiederkehrenden Regeln folgt. Die Entscheidung ist vorbereitet, sie ist nüchtern durchdacht, die Emotionen können auf diese Weise kontrolliert werden. Jeder Punkt wurde vorher im Geist durchgespielt. Da wir eine Vorstellung vom Kursverlauf vor Augen haben, kann ein Regelbruch schnell erkannt und die Analyse überprüft werden. Je schneller Sie die unterschiedlichen Wellenmuster erkennen können, desto geringer ist das Verlustrisiko.

4.2 Das Handelskonzept umsetzen

Wir brauchen eine Methode, die gut durchdacht und einfach ist.

Eine einfache Tradingmethode hilft uns den Fehlerquotienten niedrig zu halten. Je einfacher, desto besser. Komplizierte Methoden in einem schnellen Markt umzusetzen scheitern häufig, weil jeder Trade Überwindung kostet und emotionalen Stress auslöst. Schon nach dem Einstieg melden sich die ersten Zweifel, die verstärkt werden, wenn die Position ins Minus läuft. Wenn wir auf diese Situation nicht vorbereitet sind, treffen wir emotionale Entscheidungen, wie »Einen Stopp setze ich nicht, der wird sowieso nur abgeräumt« oder »Jetzt habe ich schon x Punkte verloren, dann macht es auch nichts aus, wenn es noch weiter runter geht«, oder »Der Markt dreht bestimmt« - um nur einige Beispiele zu nennen.

Besser ist es, mit einem kleinen Verlust frühzeitig auszusteigen. Wir sollten uns daher mit einer klar durchdachten Handelsmethode vor uns selbst und unseren eigenen Schwächen schützen. Wer glaubt, er habe keine solchen Schwächen, betrügt sich selbst.

Wenn wir uns nicht vorher im Klaren darüber sind, was und wie wir handeln wollen, laufen wir Gefahr, große Verluste zu erleiden. Stellen Sie sich einen Architekten vor, der ein Haus baut, ohne vorher einen Plan angefertigt zu haben.

Die Handelsmethode muss vor Beginn des Trades ausgearbeitet sein.

Natürlich müssen vor dem ersten Geschäft sämtliche Einzelheiten geklärt und am besten schriftlich festgehalten sein. Traden Sie ohne feste Regeln, beginnt das Wunschdenken, und objektives Handeln wird sehr schwer. Sie kennen bestimmt Gedanken wie »Meine Güte, der Markt muss doch steigen, unmöglich, dass er noch weiter fällt.«

Schließen Sie also einen schriftlichen Vertrag mit sich selbst, und prüfen Sie, wie oft Sie Ihre eigenen Regeln brechen. Wenn Sie jede Regel beherrschen, sind Sie ein guter Trader.

Ziel ist ein geringes Risiko bei möglichst großer Gewinnaussicht.

Je kleiner das Risiko ist, desto öfter können wir uns einen Fehler erlauben, das heißt, die Verluste bleiben in einem überschaubaren Rahmen. Der Mut, ein weiteres Geschäft einzugehen, ist zwar gesunken, aber noch stark genug, um nicht aufzugeben. Zu einer guten Tradingmethode gehört, beim Einstieg auf ein geringes Risiko zu achten. Wenn Sie 50 Trades erfolgreich abgeschlossen haben und nur einen Trade mit Verlust, dieser aber sehr hoch war, kann er Ihre Arbeit von Tagen, Wochen oder Monaten zunichte machen. Passiert dies am Anfang, haben Sie einen großen Teil Ihres Kapitals verloren, vielleicht sogar die Möglichkeit weiterzuarbeiten.

Jeder Markt bietet uns irgendwann die Chance auf einen Einstieg mit kleinem Risiko und großer Gewinnchance. Die Gewinnchance sollte mindestens doppelt so groß wie das Risiko sein. Wir brauchen allerdings viel Geduld, Ausdauer und Willensstärke um diese Gelegenheiten zu entdecken und zu nutzen. Patzer und Unkonzentriertheit können wir uns nicht erlauben.

Alle Vorarbeiten müssen abgeschlossen sein, bevor wir mit dem Traden beginnen.
Oder: Wer baut ein Haus, ohne vorher einen Plan zu machen?

Wenn wir ein Haus bauen wollen, wird jede Einzelheit vorher geplant. Das Grundstück sollte in ausgezeichneter Lage liegen. Die Raumaufteilung wird genau durchdacht, jedes Fenster, jede Steckdose, jeder Lichtschalter, alle Einzelheiten werden vorher festgelegt. Jeder gute Trader hat ebenfalls vorher seinen Plan erstellt, alle Einzelheiten schriftlich festgehalten und arbeitet ausschließlich nach diesem Konzept. Allerdings ist keine Tradingmethode perfekt. Wir sollten weiterhin flexibel genug sein, immer wieder Verbesserungsmöglichkeiten zu durchdenken und die Methode zu optimieren. Änderungen werden jedoch nur nach vorheriger Prüfung in die Praxis umgesetzt.

Rechnen Sie mit Verlusten.

Grundsätzlich müssen wir einkalkulieren, dass Fehler passieren und dadurch Verluste entstehen. Es arbeiten viele sehr gut ausgebildete und erfahrene Händler an der Börse, die seit Jahren nichts anderes tun, als ihre Fähigkeiten jeden Tag durch ihre praktische Arbeit zu verbessern. Die jeden Trick beherrschen, um unsere Stopps auf den letzten Punkt zur Ausführung zu bringen. Wie oft ist es schon passiert, dass ich die richtige Idee hatte, der Stopp aber noch ausgeführt wurde.

Planen Sie genau, welche Verluste Sie akzeptieren wollen.

Eine der wichtigsten Aufgaben während der Vorbereitung ist, festzulegen wie Sie mit Verlusten umgehen. Wie hoch ist der maximale Verlust pro Trade, welchen Tagesverlust akzeptieren Sie, und wie hoch darf der maximale absolute Verlust ausfallen? Dieser Plan schützt Sie vor den Emotionen, die den Markt beherrschen: Panik, Euphorie und Starrsinn.

Der Markt hat immer Recht!

In vielen Lebensbereichen versuchen wir, die eigenen Fehler auf andere abzuwälzen. Wer das tut, sollte seine Haltung ändern - oder nicht an der Börse arbeiten. Jeder trägt die Verantwortung für seine Entscheidungen!

Je früher wir einen Fehler bemerken, desto geringer ist der Verlust.

Haben wir einmal erkannt, dass nur wir selbst die Verantwortung für unser Handeln tragen, fällt der nächste Schritt viel leichter. Sobald man einen Fehler erkennt ist klar: Die Verantwortung liegt eindeutig bei einem selbst, der Fehler muss so schnell wie möglich beseitigt werden. Der Schaden wird begrenzt.

Während meiner Tätigkeit als Devisenmakler konnte ein Kollege einmal 5 Millionen Dollar nicht mehr zum gewünschten Preis verkaufen, denn der Markt war um wenige Punkte gefallen. In diesem Geschäft ist ein Punkt die vierte Stelle hinter dem Komma, also 0,1 Promille. Sollte sich der Dollar um eine Stelle bewegen, entstanden entweder 500 DM (ca. 250 Euro) Verlust oder Gewinn. Mein Kollege hatte keine Verlustbegrenzung geplant und war felsenfest davon überzeugt, dass der Markt wieder steigen würde.

Doch der Dollar fiel um 20 Punkte. Da äußerte mein Kollege folgende Überlegung: Ich kaufe weitere 5 Millionen Dollar, und wenn der Markt 10 Punkte steigt kann ich die 10 Millionen Dollar ohne Verlust verkaufen. Aber der Markt fiel um weitere 10 Punkte. Mein Kollege »verbilligte« die Position um weitere 5 Millionen Dollar. Anschließend fiel der Markt um 50 Punkte!

Um Mitternacht hatte der Kollege bereits 25 Millionen Dollar investiert, und der Markt kannte nur eine Richtung: Er fiel noch einmal um 2 Pfennig oder 200 Punkte. Der Schaden betrug mittlerweile weit über 500.000 DM und war in nur wenigen Stunden entstanden.

Diese Nacht werde ich mein ganzes Leben lang nicht vergessen. Ich habe daraus zumindest gelernt, dass ich niemals ohne Risikomanagement arbeiten und mich unbedingt an meine eigenen Regeln halten werde.

Wir können den Markt nicht ändern, aber wir können uns ändern!

Ein Analyst schrieb einmal, nachdem er die Kursbewegung falsch eingeschätzt hatte: »Der DAX ist um 200 Punkte zu tief gefallen.« Aber der DAX fällt niemals zu tief. Die Analyse war einfach falsch. Was lernen wir daraus?

Wir müssen uns unsere Fehler eingestehen und sie zugeben. Dann sind wir wieder frei für eine objektive Sichtweise der Marktsituation. Wer denkt, dass der Markt sich falsch verhalten habe oder sonst ein Umstand die Schuld an einem Verlust oder einer Fehleinschätzung trage, dann bauen sich auf dem ersten Fehler weitere Fehler auf. Denken Sie daran: DER MARKT HAT IMMER RECHT.

Jeder Händler sollte die Kraft entwickeln seinen Charakter selbstkritisch zu betrachten und daran arbeiten, seine Unzulänglichkeiten zu beseitigen. Wir sind unser eigener Trainer. Ein guter Tennisspieler trainiert jeden schwachen Schlag bis zur Perfektion. Dementsprechend sollten wir jede mentale Schwäche trainieren bis sie ausgemerzt ist.

Raus, wenn es nicht stimmt.

Als Anfänger setzte ich meine Stopps im Geiste. Ich nahm mir fest vor, im Notfall zu einem bestimmten Kurs zu verkaufen. Als dieser Kurs erreicht wurde, kamen mir aber plötzlich Gedanken wie: »Na ja, 5 Punkte kannst du noch warten, dann dreht der Markt wieder.« Nach weiteren 5 Punkten: »Heute geht es vielleicht noch bergab, aber morgen wird der Markt sicher wieder steigen.« Nach 30 Punkten Verlust argumentierte ich dann: »Du musst die Investition mittelfristig sehen, der Markt wird sicherlich drehen.« Solche Gedanken führen zu einem Desaster. Wir müssen daher unbedingt vor dem Kauf einen Stopp festlegen – und auch einhalten.

Folgende Gedanken sind gefährlich:

»Es muss doch nach oben / unten gehen.«

»Ein paar Punkte tiefer als der festgelegte Stopp machen doch nichts aus.«

»Die Alternativzählung a, b oder c bringt mich wieder in den Gewinn.«

»In der nächsten Korrektur werde ich aussteigen.«

Es gibt nur einen Ausweg. Wir müssen unser Risiko im Voraus begrenzen, den Verlust akzeptieren und den Trade umgehend glattstellen, wenn der Markt gegen uns läuft. Danach brauchen wir viel Geduld, um auf die nächste risikoarme Chance zu warten.

Welche ist die beste Welle?

Welle 3 ist eindeutig die beste Welle. Sie zeichnet sich in den meisten Fällen durch einen starken und klaren Verlauf aus. Außerdem helfen uns die Fibonacciverhältnisse und die innere Struktur der Welle, das Kurziel zu bestimmen.

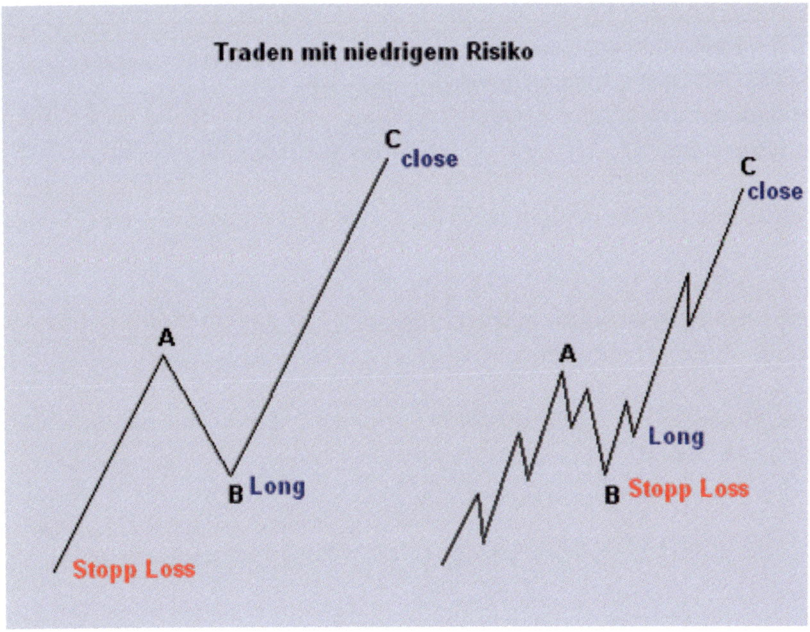

Abbildung 4-0

Welle C ist ebenfalls für einen Einstieg geeignet, denn sie unterliegt in ihrer Beschaffenheit und Ausdehnung denselben Regeln wie die dritte Welle (siehe Abbildung 4-0).

Sowohl eine dritte als auch eine C-Welle ist vom Tickchart bis zum Millenniumchart auf jeder Zeitebene und in jedem Elliott-Wellen-Muster in jeder Impulswelle und in jedem Korrekturmuster zu finden.

Das Risiko lässt sich klar eingrenzen, indem ein Stopp einen Punkt unter dem Beginn der Welle a (oder 1) gesetzt wird.

Die Gewinnchance ist groß, denn häufig entwickelt die Welle C (oder 3) eine Ausdehnung von 161,8 Prozent der Welle A (oder 1). Die Welle C (oder 3) hat fünf Unterwellen. Spätestens im Bereich dieser fünften Unterwelle sollte also die Position geschlossen werden.

Wo ist der sichere Einstieg?

Das Ende der Welle B ist der sicherste Einstieg. Das Ende dieser Welle lässt sich mit Hilfe der Fibonacciverhältnisse recht zuverlässig ermitteln. Häufig entsteht ein Rücklauf der Welle B von 61,8 Prozent im Verhältnis zur steigenden Welle A.

Das Gleiche gilt für das Ende der Welle 2, denn die Regeln für eine Welle 2 sind identisch.

Das Risiko kann klar begrenzt werden, indem der Stopp einen Punkt unter das Tief der Welle B oder 2 gelegt wird.

Ein abgeschlossenes Korrekturmuster liefert eine Fülle von Informationen über den zu erwartenden Trend.

Am Ende einer dritten Welle liefert der Markt wichtige Informationen:

1. Eine Trendwelle nähert sich dem Endstadium.

2. Der Markt wird sich in eine Seitwärtsphase begeben.

3. Es können nur Trades mit kleinen Zielen realisiert werden.

4. Der Variantenreichtum der Korrekturmuster birgt die Gefahr, dass Trades häufig ausgestoppt werden.

Ein ausgebildetes Korrekturmuster begrenzt das Risiko.

Grundsätzlich sollte jede Investition mit einer Risikobegrenzung verknüpft werden. Das heißt, die Erfolgswahrscheinlichkeit besteht aus dem Verhältnis von Risikobegrenzung zu Gewinnmöglichkeit. Je geringer das Risiko und je größer die Gewinnchance, desto stabiler wird die Entwicklung der Performance.

4.3 Das Handelskonzept anwenden

Betrachten wir als Beispiel die verschiedenen Formen der waagerechten Dreiecke, die sich jeweils vor der letzten Welle im Trend bilden:

1. Es ist also noch eine weitere Welle in Trendrichtung zu erwarten.
2. Diese letzte Welle muss fünfgliedrig sein.
3. Das Ziel der letzten Welle lässt sich mit Hilfe der Fibonacciverhältnisse bestimmen.
4. Die letzte Welle steigt in einem schnellen Tempo (»Vorstoß«).
5. Nach dem Ende der letzten Welle entsteht ein Trendwechsel.

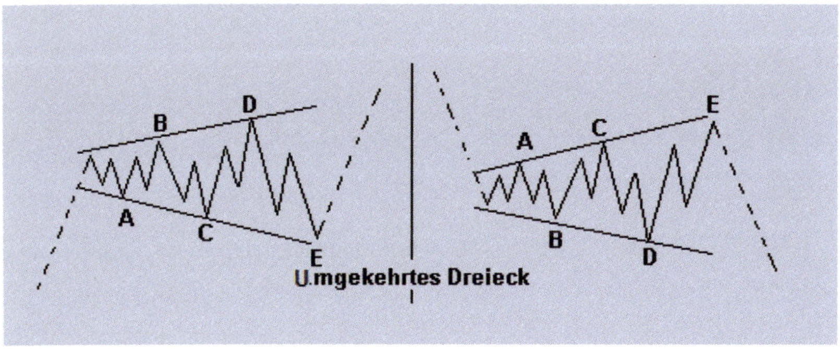

Abbildung 4-1

Das umgekehrte Dreieck in Abbildung 4-1 dient als Beispiel für einen Trade:

1. Es setzt sich aus fünf Wellen zusammen.
2. Jede dieser Wellen muss dreigliedrig sein.
3. Die äußeren Begrenzungslinien dürfen nicht überschritten werden (es gibt eine Ausnahme).
4. Diese Dreiecke entstehen üblicherweise in einer vierten Welle, selten in einer

Welle B, wobei es nur für die Analyse, weniger aber für den einzelnen Trade, von Bedeutung ist, ob es sich um eine Welle 4 oder B handelt.

Der Markt hat uns also vier Signale geliefert. Der Einstieg sollte möglichst am Ende der Formation erfolgen, um das Risiko möglichst gering zu halten und die Position durch einen Stopp eng absichern zu können.

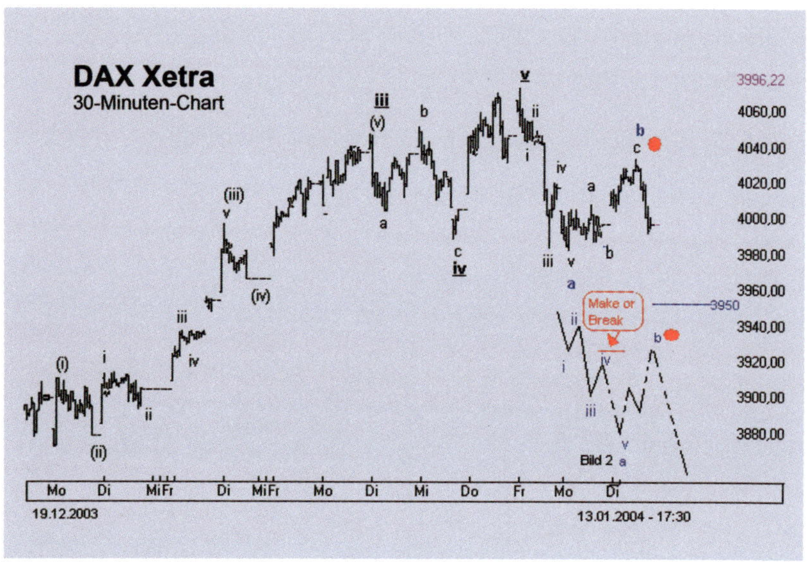

Abbildung 4-2

Der DAX-Chart in Abbildung 4-2 zeigt eine Impulswelle (i) bis (v) in rot, die sich aus weiteren untergeordneten Impulswellen zusammensetzt. So bilden die Wellen i bis v die übergeordnete Welle iii. Die Make-or-Break-Linie bei 3.930 Punkten gilt als Signal für einen Trendbruch und dient als Stoppmarke für eine Long-Position.

Seit dem Hoch hat sich eine fallende fünfgliedrige Welle entwickelt. Wenn wir dies als den ersten Teil eines Zickzacks (5-3-5) betrachten, sollte nach der dreigliedrigen Zwischenwelle eine zweite fallende Fünfer-Welle folgen. Anschließend sollte eine stark steigende, fünfgliedrige Impulswelle erwartet werden.

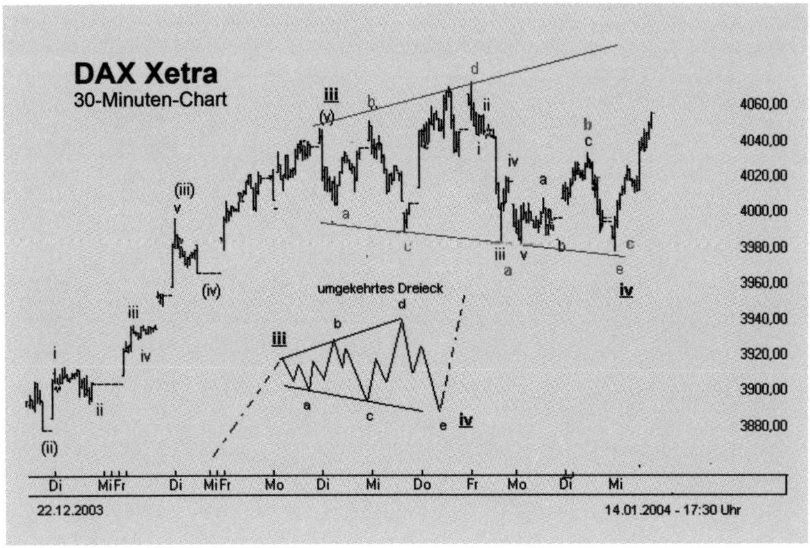

Abbildung 4-3

Abbildung 4-3 ist ein Auszug des vorherigen DAX-Charts. Hier haben sich Signale für den Abschluss der Welle iv gebildet. Das Muster dieser Korrekturwelle gibt uns wichtige Informationen:

1. Es haben sich drei Tief- und drei Hochpunkte gebildet, die mit Begrenzungslinien verbunden werden können.
2. Die innere Struktur der Welle iv zeigt fünf Unterwellen.
3. Sämtliche Unterwellen bestehen aus dreigliedrigen Wellenmustern.
4. Dieses Muster ist eindeutig ein umgekehrtes waagerechtes Dreieck (vgl. Abbildung 1-63).

Wir erinnern uns: Waagerechte oder horizontale Dreiecke sind fast ausschließlich in einer vierten Welle anzutreffen. Nach Abschluss eines solchen Musters entsteht eine sehr schnelle, letzte Antriebswelle, die ein neues Hoch bildet und aus fünf Wellen besteht.

Nach unserer Tradingmethode warten wir jetzt den Rücklauf der zweiten Welle für den Einstieg in eine Long-Position ab.

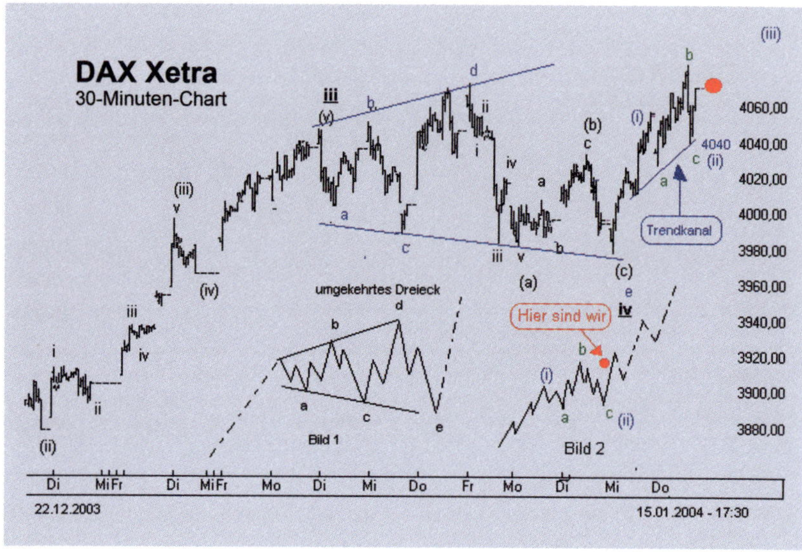

Abbildung 4-4

Wir erwarten also, dass sich eine schnell steigende Welle entwickelt. Der Rücklauf der zweiten Welle kann somit sehr kurz sein. Der Trendkanal in Abbildung 4-4 und

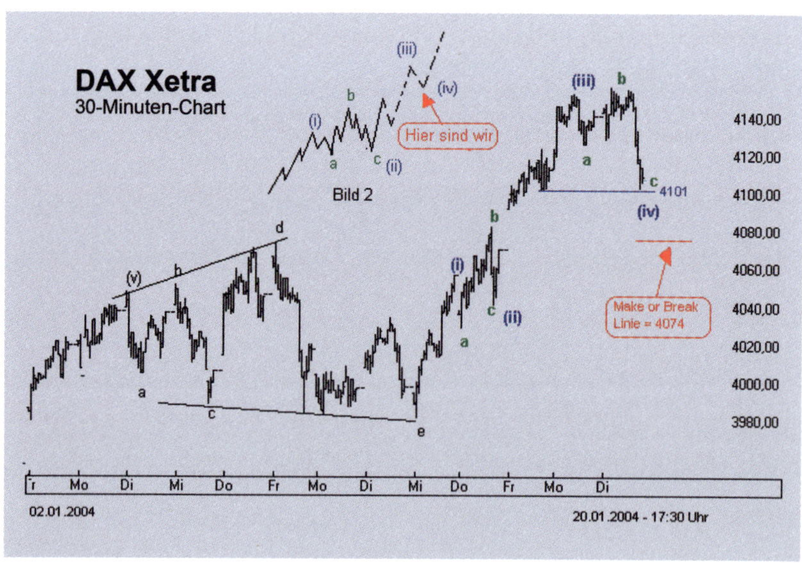

Abbildung 4-5

die Sonderform laufende Korrektur zeigen an, dass Welle (ii) bereits abgeschlossen ist. Demzufolge legen wir den Stopp für die Long-Position knapp unter das Niveau der Welle (ii), und zwar auf 4.039 Punkte. Als erstes Ziel für die Welle (iii) nutzen wir das Fibonacciverhältnis von 1,618; das heißt, Welle (iii) sollte die 1,618-fache Länge der Welle (i) erreichen. Somit liegt das Kursziel im Bereich von 4.151 Punkten.

Das Hoch wurde ziemlich exakt bei 4.145 Punkten gehandelt. Wie in Abbildung 4-5 zu sehen, ist die innere Struktur der Welle (iii) wiederum fünfgliedrig.

Wir erinnern uns an die Tradingregel: Ausstieg am Ende der dritten Welle. Jetzt können wir die vierte Welle in aller Ruhe beobachten, um anschließend die fünfte Welle wieder zu traden.

Der gewöhnliche Rücklauf der vierten Welle (es gibt natürlich Ausnahmen) liegt bei 38,2 Prozent und entspricht in unserem Fall 4.101 Punkten. Dort sollte eine Long-Position aufgebaut werden.

Die Make-or-Break-Linie (also der maximal mögliche Rücklauf von 61,8 Prozent einer vierten Welle) wurde in diesem Fall bei 4.074 Punkten errechnet. Der Stopp sollte somit einen Punkt unter diese Marke gesetzt werden.

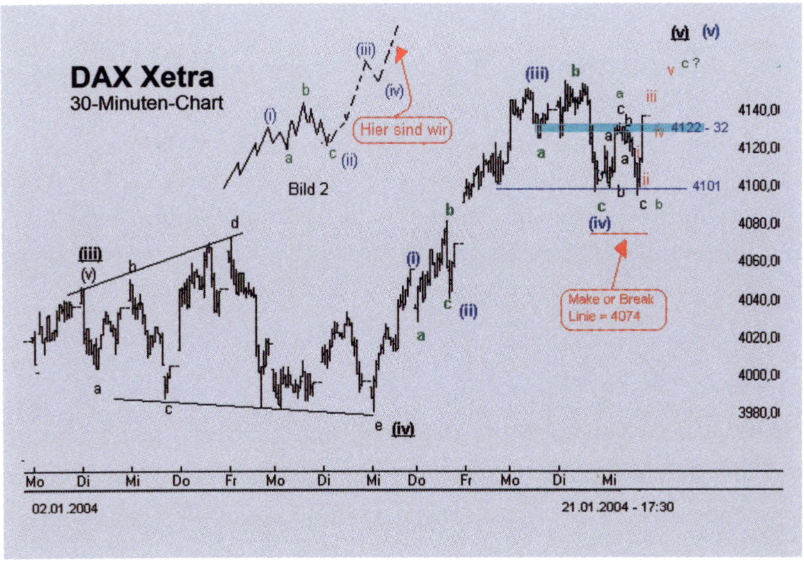

Abbildung 4-6

Wie in Abbildung 4-6 zu sehen ist, hat der Rücklauf von 38,2 Prozent gehalten. Die Make-or-Break-Linie bleibt also weiterhin unser Stopp. Eine häufige Ausdehnung der fünften Welle liegt bei 61,8 Prozent (Berechnungsmethoden werden auf Seite 143-144 erklärt). Das Kursziel für die Welle v liegt somit bei 4.209 Punkten.

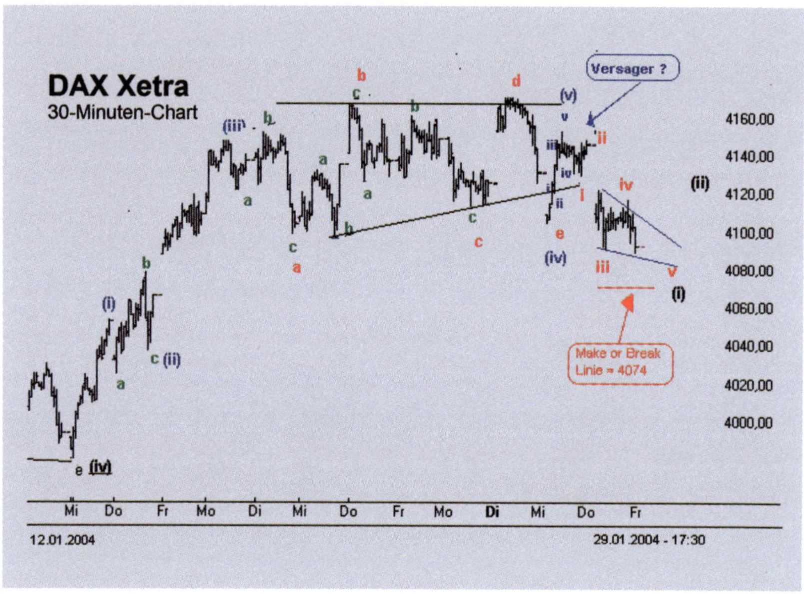

Abbildung 4-7

Abbildung 4-7 zeigt, dass das Ziel von 4.209 Punkten nicht vollständig erreicht wurde. Die Ausbildung von Korrekturmustern in der Welle (iv) weist auf Marktschwäche hin. Nach dem Auftreten von abc-Mustern sollte die Long-Position aufgelöst werden. Denn nach einem umgekehrten Dreieck ist zwar mit einer letzten steigenden Impulswelle zu rechnen, der jedoch in der Regel eine Trendumkehr folgt.

Fazit:

Die Elliott-Wellen sind nur in Verbindung mit den Fibonacciverhältnissen sinnvoll einzusetzen. Mithilfe der Fibonacciverhältnisse lassen sich die Kursziele im Voraus erahnen, wohingegen die Elliott-Wellen als Bestätigung für die Kursziele dienen – oder wie in diesem Beispiel als Warnsignal für eine verkürzte fünfte Welle. Dieses Beispiel zeigt auch, dass nicht jede Welle das gleiche Risikoprofil hat. Die sichersten und besten Trades sind in der dritten Welle zu finden.

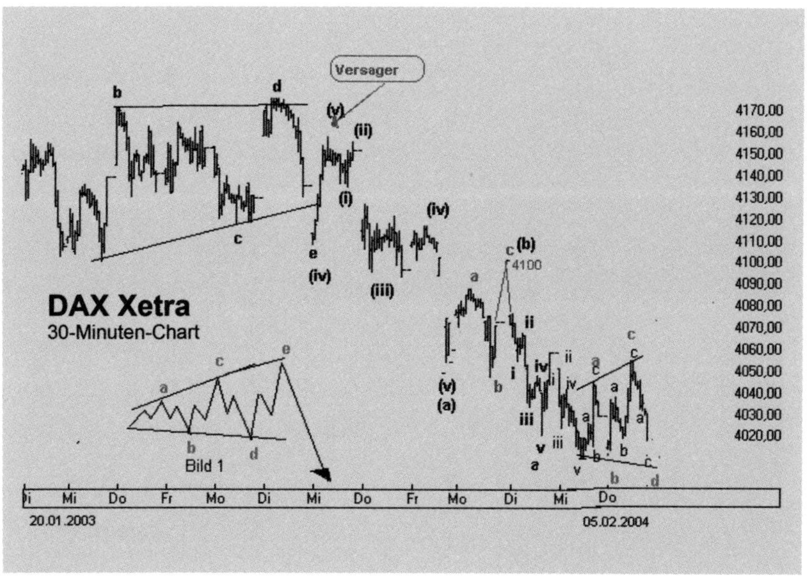

Abbildung 4-8

Das waagerechte Dreieck hat somit die weitere Entwicklung – siehe Abbildung 4-8 – korrekt angedeutet. Der DAX beendete die Impulswelle im Bereich von 4.175 Punkten. Anschließend setzte die erwartete Trendumkehr mit der Abwärtsbewegung ein. (Sämtliche Charts wurden Anfang 2004 »live« auf meiner Website veröffentlicht und sind nicht nachgestellt.)

4.4 Häufig gestellte Fragen

F: Warum versuchen wir nicht, am absoluten Tief einzusteigen?

A: Nun, das absolute Tief ist sehr schwer zu finden. Zwar enden die meisten Kursbewegungen mit einer fünften Welle, doch diese Trendwelle hat viele Varianten. Es gibt zum Beispiel das steigende Dreieck, vier Arten von waagerechten Dreiecken, Versager (bei denen die fünfte Welle unter dem Niveau der dritten Welle endet), normale Ausdehnungen, starke Ausdehnungen und unregelmäßige Hochs und Tiefs - also sehr viele Möglichkeiten unsere Nerven zu strapazieren, häufig ausgestoppt zu werden oder in unerwartete Verluste zu geraten.

Wir warten daher auf die Bestätigung der Trendumkehr beziehungsweise eines Signals. So, wie es besser ist, zwei Nägel in ein Brett zu schlagen, damit es fest sitzt, ist es sicherer, beim Traden ein zweites Signal abzuwarten, um einen objektiven Stopp setzen zu können und unseren Verlust im Voraus zu begrenzen. Dabei ist es besser, gelegentlich einen Trade zu verpassen, als einen großen Verlust zu realisieren.

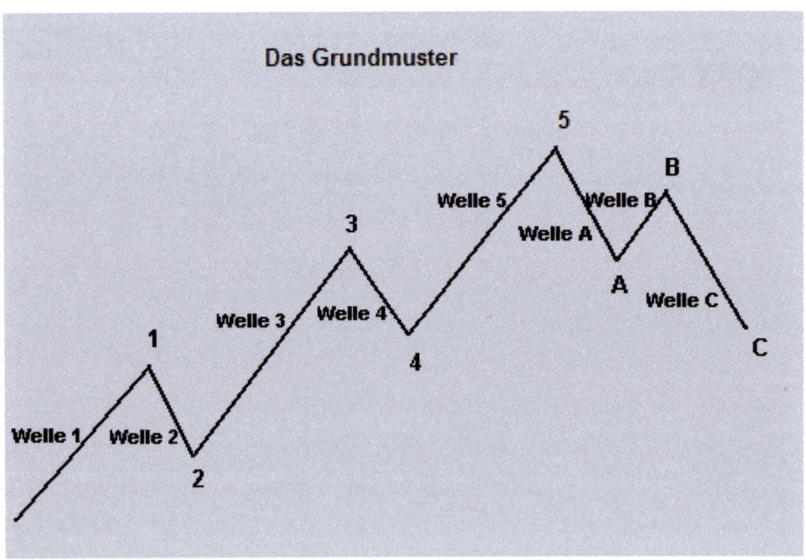

Abbildung 4-9

Das bereits bekannte Grundmuster in Abbildung 4-9 zeigt uns deutlich den besten Einstieg in eine Short-Position, nämlich am Ende einer fünften Welle. Der Rücklauf der dreigliedrigen Korrekturwelle sollte mindestens bis zum Ende der vierten Welle führen. Wir warten also nach dem vermeintlichen Hoch auf die erste fallende Impulswelle im neuen Abwärtstrend. Diese kleine fünfgliedrige Welle hat fast immer einen starken Rücklauf, der aber das Hoch nicht mehr überschreiten darf. Hier entsteht eine Chance für einen Trade mit günstigem Risiko-Gewinn-Verhältnis. Sollte das Hoch überschritten werden, haben wir zwar ein kleines blaues Auge, aber es wurden uns nicht alle Zähne aus dem Mund geschlagen, wenn ich das Beispiel aus dem Boxsport benutzen darf.

F: Wie wähle ich einen akzeptablen Stopp?

A: Generell gilt: Lieber drei Positionen in den Stopp laufen lassen, als einen großen Verlust hinzunehmen. Wählen Sie also den Stopp lieber etwas zu eng als zu weit.

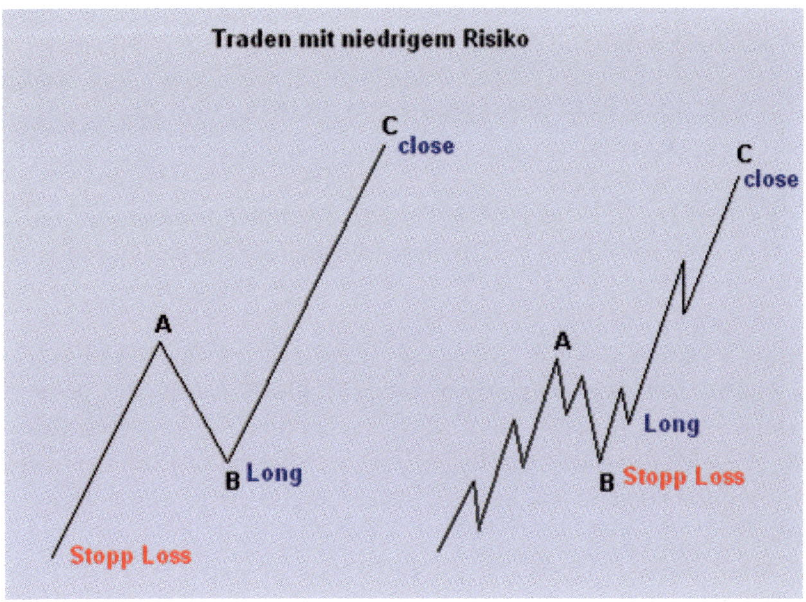

Abbildung 4-10

Schließlich besteht das größte Risiko an der Börse darin, dass man eine Verlustposition laufen lässt und nicht mehr den Mut hat sie glattzustellen. Drei kleine Verluste lassen sich viel schneller berichtigen als ein großer, der die Arbeit von Wochen oder Monaten ruiniert hat.

Stellen Sie sich folgende Situation vor: Sie haben eine erste steigende Welle mit fünf Unterwellen entdeckt. Die fünfte Unterwelle ist klar ausgeprägt und hat das gewöhnliche Fibonacciverhältnis erreicht. Nun nehmen Sie an, die Welle A ist abgeschlossen, und Sie erwarten einen Kursrückgang von 61,8 Prozent der steigenden Welle A. Dieser Rücklauf tritt tatsächlich ein (vgl. Abbildung 4-10).

Somit hat sich eine dreigliedrige fallende Welle B gebildet. Erst jetzt wird eine Long-Position eröffnet. Der Stopp zur Risikobegrenzung wird einen Punkt unter den Anfang der Welle A gesetzt (siehe Abbildung 4-10 links). Warum nur einen Punkt unter das Tief? Nun, weil nach den Elliott-Wellen-Regeln eine Welle B oder Welle 2 einen Rücklauf von maximal 100 Prozent haben darf. Wir können also keine steigende Welle C erwarten, wenn das Tief unterschritten wird – und sei es auch nur um einen Punkt. Bei Regelbruch gibt es keinen objektiven Grund die Position zu halten.

Nehmen wir weiterhin an, dass die Welle A eine Länge von 100 Punkten hat. Bei einem Einstieg am Rücklauf von 61,8 Prozent hätten wir also bis zum Erreichen des Stopps ein Verlustrisiko von 38 Punkten.

Die Ausdehnung der Welle C beträgt in den meisten Fällen 161,8 Prozent der Welle A. Die Gewinnchance beträgt also 162 Punkte. Wenn wir uns dreimal irren und nur einmal das gewünschte Ergebnis erzielen, beträgt der Gewinn nach vier Trades immer noch 45 Punkte.

Im nächsten Schritt wollen wir dieses Gewinnverhältnis noch verbessern (siehe Abbildung 4-10 rechts). Wir warten den Abschluss der Welle B ab, die im Idealfall 61,8 Prozent des Anstiegs der Welle A korrigiert. Anschließend erwarten wir eine steigende Welle C, die nach den Elliott-Regeln wiederum aus fünf Unterwellen bestehen muss. Wir können also dasselbe Prinzip in der ersten Unterwelle der Welle C nutzen.

Dazu warten wir die kleine steigende Impulswelle sowie den Rücklauf von ca. 61,8 Prozent ab (Sie werden in der Praxis feststellen, dass der Rücklauf einer zweiten Welle sehr unterschiedlich sein kann). Nehmen wir weiter an, die erste Unterwelle in Welle C hat eine Länge von 12 Punkten, dann beträgt der Rücklauf ca. 7 Punkte.

Das Risiko lässt sich somit auf 6 Punkte reduzieren, wenn wir den Stopp einen Punkt unter das Tief der Welle B legen. Demgegenüber liegt das Gewinnpotenzial bei 155 Punkten, denn wie schon gesagt, beträgt die Ausdehnung der Welle C in den meisten Fällen 161,8 Prozent der Welle A.

F: Welche Korrekturwellen bieten die besten Chancen?

A: Nachfolgend bespreche ich mehrere Korrekturformationen. Beginnen wir mit der unregelmäßigen Korrektur.

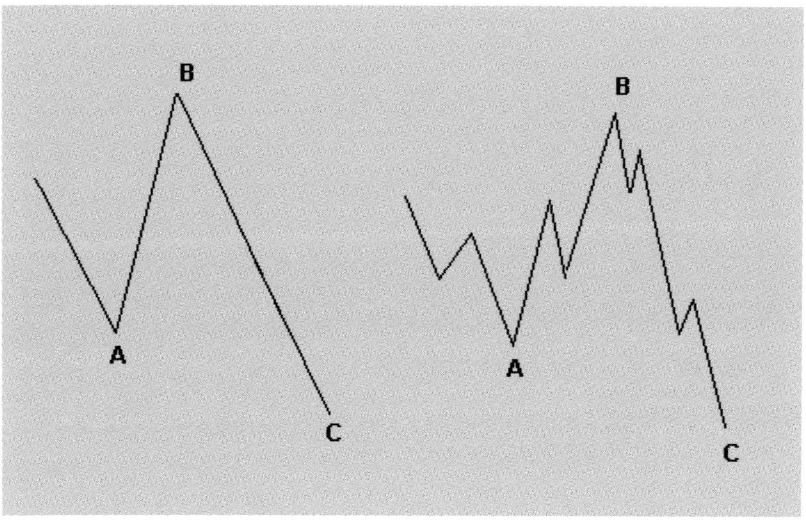

Abbildung 4-11

Die unregelmäßige Korrektur in Abbildung 4-11 entsteht in einem steigenden Markt. Die Wellen A und B bestehen jeweils aus drei Unterwellen, Welle C ist fünfgliedrig. Im fallenden Markt endet die Welle B unter dem Anfang der Welle A. Welle C wiederum endet über dem Hoch der Welle A.

Unser Vorteil: Nach dem Abschluss dieser Formation setzt sich der bestehende Trend häufig schnell und impulsiv fort. Das heißt, die nächste (oft dritte) Welle erreicht meist eine Ausdehnung von 161,8 Prozent, in vielen Fällen sind sogar Ausdehnungen von 261,8 Prozent möglich.

F: Wann tritt diese Formation auf?

A: Gewöhnlich tritt eine unregelmäßige Korrektur im Anschluss an eine ausgedehnte fünfte Welle auf, wobei die Ausdehnung mindestens 120 Prozent betragen sollte. Dabei ist diese Formation deutlich häufiger in fallenden als in steigenden Märkten zu finden. In Ausnahmefällen blieb nach einer Ausdehnung in einer fünften Welle die unregelmäßige Korrektur aber auch schon mal aus.

Der Einstieg in einem fallenden Markt lässt sich mit einem kurzen Stopp durchführen, wenn wir nicht nur das Ende der Unterwelle 5 in Welle C, sondern auch die erste fallende Impulswelle und die Korrektur abwarten.

Beispiel aus der Praxis:

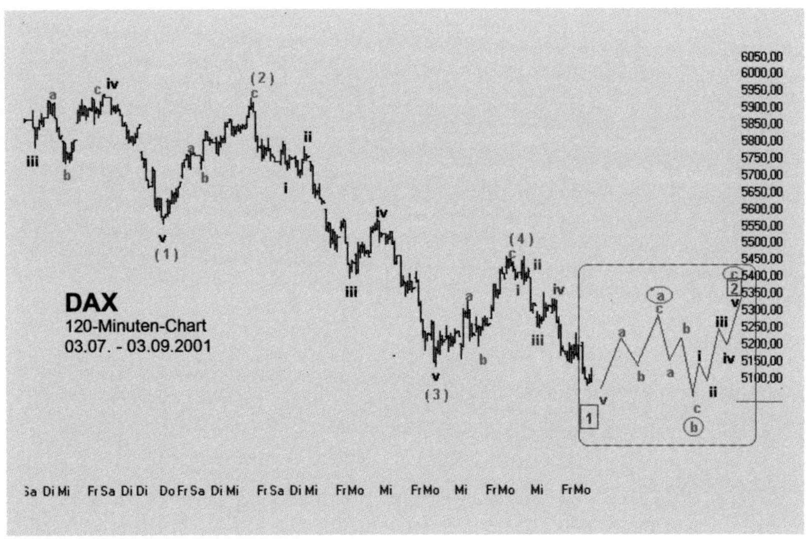

Abbildung 4-12

Der DAX-Chart vom 03.07. bis 03.09.2001 in Abbildung 4-12 zeigt eine fallende Impulswelle (Welle (1) bis (4) in rosa) mit einer verhältnismäßig kurzen dritten Welle. Nach den Elliott-Regeln sollte nach einer solchen kurzen dritten Welle eine starke Ausdehnung in der fünften Welle folgen.

Bitte achten Sie auf die braunen Unterwellen i bis v in der blauen Welle 1 im Rechteck. Die braune Welle iii ist kurz; die starke Ausdehnung findet erst in Welle v statt. Nach den Elliott-Regeln müssten jetzt ein umgekehrtes Dreieck und ein stark fallender Markt folgen. Wie wir alle wissen, rauschten die Märkte am 11. September in den Keller, ausgelöst durch den Terroranschlag auf das World Trade Center in New York. Unabhängig davon hatte das umgekehrte Dreieck am 9. September 2001 bereits auf stark fallende Kurse hingewiesen.

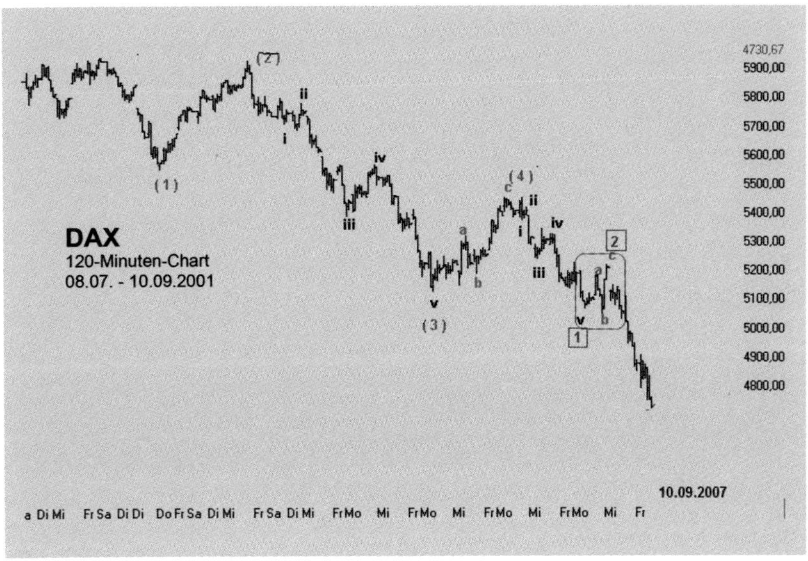

Abbildung 4-13

Diese Analyse wurde am 10. September 2001 von mir im Internet veröffentlicht. Achten Sie bitte in Abbildung 4-13 auf die rot eingefasste blaue Welle 2 im Rechteck: Es hatte sich tatsächlich ein umgekehrtes Dreieck entwickelt.

Der angekündigte Abwärtstrend setzte ebenfalls ein. Mein Fibonacciziel für Welle 3 lag bei 4.337 Punkten. Mittelfristig erwartete ich gar einen Kursrückgang bis 3.600 Punkte. Die Analyse wurde bei einem DAX-Niveau von 4.800 Punkten erstellt. Es bot sich also ein Abwärtspotenzial von etwa 463 bis 1.200 Punkten!

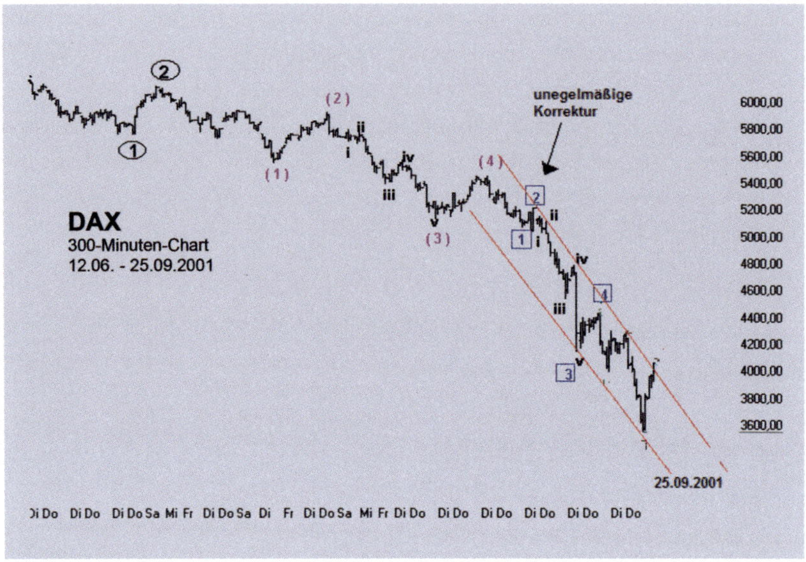

Abbildung 4-14

Im DAX-Chart vom 25.09.2001 (Abbildung 4-14) sehen Sie, dass am 11. September 2001 die Kurse um 600 Punkten abstürzten (die schwarze Welle v in der blauen Welle 3) und somit nicht nur mein kurzfristiges Ziel von 4.337 Punkten, sondern sogar mein mittelfristiges Ziel bei 3.600 Punkten erreicht wurde. Dieses Beispiel zeigt deutlich, wie kraftvoll unregelmäßige Korrekturen sein können, dass man sie im Voraus erkennen kann und dass es möglich ist, mit einem verhältnismäßig kurzen Stopp in den Markt zu kommen.

Mit dem Fibonnaciziel bei 4.337 Punkten war ein Gewinn von ca. 900 Punkten möglich. Der Markt fiel jedoch ohne wesentliche Rückläufe um sage und schreibe 1.600 Punkte.

Unregelmäßige Korrekturen sind zwar selten, aber es lohnt sich, auf sie zu achten.

Eine weitere lohnende Korrekturformation ist das waagerechte Dreieck:

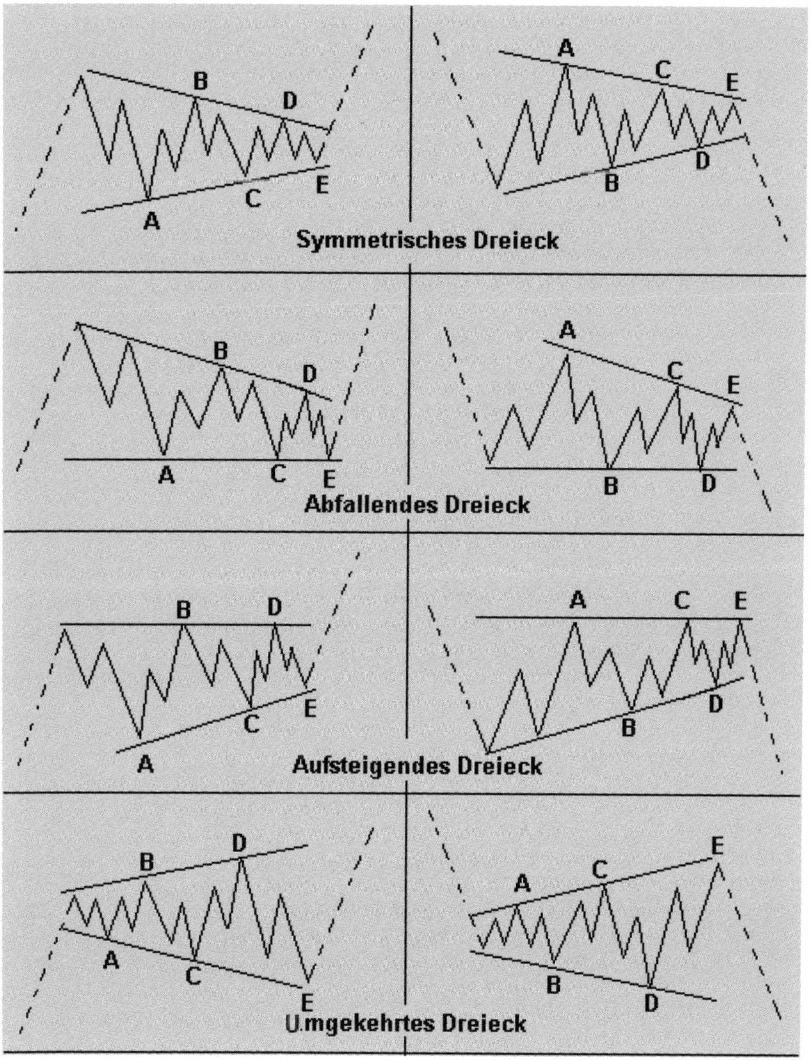

Abbildung 4-15

Wie bereits in Teil 1 dargestellt, gibt es vier Varianten waagerechter Dreiecke (siehe Abbildung 4-15).

Zur Erinnerung die Gemeinsamkeiten:

Sämtliche Dreiecke lassen sich mit Hilfe von Begrenzungslinien abgrenzen, die nur sehr selten überschritten werden. Ein waagerechtes Dreieck besteht immer aus fünf dreigliedrigen Unterwellen, die mit den Buchstaben abcde gekennzeichnet werden. Dreiecke treten in den meisten Fällen in einer übergeordneten vierten Welle auf. Nach dem Ende des Dreiecks entsteht eine schnelle, letzte Impulswelle (Fünfer-Welle). Anschließend folgt ein Trendwechsel.

Eine Besonderheit des waagerechten Dreiecks betrifft die letzte Welle e: Sie kann entweder die Begrenzungslinie kurz brechen oder aber sie nicht erreichen.

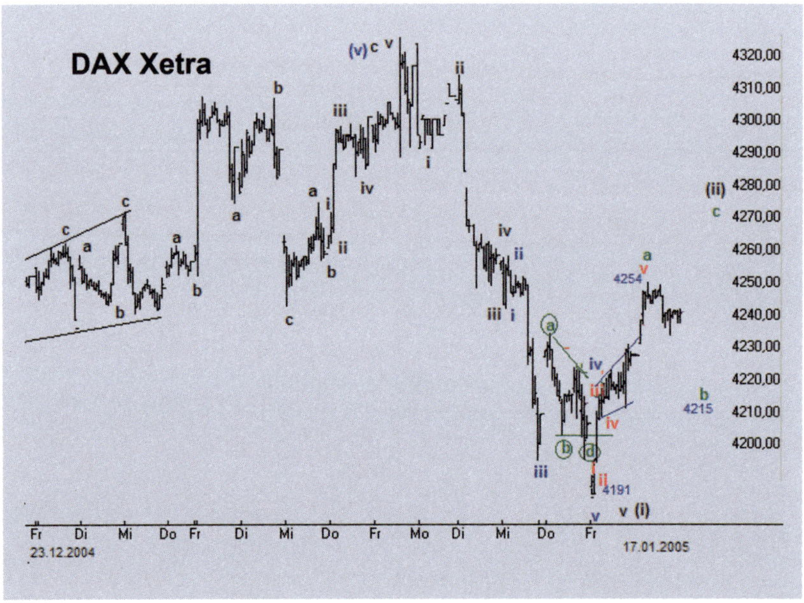

Abbildung 4-16

Die Unterschiede waagerechter Dreiecke:

- Bei einem *symmetrischen Dreieck* entstehen fallende Hochpunkte und steigende Tiefpunkte.
- Bei einem *abfallenden Dreieck* entstehen fallende Hochpunkte und waagerechte Tiefpunkte.
- Bei einem *aufsteigenden Dreieck* entstehen waagerechte Hochpunkte und steigende Tiefpunkte.
- Bei einem *umgekehrten Dreieck* entstehen steigende Hochpunkte und fallende Tiefpunkte.

Der Chart in Abbildung 4-16 zeigt den DAX vom 23.12.2004 bis 17.01.2005. Die Regeln für ein waagerechtes Dreieck wurden eingehalten: Das Dreieck entstand in einer vierten Welle, die Begrenzungslinien haben gehalten, und vor dem Trendwechsel hat sich eine schnelle letzte Welle entwickelt.

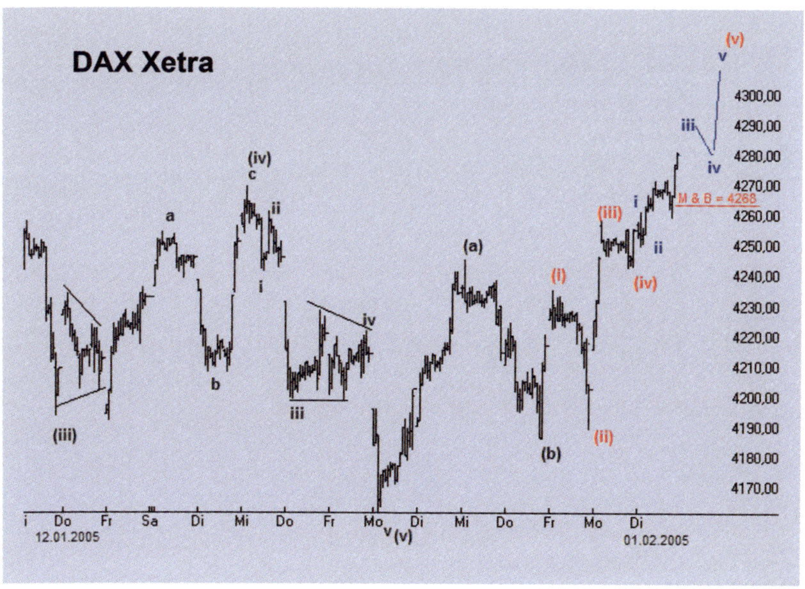

Abbildung 4-17

Sie finden das waagerechte Dreieck in der Mitte von Abbildung 4-17 vor dem Tief bei 4.170 Punkten. Nach dem Signal für einen Trendwechsel stieg der Markt um 140 Punkte. Der Einstieg für eine Long-Position bietet sich nach der schon erwähnten Methode im Bereich 4.175 Punkte mit einem Stopp kurz unter dem Tief.

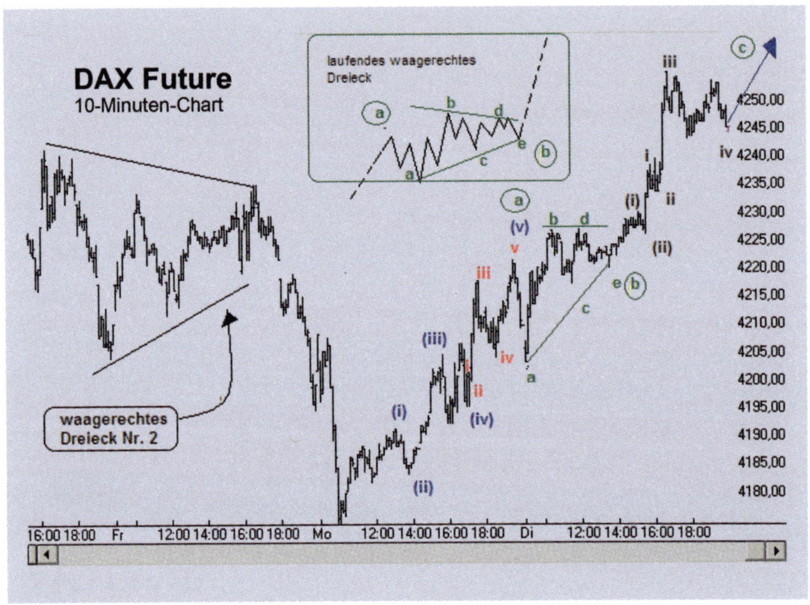

Abbildung 4-18

In Abbildung 4-18 sehen Sie ein abgeschlossenes waagerechtes Dreieck (Nr. 2). Wir erinnern uns an die Regel: Nach einem waagerechten Dreieck folgt eine schnelle letzte Fünfer-Welle. Sie erkennen sicherlich die fünf Abwärtswellen nach dem Dreieck.

1. Signal = Das waagerechte Dreieck wurde abgeschlossen.

2. Signal = Die letzte fallende Trendwelle ist entstanden.

3. Signal = Die Welle (i) in blau hat 5 Unterwellen.

4. Signal = Der Rücklauf der Welle (ii) hat stattgefunden.

Es empfiehlt sich also ein Einstieg am Ende von Welle (ii) in blau. Der Stopp wird einen Punkt unter ihr Tief gesetzt. Für den Ausstieg wählen wir als Ziel die 1,618-fache Ausdehnung der Welle (i). Nachdem das Ziel erreicht wurde, können wir auch nur die Hälfte der Position auflösen, da hier in der Welle (iii) in blau noch keine Ausdehnung stattgefunden hat und diese somit in der Welle (v) zu erwarten ist. Doch auch nach dem waagerechten Dreieck in grün ist mit weiter steigenden Kursen zu rechnen. Der Stopp bleibt in jedem Fall bestehen oder wird nachgezogen (z.B. einen Punkt unter das Hoch der Welle (i)).

Auch ein Flach ist eine weitere lohnende Korrekturformation:

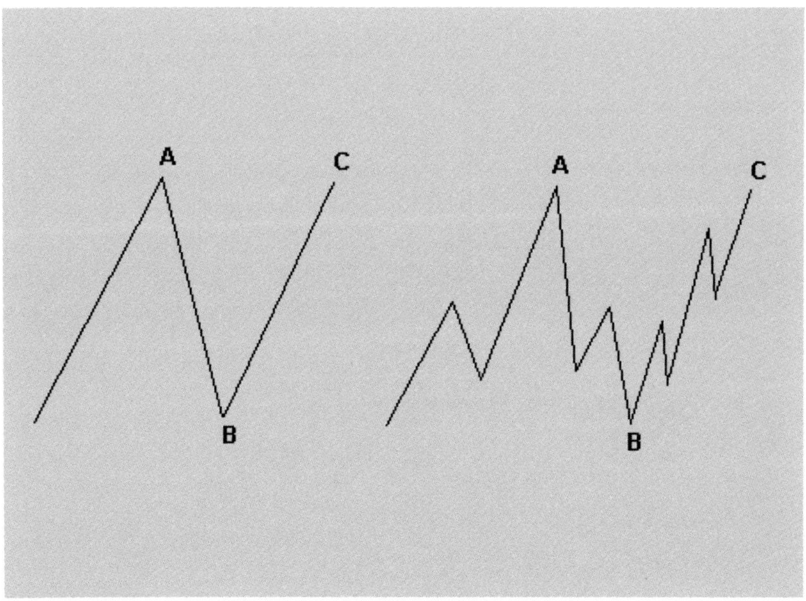

Abbildung 4-19

Das Flach in Abbildung 4-19 entsteht vor einem fallenden Markt.

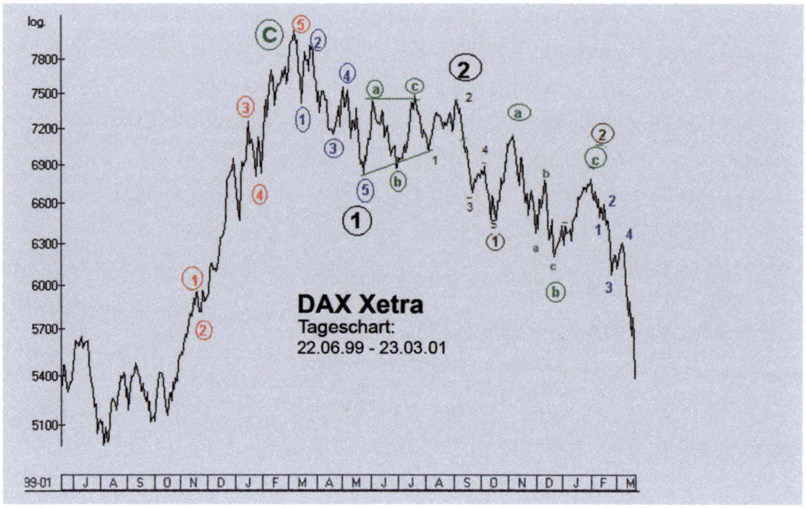

Abbildung 4-20

Nach dem All-Time-High beim DAX im Jahr 2000 (siehe Abbildung 4-20) hat sich in der schwarzen Welle 2 im Kreis ein Flat gebildet. Die grüne Unterwelle b ist nicht unter das Tief der Unterwelle a gefallen. Das Hoch der Unterwelle c hat das Hoch der Unterwelle a kaum überschritten. Anschließend folgte ein starker Kursrückgang.

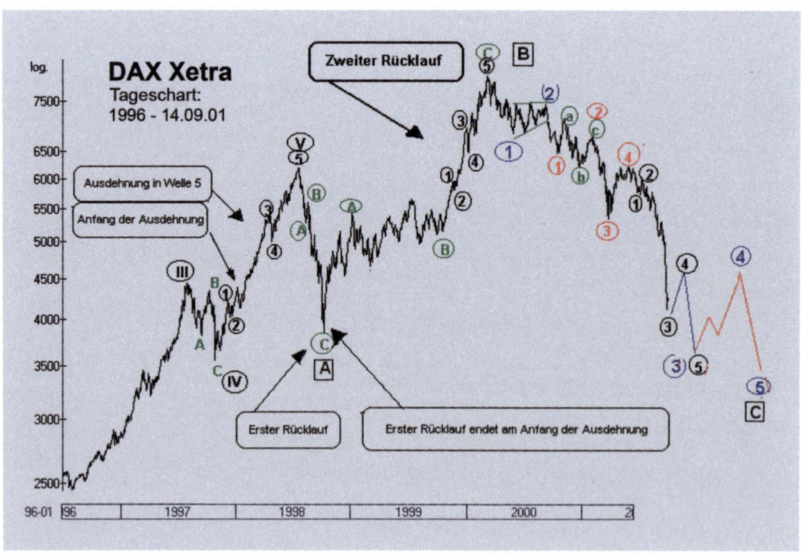

Abbildung 4-21

Bitte achten Sie in Abbildung 4-21 auf die blaue Welle 2 im Kreis im Bereich des Allzeithochs. Ein Flach tritt selten auf, hat aber eine besondere Aussagekraft. Der DAX fiel in dieser Phase bis ca. 3.600 Punkte und später bis zum Tief im März 2003 auf 2.188 Punkte.

Selbstverständlich bietet auch das Zickzack eine lohnende Einstiegsgelegenheit:

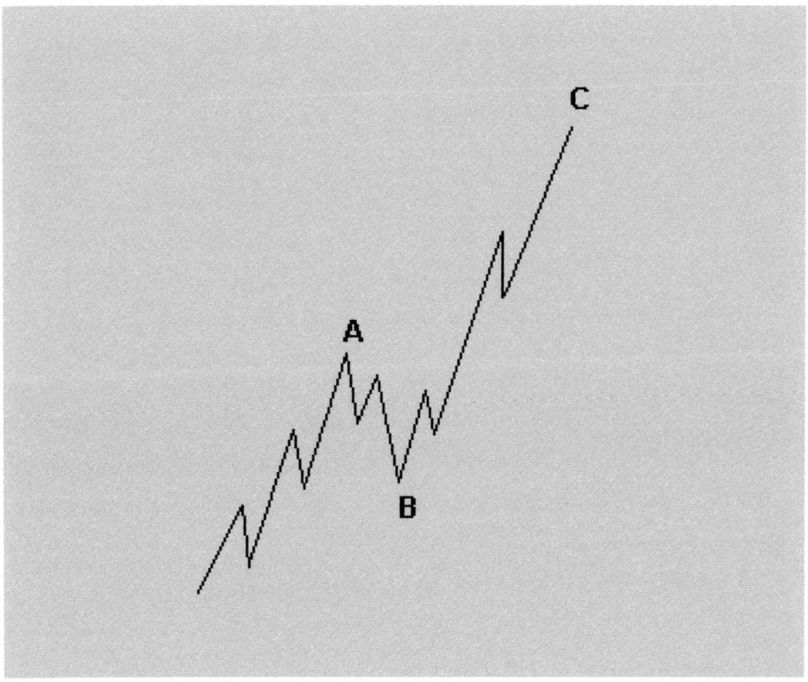

Abbildung 4-22

Die Zickzack-Formation in Abbildung 4-22 entsteht als Korrekturmuster in einem fallenden Markt. Das Zickzack setzt sich aus drei Wellen zusammen: Die Wellen A und C sind fünfgliedrige Impulswellen, Welle B ist dreigliedrig.

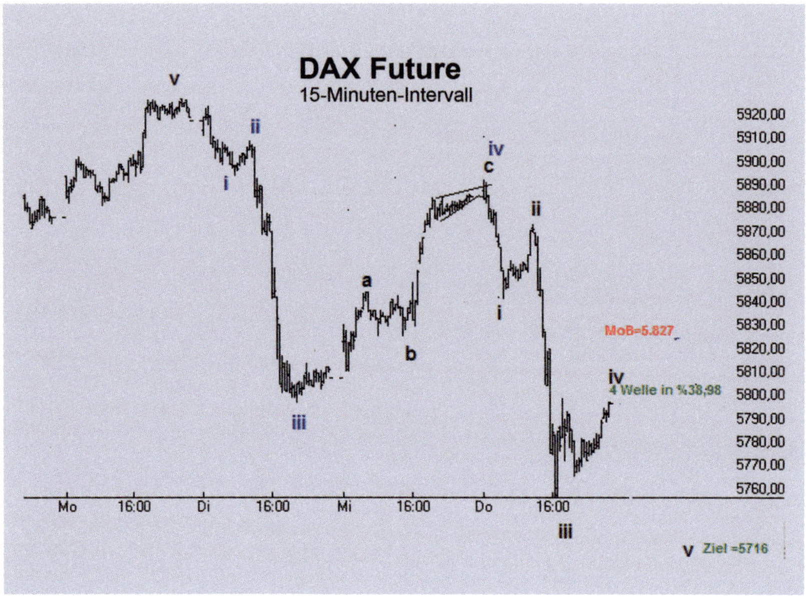

Abbildung 4-23

Der Chart des DAX Future vom 03.03.2006 zeigt eine typische abc-Welle in der blauen Welle iv (siehe Abbildung 4-23). Die Wellen a und c sind fünfgliedrige Impulswellen, in Welle b hat sich ein Flat gebildet, und in Welle c wiederum ein steigendes Dreieck vor der Trendwende im 15-Minuten-Chart.

F: Welche Antriebswellen bieten die besten Chancen?

A: Nun, da ist zunächst einmal das diagonale Dreieck Typ II (siehe Abbildung 4-24). Es besteht, wie bereits beschrieben, aus fünf Wellen. Die Antriebswellen 1, 3 und 5 sind fünfgliedrig, die Korrekturwellen 2 und 4 dreigliedrig, wobei die Unterwellen 1 und 4 sich in diesem Ausnahmefall überschneiden müssen. Diese Formation zählt zu den Trendmustern.

Das Muster ist entweder als Impulswelle 1 eines Trends zu finden oder entsteht als Welle a eines Korrekturmusters. Die Ausdehnung der Welle 3 bzw. C erreicht oder überschreitet sehr häufig die 1,618-fache Ausdehnung der Welle 1 bzw. A. Die dritte Welle darf jedenfalls nicht die kürzeste sein.

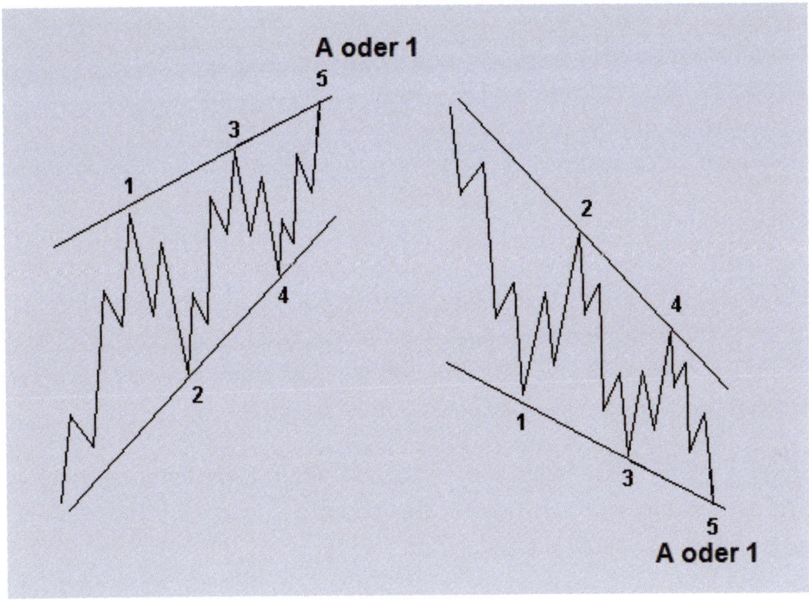

Abbildung 4-24

Ein Beispiel aus der Praxis:

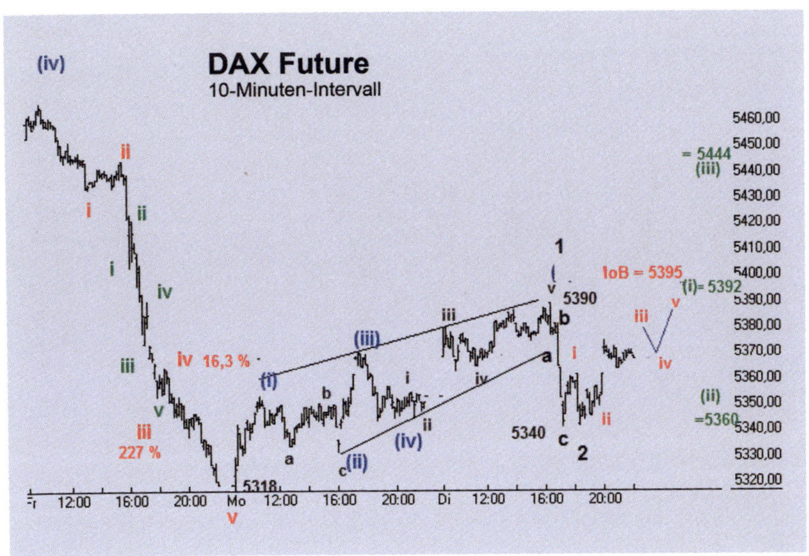

Abbildung 4-25

Am Montag endete eine fallende Impulswelle (die Welle v in rot, siehe Abbildung 4-25). Anschließend bildeten sich bis Dienstag 16.00 Uhr drei Impulswellen (i), (iii) und (v) und zwei Korrekturwellen (ii) und (iv). Dabei haben sich die Wellen (i) und (iv) überschnitten. Die Begrenzungslinien sind keilförmig. Nach unserer Strategie müssen wir nach Abschluss der Welle (v) auf einen Rücklauf von 61,8 Prozent warten, der einem Ziel von 5.345 Punkten entspricht.

Auf dieser Basis warten wir auf ein weiteres Kaufsignal. Weil die Unterwelle ii in rot kein weiteres Tief entwickelt, kaufen wir bei 5.350 Punkten einen DAX-Futures-kontrakt und setzen den ersten vorsichtigen Stopp auf 5.339, also einen Punkt unter den Beginn der roten Welle i. Sollte diese Marke gebrochen werden, müssten wir auf eine neue Chance warten. Das Risiko beträgt 10 Punkte.

Demgegenüber liegt unser Kursziel bei 5.456 Punkten (Ausdehnung von 161,8 Prozent) oder höher. Oft wird sogar eine Ausdehnung von 261,8 Prozent erreicht, was einem Kursziel von 5.528 Punkten entspräche. Die grün eingezeichneten »Wellen« (i) und (ii) sollen andeuten, dass ein größerer Aufwärtstrend zu erwarten ist.

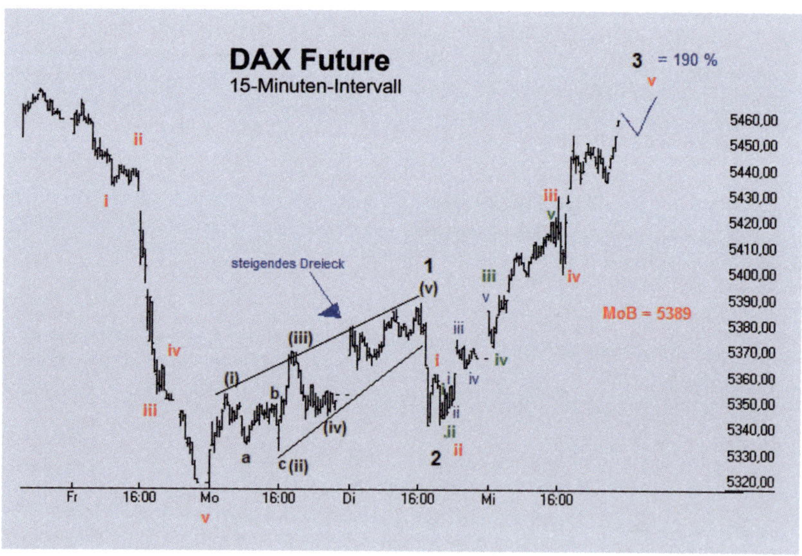

Abbildung 4-26

Abbildung 4-26 zeigt den DAX Future vom 26.01.2006. Unser Stopp hat gehalten, und das Ziel bei 5.456 Punkten wurde erreicht. Würden wir den DAX Future zu diesem Zeitpunkt verkaufen, entstünde ein Gewinn von 25 Euro pro Punkt. Bei 105 Punkten (= die Differenz von 5.350 bis 5.455) wären das also 25 Euro x 105 Punkte = 2.625 Euro. Abzüglich rund 4 Euro Gebühren verbliebe ein Gewinn von 2.621 Euro. Das Risiko betrug 25 Euro x 10 = 250 Euro.

Die Erfahrung hat jedoch gezeigt, dass nach einem steigenden Dreieck Typ II eine Ausdehnung von 161,8 Prozent häufig überschritten wird. Die schwarzen Wellen 1 und 2 suggerieren, dass wir uns derzeit in Welle 3 befinden und noch eine fallende Korrekturwelle 4 sowie eine steigende Impulswelle 5 folgen sollten. Für diesen Fall setzen wir den Stopp auf 5.389 Punkte, denn wir haben gelernt, dass sich Welle 1 und Welle 4 nicht überschneiden dürfen. Damit sichern wir uns einen Gewinn von 25 Euro x 39 Punkte = 975 Euro.

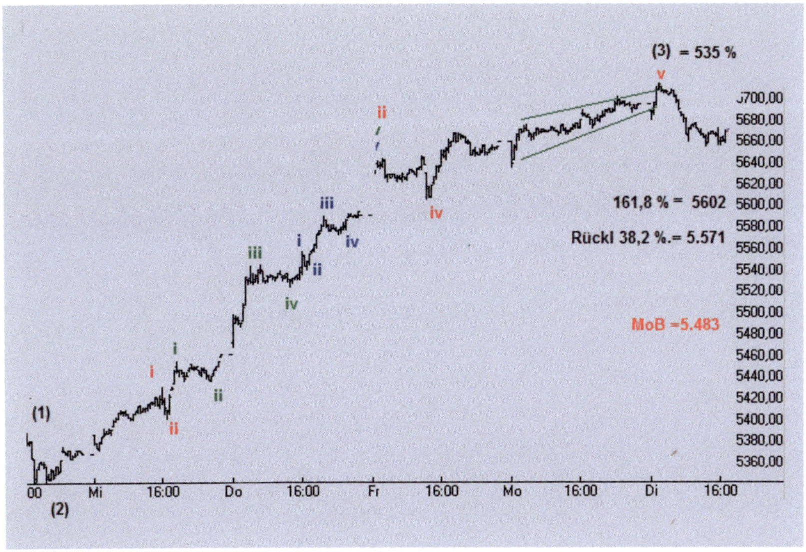

Abbildung 4-27

Der DAX Future vom 30.01.2006 in Abbildung 4-27 hat die Ausdehnung von 161,8 Prozent bereits überschritten. Die Unterwellen und der Ausschnitt im 8-Minuten-Chart zeigen, dass sich ein steigendes Dreieck (3-3-3-3-3) in einem steigenden Dreieck gebildet hat. Ein steigendes Dreieck kündigt einen Trendwechsel oder eine stärkere Korrektur an. Auf diesem Niveau empfiehlt sich daher ein Verkauf.

Unser Gewinn beträgt somit: 5.680 - 5.350 = 330 Punkte; 330 Punkte x 25 Euro = 8.250 Euro in 5 Tagen. Natürlich muss hier erwähnt werden, dass man eine extreme mentale Stärke benötigt, um diesen Trade in der Realität durchzuführen.

Eine weitere gute Einstiegsgelegenheit bietet sich bei einem diagonalen Dreieck. In Abbildung 4-28 ist zu sehen, dass ein steigendes diagonales Dreieck vor fallenden Kursen entsteht und ein fallendes diagonales Dreieck steigende Kurse ankündigt.

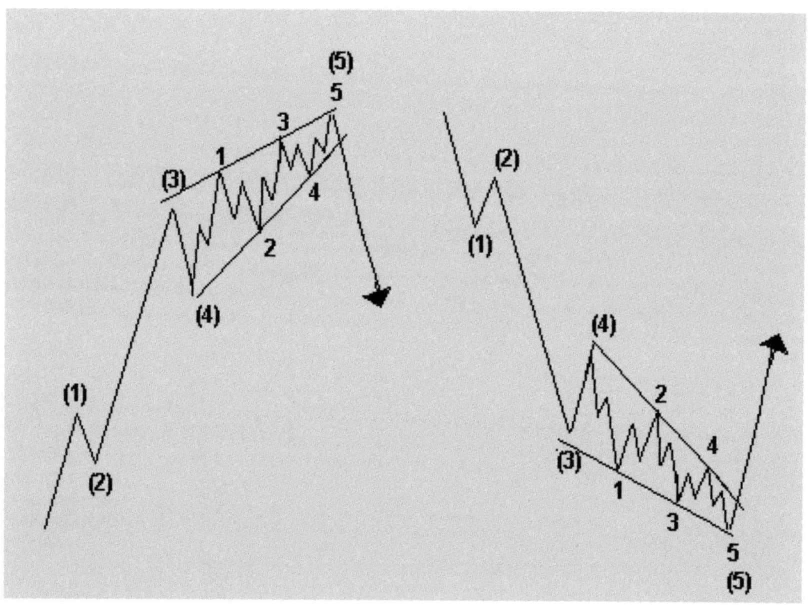

Abbildung 4-28

Zur Wiederholung: Das steigende diagonale Dreieck sieht dem diagonalen Dreieck Typ II sehr ähnlich. Es besteht aus fünf Wellen, und die Begrenzungslinien formen sich zu einem Keil. Die dritte Welle darf nicht die kürzeste sein.

Die entscheidenden Unterschiede: Es tritt nur in einer fünften Welle auf (sehr selten in einer Welle c). Sämtliche fünf Wellen bestehen aus dreigliedrigen Korrekturmustern. Ein diagonales Dreieck entsteht, wenn sich vorher eine schnelle, starke dritte Welle entwickelt hat.

Häufig tritt dieses Muster an Trendwendepunkten auf. Der minimale Rücklauf liegt beim Anfang des Dreiecks.

Allerdings entwickelte sich im Jahr 2003 ein steigendes Dreieck beim DAX, das nicht das minimale Rücklaufziel erreichte. Die Folge waren stark steigende Kurse. Spätestens wenn das Hoch überschritten wird, ist dieses Signal zu erkennen. Im Chart vom 30.03.2004 in Abbildung 4-29 ist zu erkennen, wie der DAX kurz vor Erreichen des Mindest-Rücklaufziels drehte. Anschließend setzte eine starke Hausse ein. Aus diesem Grund ist es von entscheidender Bedeutung, dass der Stopp kurz über das Hoch des steigenden Dreiecks gesetzt wird.

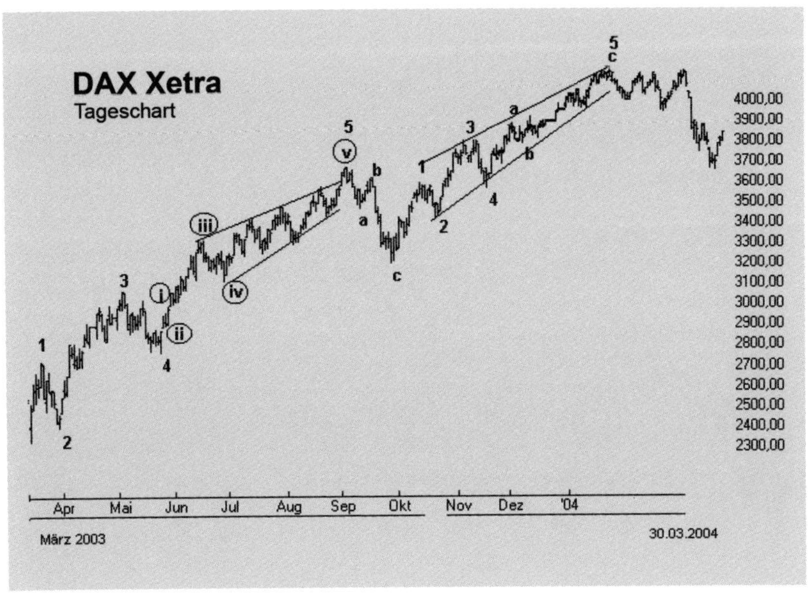

Abbildung 4-29

Ein Beispiel aus der Praxis:

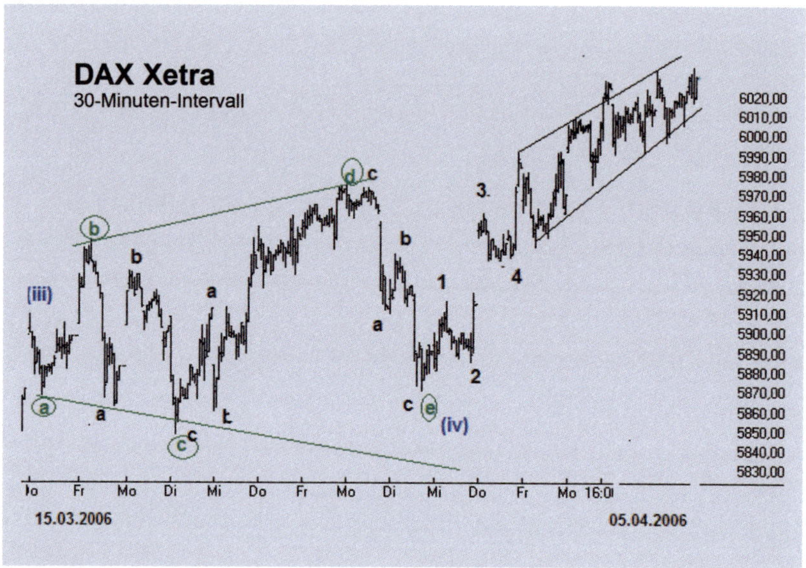

Abbildung 4-30

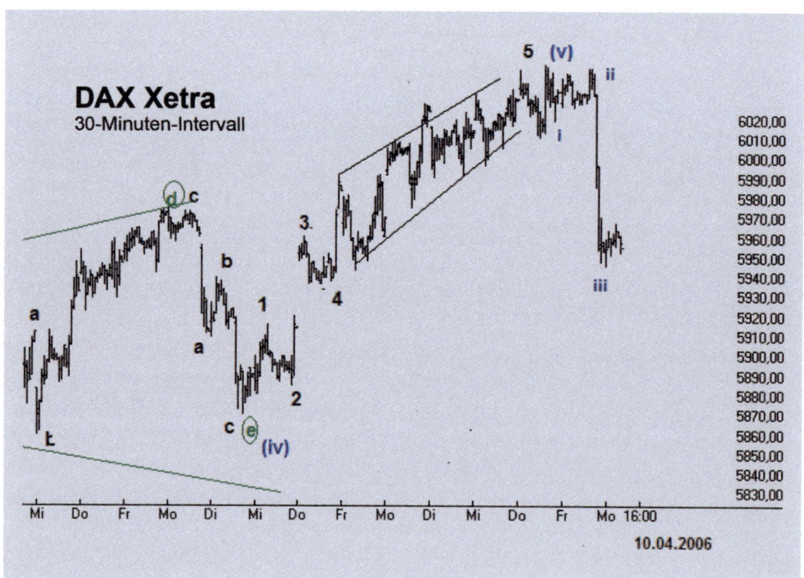

Abbildung 4-31

Abbildung 4-30 zeigt den Xetra-DAX etwas langfristiger als Abbildung 4-31 vom 06.04.2006. Hier haben sich in der schwarzen Welle 5 fünf überschneidende Korrekturmuster gebildet. Nach der schwarzen Welle 5 hat sich eine fallende Welle (i) entwickelt, und die anschließende steigende Welle (ii) hat kein weiteres Hoch gebildet. Nach unserer Tradingstrategie ist dies der Moment (bei 6.030 Punkten) für eine Short-Position mit einem ersten Ziel im Bereich 5.940 Punkte. Der Stopp zur Risikobegrenzung wird einen Punkt über das Hoch gesetzt.

In Abbildung 4-31 hat sich der Xetra-DAX also nach den Elliott-Regeln verhalten, indem der Rücklauf bis zum Anfang des steigendes Dreiecks stattgefunden hat. Bei einer Gewinnmitnahme auf diesem Niveau würden pro Futureskontrakt 1.750 Euro (70 Punkte x 25 Euro = 1.750 Euro) zu Buche stehen. In diesem Fall hat uns die Elliott-Lehre jedoch ein weiteres Signal geliefert. In der blauen Welle (iv) hat sich ein waagerechtes Dreieck gebildet, das auf einen bevorstehenden Trendwechsel hinweist. Wir können also mit Kursverlusten bis mindestens 5.870 Punkten rechnen.

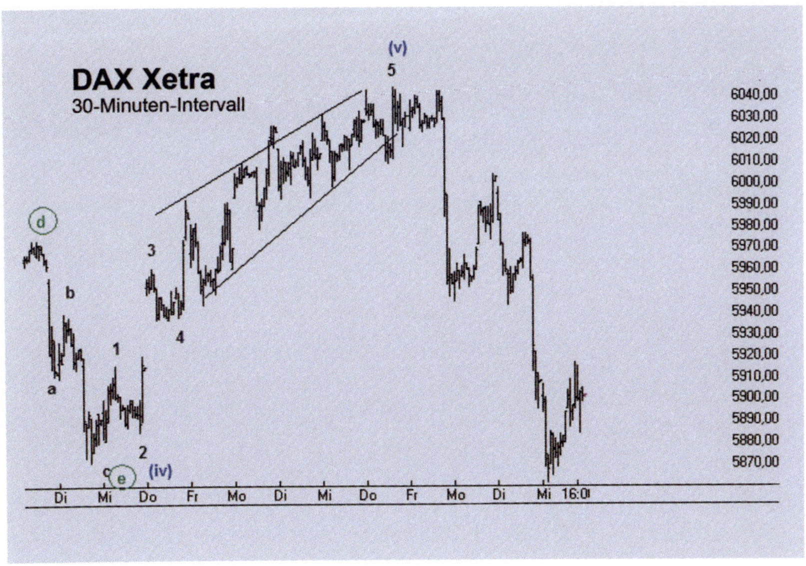

Abbildung 4-32

Im Chart des Xetra-DAX vom 13.04.2006 wurde das Ziel von 5.870 Punkten erreicht (siehe Abbildung 4-32). Die Glattstellung der Position bedeutet nunmehr einen Gewinn von 3.250 Euro (6.030 - 5.900 = 130 Punkte; 130 x 25 Euro = 3.250 Euro) bei einer Haltedauer von 3 Tagen.

F: Wie gelingt der Einstieg mit wenig Risiko?

A: Zu einem risikoarmen Einstieg gehören die richtigen Stopps, um das Vermögen zu schützen.

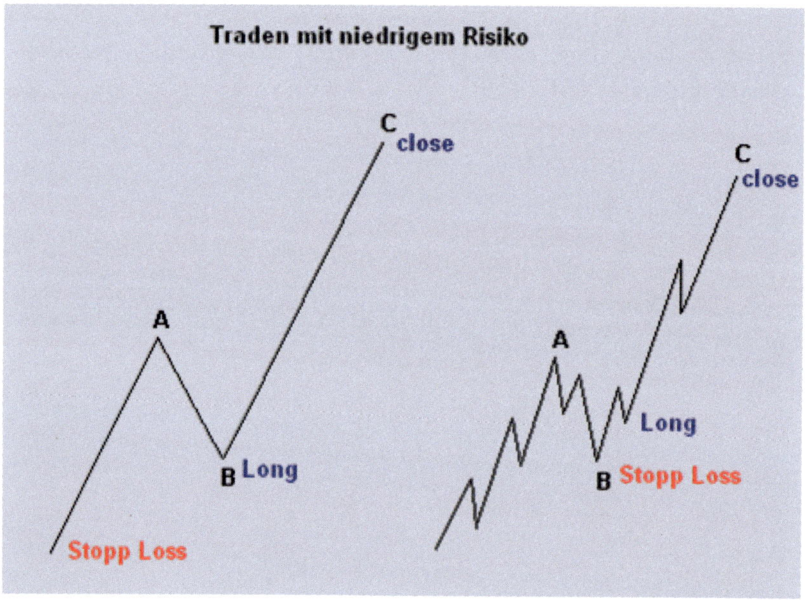

Abbildung 4-33

Abbildung 4-33 kennen Sie bereits. Viele Menschen setzen einen Verlustbegrenzungs-Stopp nach persönlichen Kriterien. Eine bessere Methode besteht jedoch darin, einen Stopp zu finden, der eine objektive Grundlage hat *und* den persönlichen Kriterien entspricht.

Persönliche Entscheidungen können lauten: Ich akzeptiere einen Verlust von 10 Punkten pro Trade, von 10 Prozent des eingesetzten Kapitals, oder ich setze 20 Prozent meines Kapitals ein und akzeptiere einen Totalverlust.

Für eine objektive Verlustbegrenzung eignen sich wiederum die Elliott-Regeln. Wenn eine vermeintliche Welle 2 oder b das Tief der Welle 1 oder a unterschreitet, dann kann es sich nicht mehr um eine Welle 1 bzw. a handeln, denn eine Welle 2 bzw. b darf maximal 100 Prozent Rücklauf erreichen. Wenn eine »Welle b« bereits um einen Punkt unter den Anfang der »Welle a« fällt, ist die Zählung falsch. Die damit verbundene Kurserwartung – nämlich eine Ausdehnung der Welle 3 bzw. c vom 1,618-fachen der Welle 1 bzw. b – ist somit ebenfalls hinfällig. Der Stopp muss also kurz unter das Niveau der Welle A gesetzt werden, und zwar bevor das Ereignis eintritt.

Bei Missachtung dieser Regeln werden wir häufig mit folgenden Gedanken gequält: »Ich warte noch die nächste Erholung ab, dann kann ich die Position mit einem kleinen Gewinn verkaufen.« »Nur in diesem einen Fall kann ich ja mal meine Risikobegrenzung etwas verändern.« »Ich habe alles richtig gemacht, aber der Markt übertreibt.« oder »Die Position werde ich eben aussitzen, die erholt sich schon wieder.«

Wir entfernen uns sanft und langsam von unseren Vorsätzen und Regeln. Eine kleine Missachtung macht ja scheinbar nicht viel aus. Die Verluste beginnen schleichend, und durch gelegentliche Erholungen wird einem die Gefahr gar nicht voll bewusst. In Wirklichkeit beginnt so jedoch der finanzielle Ruin.

Setzt man einen Frosch in lauwarmes Wasser und erwärmt es langsam, wird er das Wasser auch nicht verlassen, wenn es heiß wird. Setzt man ihn aber direkt in heißes Wasser, springt er sofort wieder heraus. Während diese stoische Haltung beim Frosch zum Tod führen kann, bedeutet sie für unsere Aktienposition einen möglichen Totalverlust.

Eine wichtige Regel lautet: Die Verlustbegrenzung wird direkt beim Aufbau jeder Position getroffen und nicht mehr verändert. Diese Regel gilt selbstverständlich für beide Richtungen – also für Long- und Short-Positionen (siehe Abbildung 4-33 und 4-34).

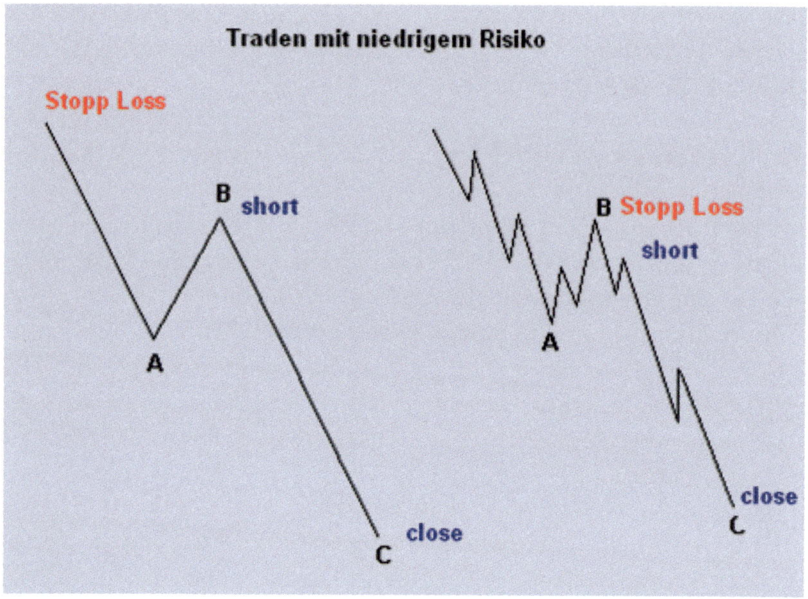

Abbildung 4-34

Abbildung 4-35

Nehmen wir einmal an, es hat sich im Vorfeld eine fallende Impulswelle entwickelt. Die erste Bewegung nach dem fallenden Markt ist im Tickbereich ein steigender Strich oder eine steigende 5er Welle (siehe Abbildung 4-35). In dieser Phase entstehen häufig Überschneidungen zwischen der ersten und vierten Unterwelle. Wir befinden uns jetzt in der Beobachtungsphase.

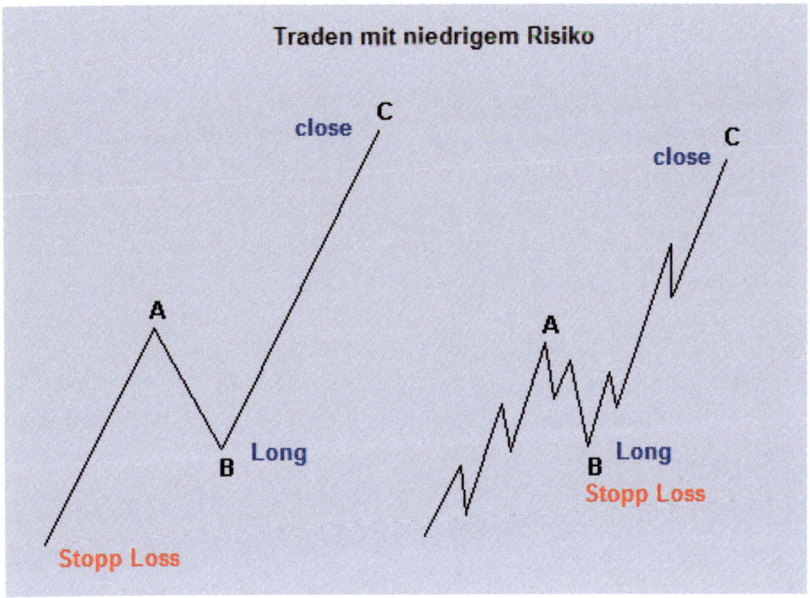

Abbildung 4-36

Nach einer beendeten steigenden Impulswelle erwarten wir einen Rücklauf der Welle B, häufig von 61,8 Prozent bzw. 76,2 Prozent des vorherigen Anstiegs. Nach vollendetem Rücklauf haben wir dann bereits zwei Signale für einen erfolgreichen Trade, 1. eine steigende Impulswelle und 2. eine fallende Korrekturwelle. Die Sicherheit wird durch die Fibonacciverhältnisse erhöht.

Der Einstieg erfolgt nach einem Rücklauf von 61,8 Prozent und einem vollendeten Korrekturmuster. Die Verlustbegrenzung wird kurz unter den Anfang der Welle A gesetzt.

Laut Elliott steht eine Fünfer-Welle nicht allein. Wir erwarten also eine weitere steigende Welle. Die häufigste Ausdehnung beträgt diesmal das 1,618-fache der ersten Welle A.

F: Wo ist der optimale Ausstieg?

A: Dies ist in der Tat eine wichtige Frage. Der optimale Ausstieg für eine Long-Position befindet sich am höchsten Punkt der Bewegung. Diesen Punkt werden wir aber nur in sehr seltenen Fällen exakt bestimmen können, und selbst wenn wir ihn tatsächlich bestimmt haben, müssen wir auch noch zu diesem Zeitpunkt den Markt aufmerksam verfolgt haben und die Position schließen, ohne uns von irgendetwas ablenken zu lassen. Das passiert selten genug.

Es ist realistischer die Position zu schließen, wenn unser Ziel erreicht wurde und der Markt sich in einer fünften Unterwelle der Welle C befindet. Noch sicherer ist es, die Position bereits nach der dritten Unterwelle zu verlassen, weil die fünften Wellen sich durch großen Variantenreichtum auszeichnen und die Nerven der Trader unnötig strapazieren. Wir müssen uns dann über Versager, verschiedene Abschlussmuster und extreme Ausdehnungen Gedanken machen.

Eine objektive Marktanalyse ist vor allem dann recht schwer, wenn man von dem Wunsch beflügelt ist, dass der Markt ein bestimmtes Ziel erreichen soll. Wichtige Warnsignale werden ignoriert. Es ist also unbedingt angeraten, den Markt objektiv zu analysieren - so, als wäre man nicht investiert.

F: Warum muss man immer die Bestätigung abwarten?

A: Wer beispielsweise am Ende eines Trends (also nach einer fünften Welle) short gehen will (siehe auch Abbildung 4-51 und Erklärung dazu), sollte sicher sein, dass die fünfte Welle auch tatsächlich abgeschlossen ist. Gerade eine fünfte Welle hat jedoch viele »Gesichter«: Ausdehnungen, Versager, und verschiedene Abschlussmuster. Abbildung 4-37 zeigt, wie unterschiedlich die Ausbildung einer fünften Welle verlaufen kann. In den meisten Fällen findet eine Ausdehnung schon in der dritten Welle statt, und die gewöhnliche Ausdehnung in der fünften Welle beträgt dann 61,8 Prozent. In anderen Fällen entwickelt sich die Ausdehnung jedoch in der fünften Welle. Dabei habe ich schon Ausdehnungen von 161,8 Prozent entdeckt. Wenn wir uns nur auf die gewöhnliche Ausdehnung einer fünften Welle verlassen, wird die Position häufig in die Verlustzone geführt.

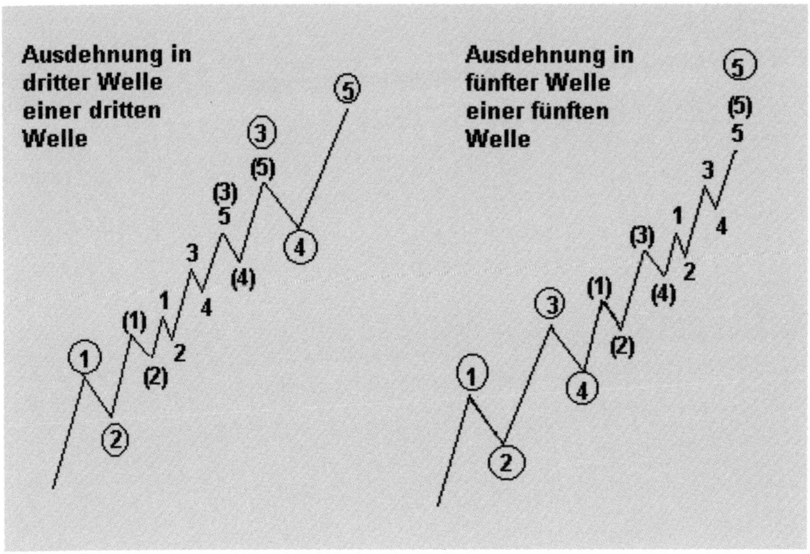

Abbildung 4-37

Es ist also von entscheidender Bedeutung, dass wir vor Eröffnung der Short-Position die Bestätigung für das Ende der fünften Welle abwarten: Die innere Struktur muss abgeschlossen sein, das heißt, es müssen sich in der fünften Welle weitere fünf Unterwellen gebildet haben. Eine Bestätigung für den Abschluss der fünften Welle entsteht, wenn sich beispielsweise nach einem steigenden Trend eine fallende Impulswelle gebildet hat. Diese Welle muss wiederum durch eine steigende Korrekturwelle vervollständigt werden. Ein weiteres Hoch darf sich dabei nicht entwickeln. Sollte es jedoch zu einem weiteren Hoch kommen, war die Zählweise falsch, und die Position sollte aufgelöst werden.

F: An welcher Stelle sollte der Stopp platziert werden?

A: Ein Stopp sollte mindestens 1 Punkt unter den Beginn der ersten Welle gesetzt werden. Sollte dieses Niveau tatsächlich erreicht werden, wäre diese Regelverletzung ein objektiver Grund die Position zu schließen.

F: Mit welchem Minimalziel kann ich risikoarm traden?

A: Trades in der Welle C oder Welle 3 sind in der Regel risikoarm und gleichzeitig chancenreich (vgl. Abbildung 4-36).

Sicherheitskriterien:

- Trendwende abwarten
- Welle im Gegentrend (Welle A oder Welle 1 = Fünfer-Welle)
- Korrektur als dreigliedrige Welle
- Risikobegrenzung = Stopp-Loss 1 Punkt über dem Anfang der Welle A oder 1

1. Möglichkeit: Der Einstieg sollte in der Welle B erfolgen. Eine steigende Fünfer-Welle muss bereits beendet worden sein.
2. Möglichkeit: Einstieg in der zweiten Unterwelle in Welle C. Auch hier muss zuvor in der ersten Unterwelle eine steigende Fünfer-Welle beendet worden sein.

Das Minimalziel für diesen Trade liegt kurz über dem Hoch der Welle A, wenn sich bis dahin bereits eine steigende Impulswelle gebildet hat. In diesem Moment kann der Stopp entweder kurz unter den Beginn der Welle B oder kurz unter den Beginn der zweiten Unterwelle in Welle C gesetzt werden. Damit wird der mögliche Verlust begrenzt oder die Position mit einem kleinen Gewinn abgesichert.

F: Wo liegt das Filetstück für meinen Trade?

A: Das Ziel sollte sein, eine Welle C bzw. 3 zu handeln. Als erster Hinweis für die Zielbestimmung steht uns das Fibonacciverhältnis von 1,618 zur Verfügung. Die Position sollte in der fünften Welle der Welle C geschlossen werden - auch wenn wir noch eine vierte (Korrektur-)Welle sowie eine steigende fünfte Welle erwarten!

Dafür gibt es verschiedene Gründe:

1. Sollte der Markt wider Erwarten ohne die erwartete Korrektur weiter steigen, haben wir immerhin einen erfreulichen Gewinn erzielt und uns auf jeden Fall an unsere eigenen Regeln gehalten. Es ist zwar unangenehm, wenn die Kurse weiter steigen und man den Markt verlassen hat, aber das Einhalten der Regeln ist wichtiger.

2. In vielen Fällen bestehen Korrekturmuster aus komplexen Wellen. In dieser Zeit können wir uns ohne Belastung durch die Position auf einen neuen Einstieg in den Markt vorbereiten. Wir sind einfach objektiver, wenn wir uns keine Sorgen um die Position machen müssen.

3. Diesen Fall werden Sie häufig erleben. Sie glauben, dass sich nach einer dritten Welle eine vierte und fünfte Welle entwickelt. Der Markt korrigiert aber stärker als erwartet und fällt sogar unter das Hoch der ersten Welle. Der Aufwärtstrend ist also gestört.

4. Jeder Markt besteht zu ca. 70 Prozent aus Korrekturmustern. Es ist also ein wirksame Strategie, eine Position vorsorglich nach der dritten Welle zu schließen anstatt zu versuchen, das absolute Maximum herauszuholen.

In Trendmärkten, wie in Abbildung 4-38, gibt es vielfältige Möglichkeiten, eine dritte Welle zu handeln.

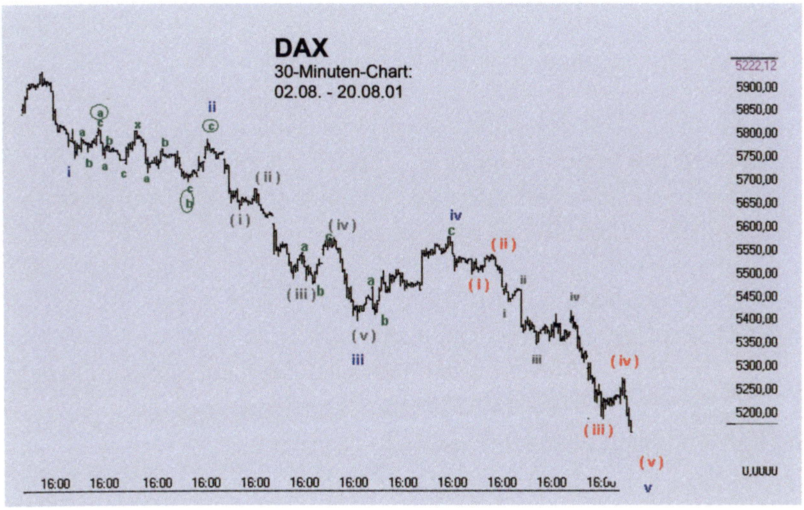

Abbildung 4-38

F: Warum soll man nicht versuchen, alles zu nehmen?

A: Je komplexer die Wellenmuster, desto höher die Wahrscheinlichkeit von Fehlern.

Wenn sich der Markt bereits im fortgeschrittenen Stadium einer Impulswelle befindet, sich vielleicht schon 30 Wellen in dem Trend gebildet haben, manche Rückläufe identisch sind und sich deshalb die Wellen schwer einer über- oder untergeordneten Welle zuordnen lassen, dann treten häufig Prognosefehler auf. In diesen Fällen sollten wir nur das traden, was offensichtlich ist, und uns auf kleine Ziele beschränken. Lieber ein Spatz in der Hand als eine Taube auf dem Dach.

Es ist wichtig, unbefangen den Einstieg für den nächsten Trade zu suchen. Gerade wenn sich der Markt in komplizierten Wellenmustern befindet, ist es viel leichter einen neuen Einstieg zu finden, wenn wir nicht durch eine Position mental belastet werden. Halten Sie dazu Ihre psychische Belastung so niedrig wie möglich. Trading ist ein harter Job.

F: Wie setze ich meinen Initialstopp?

A: Damit wir einen Initialstopp setzen können, müssen mehrere Voraussetzungen bestehen. Als erstes benötigen wir einen objektiven Grund. In einer übergeordneten Zählweise muss beispielsweise eine Impulswelle oder ein Korrekturmuster abgeschlossen sein, damit wir aktiv werden.

Das möchte ich gern an einem praktischen Beispiel erläutern.

Betrachten wir den Chart des F-DAX vom 06.01.2006 (Abbildung 4-39). Das Risiko für einen Verlust wird umso geringer, je mehr Informationen uns zur Verfügung stehen. Diese Vorgehensweise fordert viel Geduld, eine hohe Aufmerksamkeit und genaue Kenntnisse des Elliott-Wellen-Prinzips.

Wir haben bereits erarbeitet, dass sich der Markt in einer vierten Welle (iv in grün) befindet. Die Kursbewegungen verlaufen seitwärts. Außerdem sind Korrekturmuster zu erkennen. Es ist also wahrscheinlich, dass sich ein waagerechtes Dreieck entwickelt. Wir wissen, dass sich dieses Muster aus fünf Korrekturwellen zusammensetzt und warten geduldig auf die restlichen Wellen c, d und e.

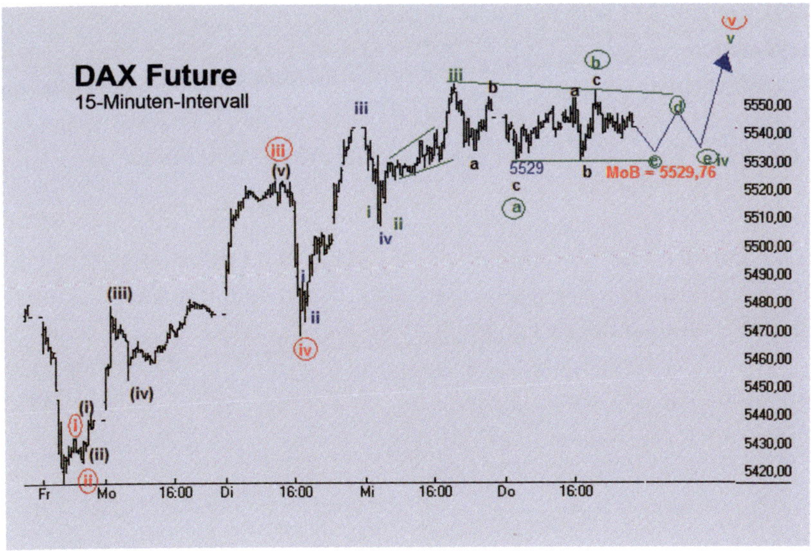

Abbildung 4-39

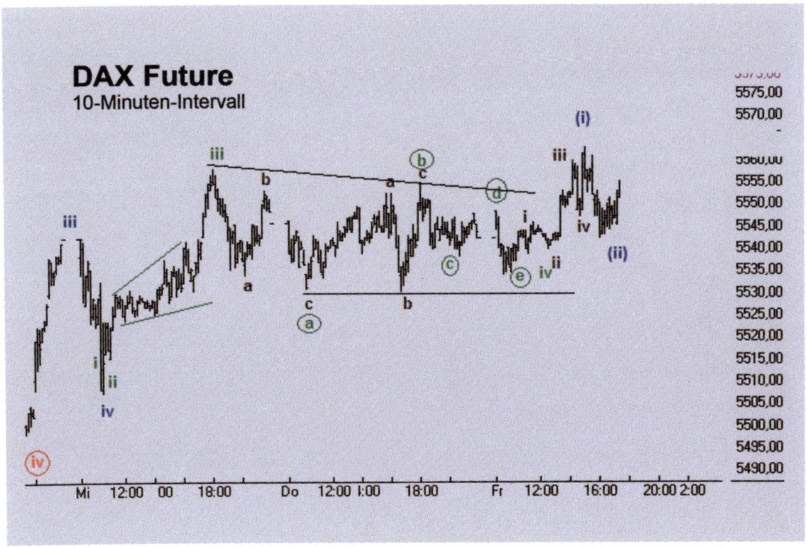

Abbildung 4-40

Betrachten wir den DAX Future drei Tage später, am 09.01.2006 (Abbildung 4-40). Die gewünschten Voraussetzungen sind inzwischen erfüllt. Die fünf seitwärts gerichteten Wellen haben sich gebildet. Die erste Möglichkeit für die Eröffnung einer Long-Position liegt nun am Ende der Welle e im Kreis (grün). In manchen Fällen entwickelt diese Welle jedoch ein weiteres Tief. Das Setzen eines Initialstopps ist deshalb schwierig.

Nach den Elliott-Regeln folgt nach einem waagerechten Dreieck eine steigende fünfte Welle mit einem neuen Hoch. Es ist also wahrscheinlich, dass die ersten fünf steigenden Wellen die übergeordnete Welle (i) in blau bilden. Wir steigen somit bei 5.545 Punkten ein. Gleich nach dem Einstieg folgt der Verlustbegrenzungsstopp, den wir nach unseren Regeln einen Punkt unter das Tief der Welle e (grün) setzen – also einen Punkt unter den Beginn der Welle (i).

Somit haben wir unseren Initialstopp gesetzt und brauchen jetzt gute Nerven und Geduld.

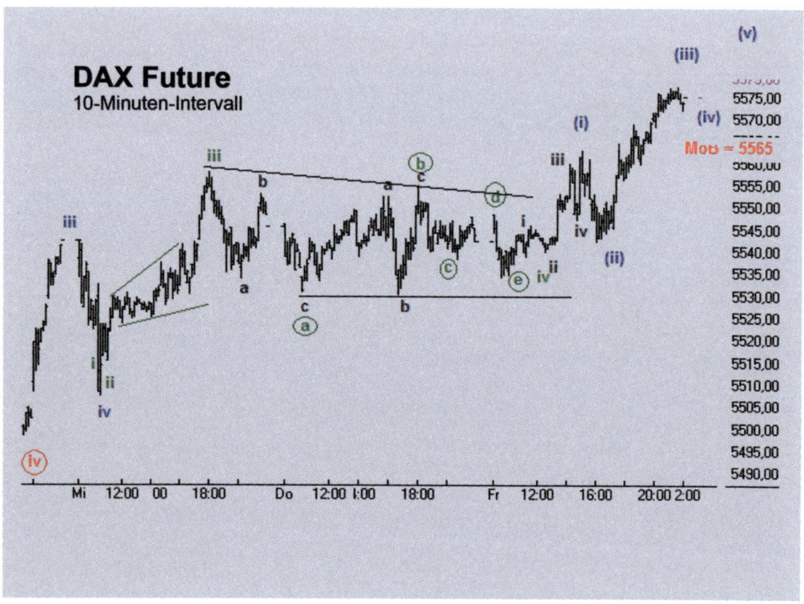

Abbildung 4-41

F: An welchen Stellen kann ich den Stopp nachziehen?

A: Die Elliott-Regel besagt, dass sich Welle eins und Welle vier nicht überschneiden dürfen. Kurz nach unserem Einstieg hat sich der Markt in die gewünschte Richtung entwickelt (siehe Abbildung 4-41). Wir ziehen den Stopp also nach und setzen ihn einen Punkt unter das Hoch der Welle (i), in diesem Fall auf 5.565 Punkte.

Dazu noch ein weiteres Beispiel (siehe Abbildung 4-42).

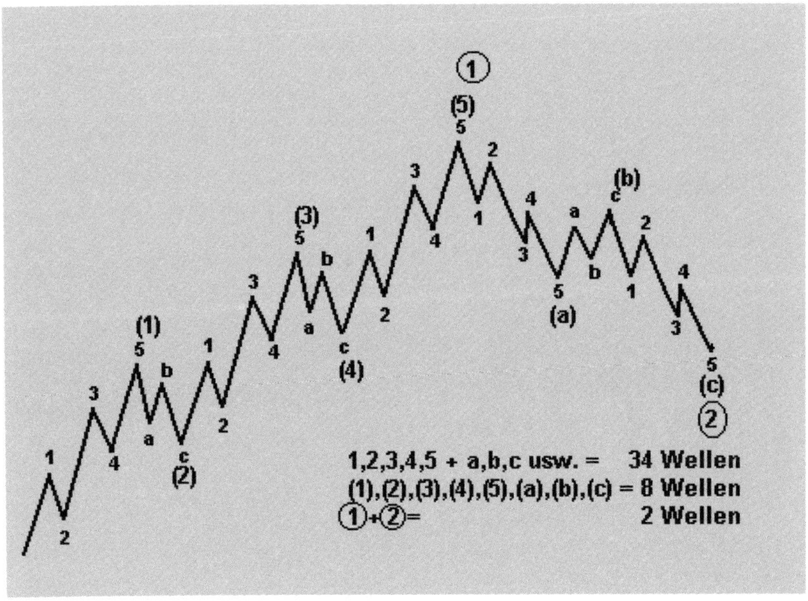

Abbildung 4-42

Abbildung 4-42 zeigt eine Trendwelle (Welle 1 im Kreis) mit 34 Unterwellen. In Welle (1) haben sich 5 Unterwellen gebildet. Wenn wir long sind, liegt der Initialstopp einen Punkt unter dem Beginn der Welle 1. Der erste Gewinnsicherungsstopp liegt einen Punkt unter dem Hoch der Welle 1. Nach dem Ende der Welle (1) ist ein Rücklauf von 61,8 Prozent zu erwarten. Der maximale Rücklauf in einem intakten Aufwärtstrend liegt genau auf der Linie des tiefsten Kurses. Nehmen wir einmal an, wir wollen dieses Risiko eingehen und nicht vorher aussteigen. Die Welle (2) beendet dann den Rücklauf. Anschließend bilden sich wieder steigende Fünfer-Wellen in Welle (3).

Nun ziehen wir den Stopp auf einen Punkt unter dem Beginn der Welle (2) nach, der nächste Gewinnstopp liegt einen Punkt unter dem Hoch der Unterwelle 1 in Welle (3). Am Ende der Welle (3) müssen wir einen maximalen Rücklauf bis zum Niveau der Welle (1) einkalkulieren. Nehmen wir an, dass wir auch dieses Risiko eingehen wollen. Nach dem Ende der Welle (4) würden wir die gleiche Technik für die Gewinnstopps benutzen, die wir auch in Welle (1) und Welle (3) benutzt haben.

Daraus ergibt sich ein System mit immer wiederkehrenden Regeln für einen laufenden Trend. Die Stopps sichern den Gewinn und werden an objektiven Punkten gesetzt. Der Gewinn kann im Endbereich jeder fünften Welle realisiert werden. Am Ende der Welle (5), nach 34 Unterwellen, besteht die Wahrscheinlichkeit für einen sehr starken Rücklauf, der eine Gewinnmitnahme empfehlenswert macht.

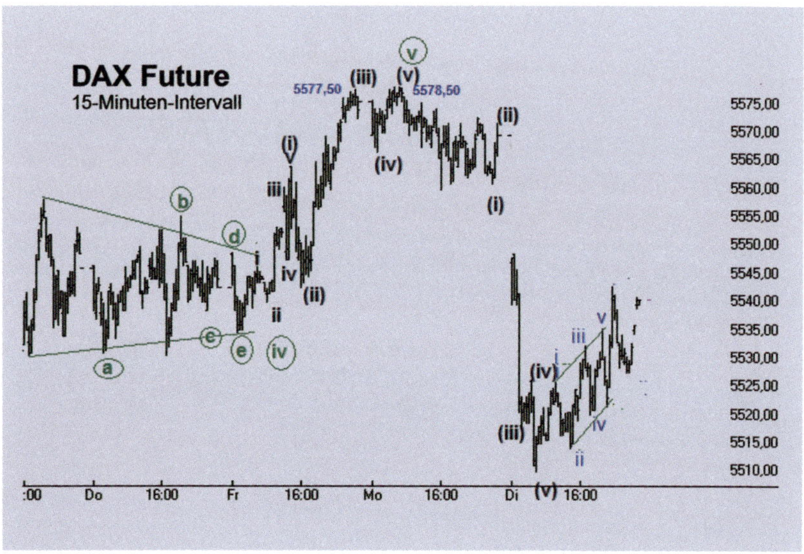

Abbildung 4-43

Nun aber zurück zu der tatsächlichen Entwicklung unseres Trades (siehe Abbildung 4-43). Der Chart vom 11.01.2006 zeigt, dass der F-DAX unser Ziel bei 5.592 Punkten nicht erreicht hat. Unser Stopp bei 5.565 Punkten wurde ausgeführt und hat einen Gewinn gesichert. Die weitere Kursentwicklung macht ganz deutlich, wie wichtig es ist, einen Stopp zu setzen, der den Gewinn oder zumindest den Großteil des Kapitals schützt bevor ein riesiger Verlust entstehen kann.

F: Was sagen die Fibonacciverhältnisse zum Ausstieg?

A: Nach unseren Regeln beschränken wir uns auf das Filetstück des Marktes - die dritte Welle - und errechnen für den Ausstieg die 1,618-fache Ausdehnung der ersten Welle. Blättern Sie für die genauen Fibonacciverhältnisse bitte noch einmal zu Kapitel 3.2 zurück.

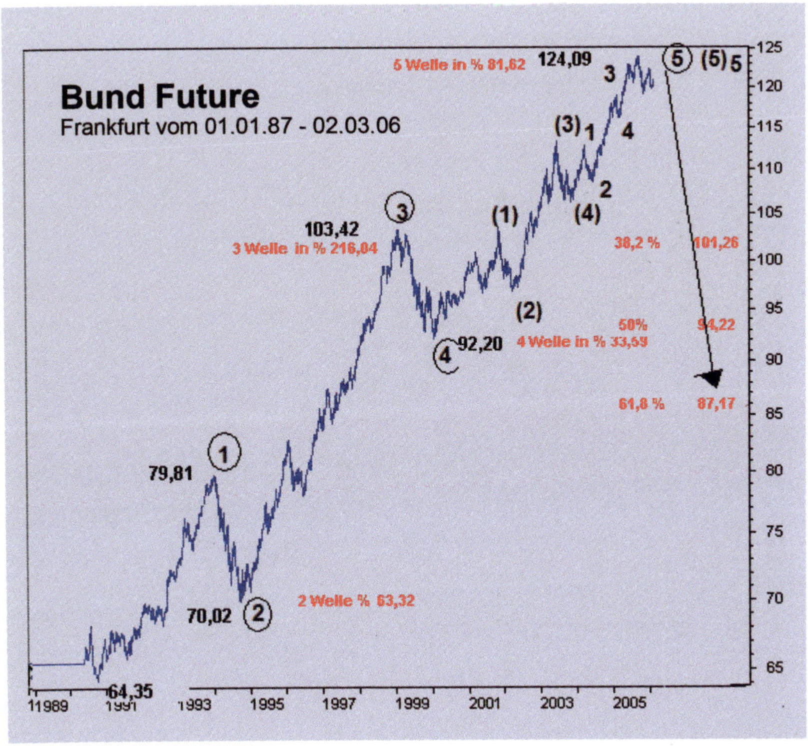

Abbildung 4-44

Der Bund Future von 1989 bis 2006 zeigt diese Fibonacciverhältnisse in der Praxis (siehe Abbildung 4-44). Der Rücklauf der Welle 2 beträgt 63,3 Prozent von Welle 1 und liegt nur minimal höher als die »klassischen« 61,8 Prozent. Am Ende der Welle 2 würden wir erwarten, dass Welle 3 ein Ausmaß von 161,8 Prozent der Welle 1 erreicht. Diese Welle 3 hat allerdings eine Ausdehnung von 216 Prozent. Wenn wir die Regel eingehalten und den Trade bei einer Ausdehnung von 161,8 Prozent beendet haben, war das Risiko-Gewinn-Verhältnis jedenfalls akzeptabel.

Nachdem Welle 3 abgeschlossen wurde, hat sich ein Rücklauf in der Welle 4 von 33,6 Prozent gebildet, auch wenn der am häufigsten auftretende Rücklauf der vierten Welle bei 38,2 Prozent liegt. Welle 5 hatte eine Ausdehnung von 81,6 Prozent. Die gewöhnliche Ausdehnung dieser Welle liegt bei »lediglich« 61,8 Prozent, auch hier wäre also ein regelkonformer Trade von Erfolg gekrönt.

Gemäß der Grundregel für den Rücklauf nach einer abgeschlossenen Impulswelle (Wellen 1 bis 5) erwarten wir einen Rücklauf von 61,8 Prozent. Für die Feinabstimmung muss jede Unterwelle genau analysiert werden.

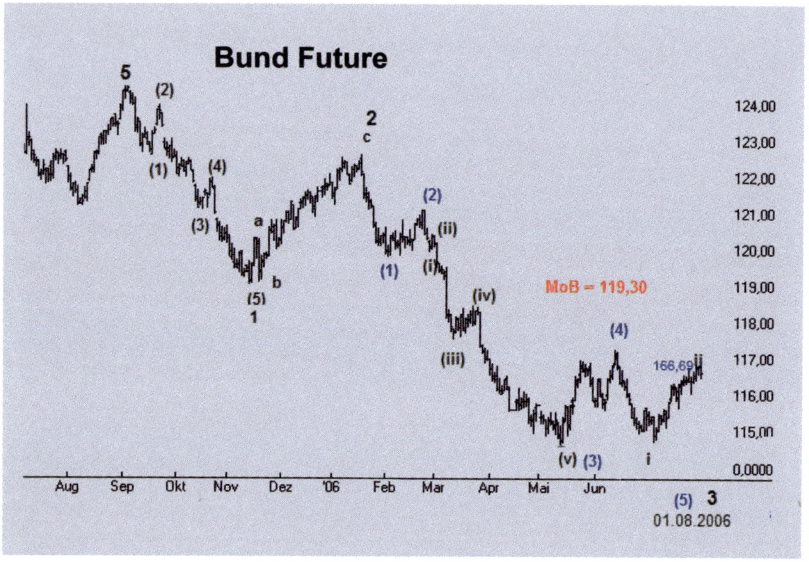

Abbildung 4-45

Nachdem das Hoch beim Bund Future erreicht wurde, bildeten sich fallende Wellen, die wiederum in unser Grundschema passen (siehe Abbildung 4-45). Der Rücklauf der Welle 2 (schwarz) beträgt 61,09 Prozent, was nur minimal unter dem Fibonacciverhältnis von 61,8 Prozent liegt. Die Ausdehnung der Welle 3 (schwarz) beträgt 151,7 Prozent. Hier beträgt die »Standard-Ausdehnung« 161,8 Prozent. Die Unterwellen (1) bis (4) (blau) zeigen an, dass noch ein weiteres Tief folgen und die Ausdehnung von 161,8 Prozent erreicht werden sollte.

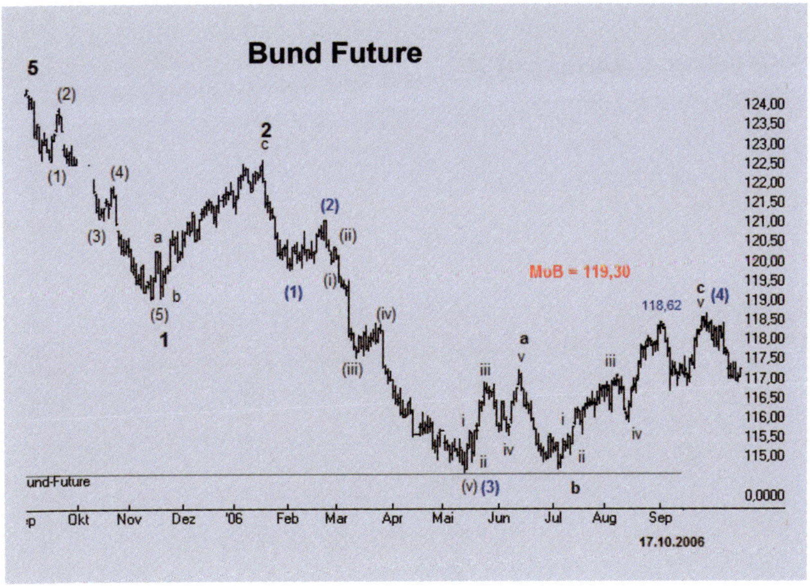

Abbildung 4-46

Ein weiteres bedeutendes Fibonacciverhältnis finden wir in der vierten Welle (siehe Abbildung 4-46). In den meisten Fällen beträgt der Rücklauf der vierten Welle 38,2 Prozent. Das Hoch der Welle (4) darf aber nicht das Tief der Welle (1) überschneiden, damit ein Abwärtstrend intakt bleibt. Die innere Struktur der Welle (4) zeigt in der Unterwelle a jedoch Überschneidungen.

Fassen wir die Signale zusammen: Der Markt zeigt keine Überschneidungen zwischen der ersten und vierten Welle. Das ist also ein klares Signal für einen funktionierenden Abwärtstrend. Die Aufwärtsbewegung in Unterwelle a zeigt dagegen eine Überschneidung - ein klares Signal für eine Korrektur. Da ein Trendmuster aus 5 Wellen besteht, gibt es somit eine hohe Wahrscheinlichkeit für eine weitere Abwärtsbewegung mit einem weiteren Tief.

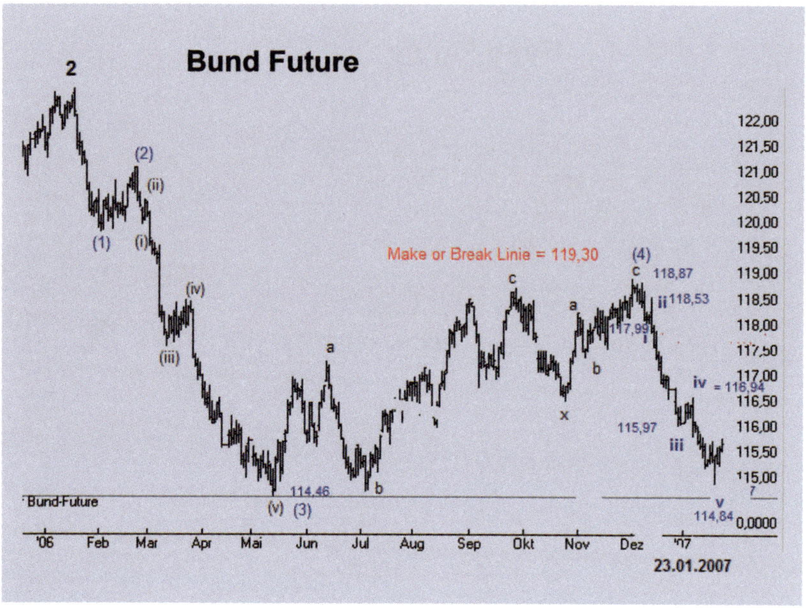

Abbildung 4-47

In Abbildung 4-47 wird deutlich, dass es keine Überschneidung zwischen der Welle (1) und Welle (4) gegeben hat, obwohl der Rücklauf das Niveau von 38,2 Prozent überschritten hat. Unser Grundkonzept funktioniert also auch in den untergeordneten Wellen. Dieselben Regeln lassen sich auch auf die blauen Wellen i bis v anwenden.

F: Können Sie eine Tradingstrategie empfehlen?

A: Ein wichtiger Ansatz ist in jedem Fall der Make-or-Break-Punkt. In Abbildung 4-48 soll er die äußerste Ausdehnung der Welle 4 darstellen. Ein Kauf in der Nähe der MoB-Linie minimiert also das Risiko und erhöht die Gewinnchance. Sollte dieser Punkt klar überschritten werden, kann es nicht zu einer Fünfer-Sequenz kommen, und wir haben einen objektiven Grund die Position zu schließen. Das Verlustrisiko ist klar abgegrenzt. Diese Regeln gelten in steigenden und in fallenden Märkten gleichermaßen.

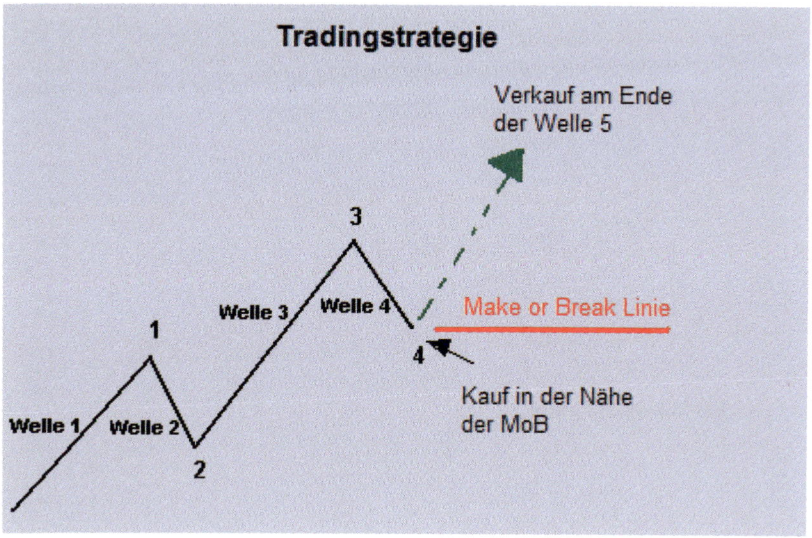

Abbildung 4-48

Nachfolgend ein Beispiel für die Tradingstrategie anhand der Make-or-Break-Linie aus der Praxis. Der Chart des NASDAQ Comp. vom 24.10.00 zeigt deutlich, dass das Niveau der Make-or-Break-Linie fast erreicht war und eine gute Gelegenheit bot, eine Short-Position aufzubauen (siehe Abbildung 4-49).

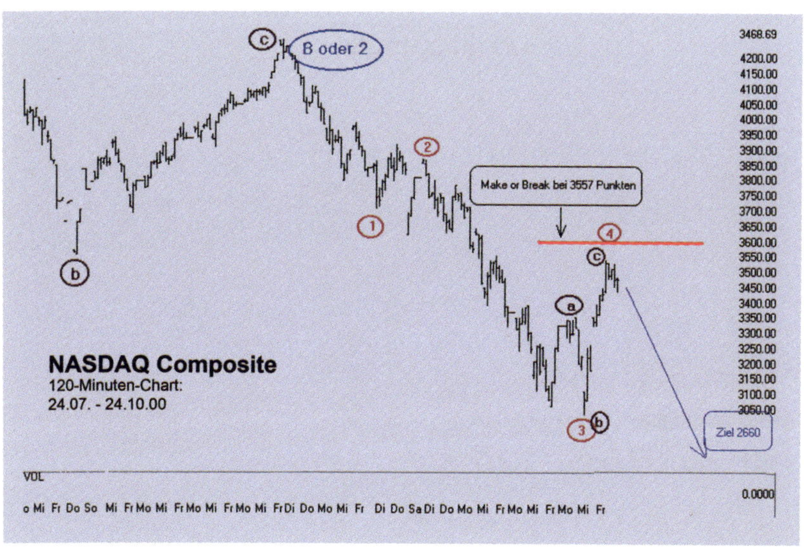

Abbildung 4-49

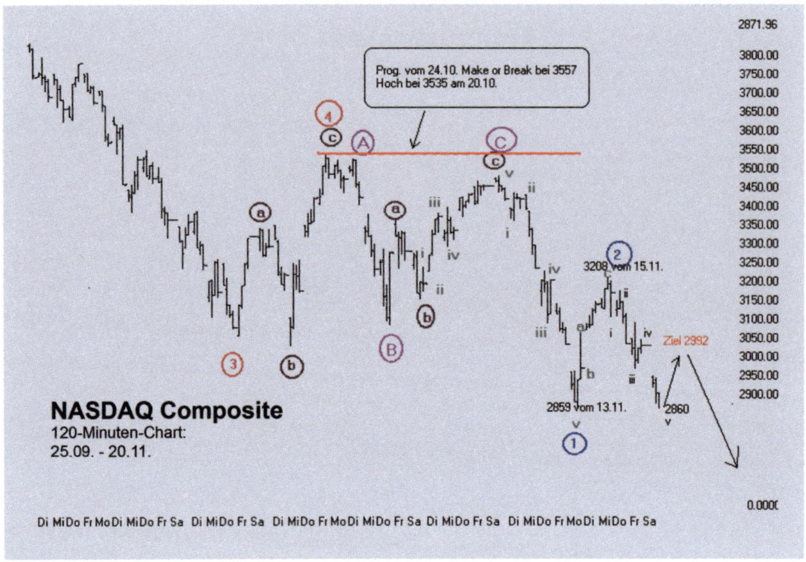

Abbildung 4-50

Der Markt näherte sich bis auf wenige Punkte der Make-or-Break-Linie, auch wenn er sie nicht ganz erreichte. Anschließend leitete der NASDAQ die erwartete fünfte Welle ein (siehe Abbildung 4-50).

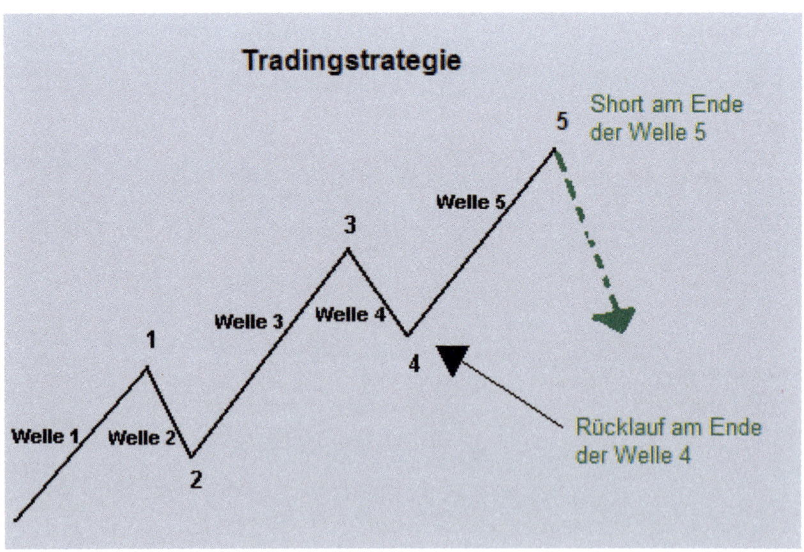

Abbildung 4-51

Eine weitere gute Tradingstrategie ist es, am Ende der Welle 5 short zu gehen (siehe Abbildung 4-51).

Welle 5 besteht in den meisten Fällen aus einer internen Fünfer-Sequenz. Das Ende dieser internen Fünfer-Welle ist somit das Zeichen für Gewinnmitnahmen und bietet ebenfalls die Möglichkeit, den zu erwartenden Rücklauf zu traden.

Bei dieser Strategie lässt sich das Risiko vermindern, indem der Abschluss der Welle 5 abgewartet und das Hoch als Stopp-Loss-Marke genutzt wird. Sollte nach einer internen Fünfer-Welle ein neues Hoch entstehen, ist dies ein umgehendes Verkaufssignal für eine Short-Position, denn dann kann man in vielen Fällen mit einer Ausdehnung rechnen.

Für diese Tradingstrategie folgt nun ein Beispiel aus der Praxis.

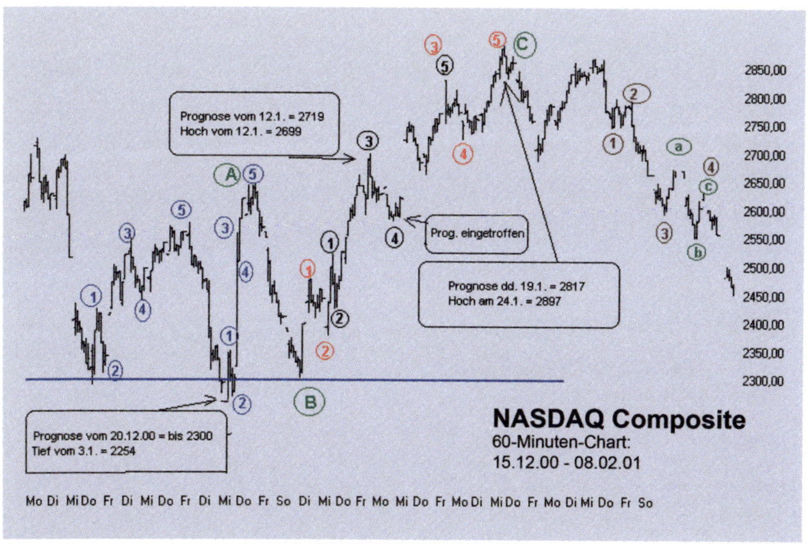

Abbildung 4-52

Im Anschluss an Welle 5 in rot wäre der richtige Einstiegszeitpunkt (siehe Abbildung 4-52). Im Rahmen der erwarteten Abwärtsbewegung (Rücklauf) wurde kein weiteres Hoch gebildet. Der Stopp beim Hoch hätte also gehalten.

Ein weiterer Aspekt der Tradingstrategie ist die Wahl des richtigen Ausstiegs. Nach dem Kauf einer Short-Position am Ende einer Impulswelle (Welle 5) interessiert uns nun also, wann wir diese am besten glattstellen.

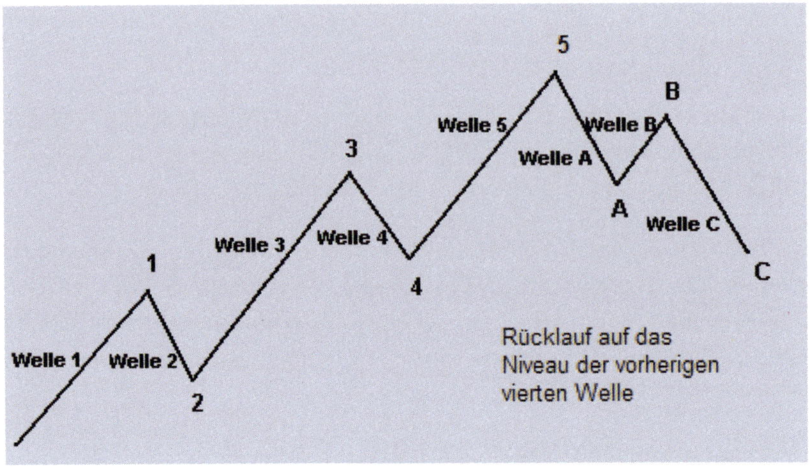

Abbildung 4-53

In Abbildung 4-53 wird der mögliche Rücklauf nach dem Ende der Welle 5 dargestellt. Welle C ist meist fünfgliedrig, so dass wir zwei Anhaltspunkte für den Ausstieg haben. Erstens das Niveau der vorigen Welle 4 und zweitens die Fünfer-Sequenz in Welle C.

Auch dazu wieder ein Beispiel aus der Praxis:

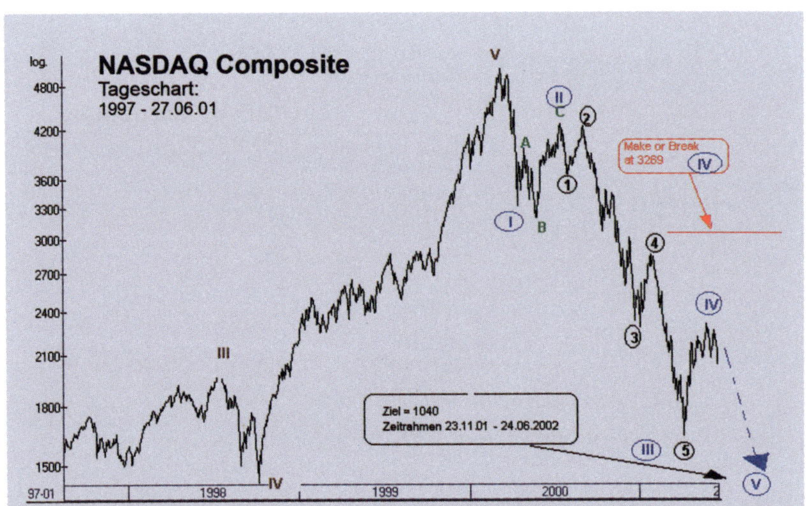

Abbildung 4-54

Im Jahr 1998 hat sich die Welle IV in braun entwickelt. Nach dem Hoch (braune Welle V) sollte der Markt dieses Niveau wieder erreichen (siehe Abbildung 4-54).

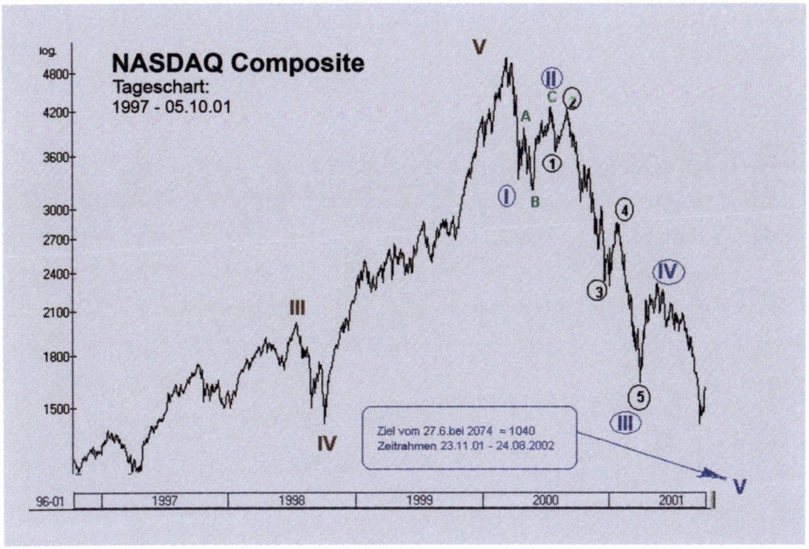

Abbildung 4-55

Im Jahr 2001 wurde das Niveau der Welle IV in braun tatsächlich erreicht. Allerdings war hier vermutlich noch nicht das Ende der Abwärtsbewegung erreicht, wie die blaue Welle V andeuten soll.

4.5 Die Tücken des Tradens

Nachfolgend eine kurze Betrachtung der mentalen Voraussetzungen für erfolgreiches Traden und einige Tipps dazu.

Halten Sie sich an Ihre Methode.

Wir brauchen eine Methode, die gut durchdacht ist. Die Entscheidungen müssen immer auf die gleiche Weise herbeigeführt werden, und diese Prinzipien sollten sich grundsätzlich nicht ändern. Diese Methode muss der Trader vor dem Beginn des Handelns ausgearbeitet haben. Das Risiko sollte so stark wie möglich eingegrenzt und die Gewinnaussicht möglichst groß sein. Alle Vorarbeiten müssen abgeschlossen sein, bevor wir mit dem Traden beginnen. Wer baut ein Haus, ohne vorher einen Plan zu machen?

Werden mit dem Elliott-Wellen-Prinzip ausschließlich Gewinne gemacht?

Grundsätzlich muss man immer einkalkulieren, dass man auch Verluste macht. Wenn jemand sagt, er mache nur Gewinne, bin ich sehr skeptisch. Wichtig ist vorher zu planen, welche Höhe von Verlusten wir akzeptieren wollen. Eine objektive Methode kann uns dabei helfen.

Ist Traden nicht ein wenig wie Autofahren?

Das ist ein guter Vergleich. Wir können von einem Auto zu einem anderen wechseln. Wir können einen anderen Motor einbauen. Das Auto anders lackieren. Breitere Reifen mit Aluminiumfelgen aufziehen oder einen Spoiler montieren. Wir können uns sogar ein schnelleres Auto kaufen. Wir müssen aber sicher sein, dass die Bremsen und die Lenkung funktionieren, bevor wir auf der Autobahn sind. Wir müssen die Verkehrsregeln gelernt haben und ein Sicherheitstraining machen, damit wir gefährliche Situationen ohne großen Schaden überstehen können.

Die grundlegende Methode – des Autofahrens wie des Tradens – sollte aber einem festen Prinzip folgen. Natürlich sollten wir daran arbeiten, dieses Prinzip weiter zu entwickeln, zu verbessern und Fehler beseitigen. Wir sollten aber nicht während der Fahrt umsteigen.

Es gibt keinen Ersatz für Erfahrung!

Ich habe besonderes Glück in meinem Leben gehabt und konnte die Auswirkungen vieler Methoden bei den besten Händlern am Devisenmarkt (Interbankenhandel) jahrelang Tag für Tag beobachten. Ich durfte von den großen Vorbildern lernen. Ich habe nicht nur ihre Vorträge gehört, sondern miterlebt wie sie arbeiten.

Das Elliott-Wellen-Prinzip hat mich überzeugt.

Keine der Methoden, die ich damals am Devisenmarkt gelernt habe, hat mich überzeugt. 1978 hörte ich dann erstmals von der Elliott-Wellen-Theorie. Seit 1998 beschäftige ich mich intensiv mit diesem System.

Was sind wichtige Voraussetzungen?

Die zwei wichtigsten Voraussetzungen sind wohl Objektivität und Disziplin. Um überhaupt in einen Markt zu investieren brauchen wir einen objektiven Grund. Geld verdienen (oder gewinnen) zu wollen, ist *kein* objektiver Grund, sondern sehr subjektiv. Weiterhin müssen wir uns ein objektives Ziel setzen, und wir müssen wissen, wann sich unsere Entscheidung als falsch erweist, um den Markt mit einem vorher einkalkulierten Verlust wieder zu verlassen.

Danach ist Disziplin vonnöten. Denn was nutzt es, wenn die Methode richtig ist, der Investor aber nicht danach arbeitet? Es gehört viel Mut dazu das Richtige zu tun und sich an die Regeln zu halten, wenn die Masse der Marktteilnehmer anderer Meinung ist.

Die Herausforderung, dem Elliott-Wellen-Prinzip zu folgen

Wenn sich ein Markt nach der Elliott-Wellen-Theorie dem Top nähert, sind die meisten Marktteilnehmer davon überzeugt, dass der Markt weiter steigt. In den Medien liest und hört man nur von neuen Rekorden. Selbst Menschen, die sich noch nie mit Aktien beschäftigt haben, werden zu begeisterten »Börsianern«.

Überall heißt es, dass man jetzt auf jeden Fall kaufen muss – aber das Elliott-Wellen-Prinzip sagt: »Stopp! Verkaufen! Es folgen schwache Kurse!«

Es kostet mich jedes Mal viel Überwindung, diese Prognosen zu veröffentlichen. Wenn der Markt einen Boden ausbildet ist es genau umgekehrt; die Masse der Marktteilnehmer glaubt, dass jetzt verkauft werden muss.

Der Druck ist in beiden Fällen kaum zu ertragen. Wenn ich nicht gelernt hätte, diese Disziplin aufzubauen, müsste ich aufhören, Prognosen zu erstellen. Die Elliott-Wellen-Theorie sagt: »Hey, tolle Kaufgelegenheit.« Es ist sehr schwer zu glauben, was man sieht. Es noch schwerer danach zu handeln. Aber nur so werden sich Gewinne einstellen.

Ruhe bewahren.

Stellen wir uns einmal vor, Sie sind ein Personalchef und wollen unter zehn hochqualifizierten Anwärtern den besten Mann für eine wichtige und verantwortliche Tätigkeit im Derivatehandel herausfinden. Alle Anwärter willigen ein, an einem Überlebenstraining teilzunehmen. Sie marschieren stundenlang in großer Hitze durch die Wüste. Die Sonne brennt, und das Wasser wird knapp. Nach zwei Tagen sind die Männer völlig erschöpft, und das Wasser ist verbraucht. Der Durst wird langsam unerträglich. In der Ferne ist eine Oase zu erkennen. Wenige hundert Meter vor dem Wasserloch laufen neun der zehn Männer so schnell sie nur können, stoßen einander zur Seite, werfen sich voller Ungeduld ins Wasser und trinken gierig direkt aus dem Wasserloch, um ihren Durst zu löschen.

Nur ein Mann verändert seine ruhige Gangart nicht. Er geht ruhig und besonnen weiter, bleibt am Ufer stehen, kniet nieder, formt seine Hände zu einer Schale und trinkt Schluck für Schluck, ohne sich vom Treiben der anderen beeinflussen zu lassen.

Wer ist der richtige Mann für den Job? Sie würden sicherlich den ruhigen und besonnenen Mann wählen, weil er über die größte Selbstbeherrschung verfügt.

Um an der Börse über lange Zeit erfolgreich zu bleiben, müssen wir unsere besonderen Charaktereigenschaften weiterentwickeln und sie uns jeden Tag neu ins Gedächtnis rufen. Selbstbeherrschung – damit wir den eigenen Regeln folgen. Demut – damit wir niemals glauben, wir seien stärker oder klüger als der Markt. Ausdauer – damit wir nicht aufgeben, wenn wir kurz vor dem Erfolg stehen. Eigenverantwortung – damit wir schnell erkennen, wenn wir einen Fehler gemacht haben, ihn berichtigen und ohne der Vergangenheit nachzutrauern weiter arbeiten können.

Kann auch ein durchschnittlicher Trader mit dem Elliott-Wellen-Prinzip arbeiten?

Nein, das kann er nicht. Dennoch kann prinzipiell jeder ein guter Trader werden! Man braucht allerdings mentale Stärke und viel Disziplin. Man muss die Kraft und den Mut entwickeln wie kleine Kinder, wenn sie laufen lernen. Sie fallen hin und stehen wieder auf, sie fallen wieder und stehen wieder auf und zwar so lange, bis sie nicht mehr hinfallen.

Wir müssen also aufhören durchschnittliche Trader zu sein! Um besser als der Durchschnitt zu werden, müssen wir mit einem objektiven System hart arbeiten.

Was hindert uns aber daran, besser als die Masse der Börsenteilnehmer zu werden? Während meiner aktiven Zeit als Foreign Exchange Broker hatten die »Big Boys« einen Informationsvorsprung, denn wer konnte sich als privater Anleger schon ein Reuters-System leisten? Wissen und Informationen sind im Zeitalter der Computer nun aber jedem zur selben Zeit zugänglich.

Wie wichtig ist die Psyche des Traders?

Dies ist in der Tat ein wichtiger Bereich, der oft unterschätzt oder gar nicht beachtet wird. Sie werden vielleicht sagen, dass Sie dieses Thema nicht betrifft. Das mag sein. Ich hingegen muss jeden Tag aufs Neue an den folgenden Punkten arbeiten.

1. Furcht / Angst

Um neue Strategien auszuprobieren, nutze ich gern ein Demo-Konto. Dabei gibt es keinen Grund zur Besorgnis, denn wenn es misslingt, habe ich nur Spielgeld verloren. Anders ist es bei dem Einsatz von eigenem Kapital. Jedes Mal, wenn ich eine Order platziere, muss ich mich etwas überwinden. Was hilft uns, dieses Gefühl unter Kontrolle zu kommen? Nun, wer vorbereitet ist - auch auf einen etwaigen Verlust -, muss sich nicht fürchten. Eine Checkliste hilft uns zu überprüfen, ob wir unsere Hausaufgaben erledigt haben. Haben wir die Analyse gut durchdacht? Wurde der gewünschte Einstiegslevel erreicht? Haben wir das Risiko begrenzt? Haben wir den geplanten Betrag eingesetzt?

Bevor ein Pilot sein Flugzeug startet, geht er erst seine Checkliste vollständig durch. Ein professioneller Trader trifft ebenfalls keine unbegründete Entscheidung und arbeitet stets mit seiner Checkliste.

2. Gier

Die Gier nach Reichtum und Macht hat bereits viele Hochkulturen zerstört und macht auch nicht vor dem Börsenteilnehmer halt. Wenn sich erst einmal der Gedanke im Kopf festgesetzt hat, dass man schnell viel Geld machen will, neigt man dazu viel zu viele Geschäfte zu tätigen, damit man kleine Verluste in große Gewinne ummünzt. Sicherlich wollen wir alle viel Geld verdienen. Wir müssen uns aber vor der Gier schützen. Kontrollieren Sie die Anzahl Ihrer Trades, und begrenzen Sie das Risiko. Mein persönlicher Weg gegen die Gier ist einfach: Ich spende 10 Prozent meines Einkommens an eine kirchliche Organisation, trotz Steuern und anderer Abgaben. Jemand, der freiwillig etwas abgibt, ist selten gierig. Gier ist die größte Herausforderung, weil wir alle viel Geld verdienen wollen.

3. Ärger, Wut und Rache

Stellen Sie sich bitte folgende Begebenheit vor. Sie gehen eine Position ein und setzen einen Stopp von 20 Punkten. Der Markt dreht in die Verlustzone und fällt um 21 Punkte. Ihr Stopp wird ausgelöst, und prompt entwickelt sich der Markt in die gewünschte Richtung. Ärgern Sie sich nicht darüber, versuchen Sie auch nicht einfach einen neuen Trade durchzuführen, nur weil Sie sich revanchieren wollen. Dem Markt ist das völlig egal. Er macht was er will, wir müssen uns unterordnen. Sollten wir unsere Gefühle nicht kontrollieren, wird uns einmal ein »Zug mit voller Geschwindigkeit überrollen«. Halten Sie sich zurück, wenn Sie diese Gefühle spüren, machen Sie einen Spaziergang. Starten Sie wieder von vorn, machen Sie Ihre Hausaufgaben, und warten Sie geduldig auf die nächste Chance. Es gibt immer wieder neue Chancen.

4. Arroganz

Bei Erfolg tritt schnell das Gefühl der Überheblichkeit ein. Wir fühlen uns stark und unverletzbar. Glauben Sie mir, wenn wir dieses Gefühl pflegen, ist der nächste große Verlust nicht weit. Der beste Schutz ist Bescheidenheit und Demut. Wir müssen niemanden beweisen, wie gut wir sind. Ich beschäftige mich seit 28 Jahren mit der Börse und lerne jeden Tag etwas dazu – und daran wird sich auch in den nächsten 28 Jahren nichts ändern. Ich wiederhole es gern noch einmal: »Der Markt hat immer Recht.«

Was bedeuten all die Meldungen und Nachrichten am Markt?

Am Devisenmarkt konnte ich häufig folgendes feststellen:

Die neuesten Zahlen oder andere wichtige News waren schon wenige Sekunden oder Minuten nach ihrer Bekanntgabe im Kurs enthalten. Sie widersprechen der Elliott-Wellen-Theorie nicht, sondern sind ein Teil davon.

Der Kommentator sagt beispielsweise: »Aktie X steigt heute trotz negativer Zahlen, weil die Marktteilnehmer auf die positive Entwicklung am US-Markt reagieren.« Oder: »Die Kurse fallen trotz einer unerwarteten Zinssenkung in den USA, weil Long-Positionen abgebaut werden müssen.« Wie sollen wir nach diesen News handeln? Dieser Frage möchte ich am folgenden Beispiel des DAX nachgehen.

Gibt es einen Zusammenhang zwischen den Wirtschaftszahlen, den Elliott-Wellen und Fibonacciverhältnissen? Erinnern Sie sich noch an den Kriegsausbruch im Irak am 20. März 2003? Ist es ein Zufall, dass das Tief beim DAX am 12. März 2003 gehandelt wurde? Dieses traurige Ereignis stand im direkten Zusammenhang mit den Elliott-Wellen. Es hatte sich schon im Januar 2003 abgezeichnet, dass beim DAX ein letztes Tief bevorstand und anschließend stark steigende Kurse folgen würden. Wir sollten eigentlich annehmen, dass die Kurse fallen, wenn ein Krieg beginnt. Doch schon mehrfach hat sich das Gegenteil bestätigt. Die Angst entsteht im Vorfeld des Ereignisses, wenn es hingegen zur Tatsache geworden ist, gewöhnt sich der Mensch an den neuen Zustand und verliert den größten Teil seiner Angst.

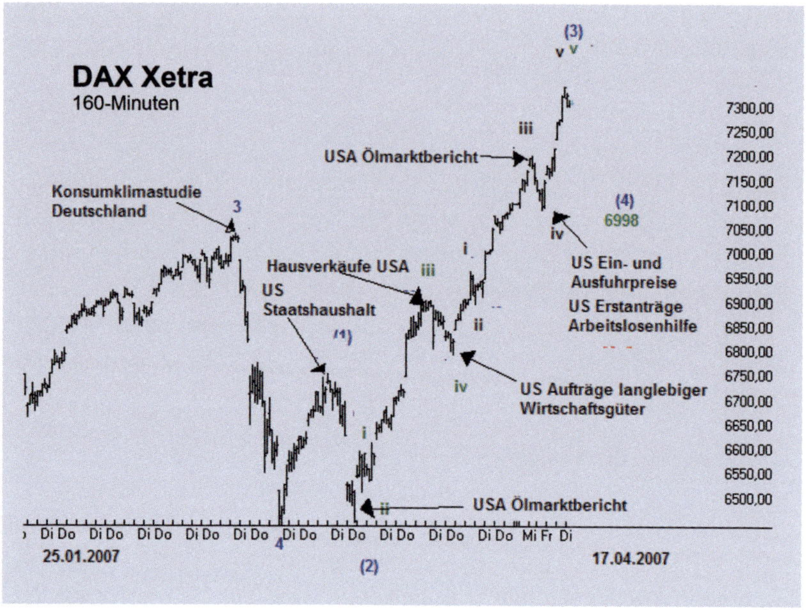

Abbildung 4-56

Lassen Sie uns nun herausfinden, ob alltägliche Nachrichten mit den Elliott-Wellen übereinstimmen. Bitte beachten Sie bei jedem Punkt den beigefügten Chart (Abbildung 4-56).

Am 26.02.2007 notierte der Konsumklimaindex bei 4,4 Punkten. Erwartet worden waren 4,9 Punkte. Der DAX erreichte ein Zwischenhoch, und eine Abwärtsbewegung setzte ein.

Am 12.03.2007 hatte sich das US-amerikanische Haushaltsdefizit auf Jahresebene von 119,2 auf 120 Mrd. Dollar erhöht. Der DAX erreichte zu diesem Zeitpunkt einen Rücklauf (Retracement) von 52 Prozent und lag somit nur wenige Punkte unter der Fibonaccizahl von 61,8 Prozent.

Am 14.03. wurden die US-amerikanischen Rohölvorräte veröffentlicht. Die Vorräte waren in der vorangegangenen Woche um 1,1 Mio. Barrel gestiegen, nach zuletzt –3,8 Mio. Barrel. Die Elliott-Regel besagt, dass ein steigender Markt entsteht, wenn die Welle 2 das Tief der Welle 1 nicht unterschreitet. Die Regel wurde exakt eingehalten.

Am 26.03. kam die Meldung, dass die Hausverkäufe in den USA um 3,9 Prozent zurückgegangen seien. Zu diesem Zeitpunkt hatte eine dritte Welle (Welle iii) eine Ausdehnung von 264 Prozent erreicht (ein Fibonacciverhältnis liegt bei 261,8 Prozent). Anschließend ging es mit den Kursen bergab.

Am 28.03. wurde gemeldet, die Aufträge für langlebige Wirtschaftgüter seien um 2,5 Prozent gestiegen. Im Vormonat waren sie noch um 9,3 Prozent gefallen. Der Rücklauf einer vierten Welle lag zu diesem Zeitpunkt bei 25 Prozent. Ein Fibonacciverhältnis liegt bei 23,8 Prozent.

Am 11.04. wurde der Ölmarktbericht bekannt gegeben. Der DAX hatte gerade eine Ausdehnung von 190 Prozent in einer dritten Welle erreicht. Das Fibonacciverhältnis von 161,8 Prozent lag 46 Punkte darunter.

Am 12.04 wurden am Tief einer vierten Welle mehrere US-amerikanische Wirtschaftsdaten veröffentlicht. Eine vierte Welle endet zu diesem Zeitpunkt mit einem Rücklauf von 37,2 Prozent. Das Fibonacciverhältnis für den gewöhnlichen Rücklauf liegt bei 38,2 Prozent.

Sicherlich haben Sie schon festgestellt, dass Nachrichten den Markt bewegen. Wie kann es nur möglich sein, dass diese Nachrichten zum größten Teil an den Fibonacciverhältnissen veröffentlicht werden und dass ihre Wirkung auf den Markt mit den Elliott-Wellen und Fibonaccizahlen übereinstimmen?

Werden die Elliott-Wellen von den Nachrichten beeinflusst? Die Nachrichten sind vielfältig und von wirtschaftlicher oder politischer Natur, sogar terroristische Anschläge beeinflussen das Marktgeschehen. Auch die Elliott-Wellen und Fibonaccizahlen sind vorhanden, seit es Börsen gibt. Sie folgen in großen und kleinen Zyklen stets denselben Regeln. Ich bin in den letzten 9 Jahren zu der Erkenntnis gekommen, dass die Elliott-Wellen und Fibonacciverhältnisse einem Naturgesetz entsprechen und in Verbindung mit den Nachrichten die Grundlage aller Kursbewegungen sind.

Wie ist die Meinung der Händler einzuschätzen?

Am Devisenmarkt hat sich ein interessantes Schauspiel erstaunlich oft wiederholt. Wir fragten am Morgen die Händler nach ihrer Meinung. Wenn ungefähr 80 Prozent der Profis von einem steigenden Dollar überzeugt waren und wir voller Spannung auf höhere Kurse warteten, wurden massenweise Dollar verkauft.

Die Männer und Frauen sind ohne Zweifel hoch qualifiziert, und ich habe großen Respekt vor ihrer Arbeit. Ich konnte mir die gegenläufige Entwicklung der Kurse daher lange nicht erklären, bis ich auf folgende Idee kam:

Was macht ein Händler, wenn er an steigende Kurse glaubt? Er kauft. Wenn er es der Öffentlichkeit mitteilt – hat er dann schon gekauft, oder wird er erst noch kaufen?

Er will einen Vorsprung vor den anderen und hat seine Position bereits aufgebaut. Wenn uns also 80 Prozent der Händler berichten, dass der Markt steigt, haben sie die Dollar bereits gekauft. Wo sind also die Käufer, die für einen weiteren Kursanstieg sorgen sollen? Sie sind in der Mehrheit schon versorgt. Es kann daher nur noch abwärts gehen! Bei Kaufempfehlungen von großen Marktteilnehmern muss man über diesen Zusammenhang informiert sein.

Wie wichtig ist Erfahrung?

Es ist egal, wie viele Bücher wir auswendig gelernt haben und ob wir die Zusammenhänge eindeutig erklären können. Wenn wir mit unserem eigenen Geld traden, sieht die Welt völlig anders aus.

Stellen Sie sich vor, dass Sie die Techniken für gutes Tennisspielen genau gelesen und sogar auswendig gelernt haben. Sie haben eine gute Ausrüstung gekauft und sollen nun vor 10.000 Zuschauern spielen, die Eintritt gezahlt haben. Bei jedem Punkt des Gegners steht das Publikum auf und applaudiert. Bei jedem Fehler von Ihnen geht ein Raunen durch die Menge. Sie hören immer wieder: »Buh, buh, buh.« Wie würden Sie sich fühlen?

Der Trader hat eine Flut von gegensätzlichen Informationen aus der Presse, dem Fernsehen und von Freunden oder Bekannten. Er muss trotz dieser gegensätzlichen Einflüsse eine Entscheidung treffen und diese Entscheidung durchhalten. Wir müssen unsere Gefühle also unbedingt beherrschen lernen. Und das dauert seine Zeit, die wir gern auch Erfahrung nennen.

Warum sollte man mehrere Märkte verfolgen?

Wenn ein Markt zur Ruhe kommt oder ich ihn nur ungenau einschätzen kann, lasse ich die Finger davon. Ich suche mir also immer wieder einen anderen Markt, der nach der Elliott-Wellen-Methode eine Kursentwicklung verspricht. Ich bin somit nicht an einen bestimmten Markt oder eine bestimmte Aktie gebunden – beziehungsweise auf sie beschränkt.

Wie soll man beginnen, ohne sein Geld zu verlieren?

Nehmen Sie sich ausreichend Zeit, die Elliott-Wellen-Methode auszuprobieren. Nehmen Sie ein Blatt Papier oder eine Software, und treffen Sie Kauf- und Verkaufsentscheidungen zunächst, ohne echtes Kapital einzusetzen. Lassen Sie sich Zeit, trainieren Sie fleißig, und überprüfen Sie Ihre Fehler. Setzen Sie anschließend nur wenig Geld ein, und legen Sie vorher unbedingt Ihren maximalen Einsatz fest. Überschreiten Sie ihn niemals!

Übernehmen Sie die Verantwortung.

»Die Analysten haben mich auf die falsche Fährte geführt.« »Der Kommentator hat mich mit seinem Optimismus angesteckt.« »Der Berater hat mich über den Tisch gezogen.«

Kennen Sie diese und ähnliche Aussagen? Sie helfen Ihnen nicht weiter. Tragen Sie die Verantwortung für Ihre Entscheidungen!

Hilfe, ich habe Verlust gemacht!

Sie haben eine Position tief in den Verlust gefahren und werden einen erheblichen Vermögensschaden erleiden, wenn Sie die Position schließen. Sie fühlen sich als Verlierer.

Seien Sie ehrlich zu sich selbst, und akzeptieren Sie den Verlust. Stellen Sie fest, welcher Fehler Ihnen unterlaufen ist, und nehmen Sie sich fest vor diesen Fehler nicht zu wiederholen. Denken Sie an einen erfolgreichen Tennisspieler. Er gewinnt nicht jeden Punkt. Er hat aber die Fähigkeit, sich schnell mit dem letzten verlorenen Punkt abzufinden und sofort mit seiner ganzen Kraft auf den nächsten Punkt zu konzentrieren. Der Tennisspieler muss die Möglichkeit in sein Spiel einbeziehen, dass er Punkte verliert. Dementsprechend müssen Sie damit rechnen, dass Sie Verluste realisieren. Es ist nicht notwendig, dass Sie ein perfekter Investor sind. Sie machen einen guten Gewinn, wenn 60 Prozent Ihrer Geschäfte erfolgreich sind. Selbst mehrere Verlust-Trades hintereinander sind noch kein Unglück - aber behalten Sie den Überblick und versuchen Sie nicht, möglichst schnell einen »todsicheren« Trade übers Knie zu brechen.

Wo ist meine nächste Chance?

Manche Investoren sind immer im Markt, weil sie keine Gelegenheit verpassen wollen. Diese Einstellung kann aber ziemlich teuer werden. Das Elliott-Wellen-Prinzip gibt uns die Möglichkeit, ein kleines Risiko und hohe Gewinnchancen zu verknüpfen. Wenn wir solch eine Möglichkeit einmal in keinem Markt finden, machen wir eine Pause und erholen uns von der Arbeit!

Sind große oder kleine Gewinne besser?

Hier ein kleiner Verlust, dort ein kleiner Gewinn. Das Jahr vergeht, aber die großen Gewinne bleiben aus. Auch jetzt sind Sie wieder einmal in einem Markt investiert und machen ein kleines Plus. Sie freuen sich und steigen aus. In den nächsten Wochen stellt sich jedoch heraus, dass dies nur der Anfang einer großen Bewegung war. Sie hätten den Gewinn Ihres Lebens machen können. Sie hatten fast alles richtig gemacht. Der Einstieg war gut, der »Zug« setzte sich in Bewegung. Sie sind nur zu früh ausgestiegen. Wenn wir nicht damit rechnen große Gewinne zu machen, werden wir bei den kleinen Gewinnen bleiben. Schließen Sie die Möglichkeit für einen großen Gewinn also nicht einfach aus. Ziehen Sie lieber Ihren Gewinnsicherungsstopp nach, um Gewinne laufen lassen zu können und nur dann aus dem Markt zu gehen, wenn wichtige Marken gebrochen werden.

Demut ist billiger als Hochmut.

Gehört Demut nicht zu den alten Zöpfen, die völlig aus der Mode gekommen sind? Während meiner Anfangszeit als Devisenmakler wollte ich mit einem »alten Hasen« über die Entwicklung des Dollars diskutieren. Ich hatte meine Argumente gesammelt und war überzeugt, der Dollar würde steigen. Der Makler hörte mir geduldig zu. Als ich meine Ausführungen beendet hatte, wartete ich voller Spannung auf seine Argumente. Ich war sicher, dass ich jedes Argument widerlegen könnte. Er aber stellte mir nur eine Frage: »Wie viele Dollar willst Du von mir kaufen?« Ich musste zu meinem Wort stehen, oder ich machte mich lächerlich. Er lehrte mich Bescheidenheit und Verantwortungsbewusstsein gleichermaßen.

Sicherlich kennen Sie diesen Satz aus der Bibel: »An ihren Werken werdet ihr sie erkennen.« Daran musste ich denken, als ich im Internet auf den Kommentar eines Analysten über seine schlechte Performance stieß. Die Erklärung für seine zahlreichen Fehlprognosen lautete: »Der Markt neigt zu Übertreibungen auf beiden Seiten.« Was will uns dieser Mann sagen? Seine Prognosen sind richtig, nur der Markt hat falsch reagiert. Aber Sie kennen meinen Satz ja bereits: Der Markt hat immer Recht.

Wer ist der Maßstab: der Markt oder ein Analyst?

Der Markt stellt zu jedem Zeitpunkt den Preis dar, an dem sich Angebot und Nachfrage treffen. Jeder gehandelte Preis ist ein fairer Wert. Wenn wir den Markt anders einschätzen als er sich entwickelt, ist nicht der Markt zu schwach oder zu fest, sondern wir haben einen Fehler gemacht. Der Markt irrt sich nie. Wenn wir uns dem Markt nicht unterordnen, wird er uns zeigen, wer der »Herr im Haus« ist. Handeln Sie dabei aber immer objektiv und nach Ihrer Methode, und bleiben Sie auf dem Teppich, auch wenn Sie von Erfolgen verwöhnt werden.

Spenden Sie zehn Prozent.

Wir zahlen schon genug Steuern, jetzt sollen wir auch noch spenden?

Nun, die Grundlage des Elliott-Wellen-Prinzips sind die emotionalen Reaktionen der Marktteilnehmer, deren Auswüchse auf der einen Seite in Gier und auf der an-

»Bringt den ganzen Zehnten in mein Kornhaus, auf dass in meinem Hause Speise sei! Und prüft mich hierin, spricht der Herr der Heerscharen, ob ich euch nicht des Himmels Fenster auftun und Segen ausgießen werde bis zum Übermaß.«
Maleachi 3: Vers 10

deren Seite in Panik enden. Jeder Mensch muss mit seinen Emotionen leben und sie beherrschen lernen. Wir sind ein Teil der Elliott-Wellen-Theorie und sollten daher Eigenschaften trainieren, die uns vor diesen emotionalen Auswüchsen schützen. Wer einen Teil seines Einkommens hilfebedürftigen Menschen zur Verfügung stellt, unternimmt einen wichtigen Schritt im Kampf gegen die eigene Gier.

Was ist wichtiger, ein gutes Handelssystem oder Money Management?

Wenn Sie ohne Money Management arbeiten, werden Sie schnell wieder aus diesem Geschäft herausfliegen. Solange es kein hundertprozentig »idiotensicheres« Handelssystem gibt, das nichts als Gewinne produziert, müssen wir lernen unsere Emotionen zu kontrollieren und für gutes Money Management sorgen. Sogar bei technisch versierten Händlern entsteht bisweilen ein Totalverlust, wenn sie ihre Gefühle nicht kontrollieren.

Während meiner Tätigkeit als Devisenmakler im Interbankenhandel in den 1980iger Jahren betrug der tägliche Umsatz pro Makler 900 Millionen bis 1,3 Milliarden Dollar. Heutzutage ist es bestimmt mehr. Wer bei diesen Umsätzen seine Emotionen nicht im Griff hat, verliert sehr schnell seinen Job. Das war eine äußerst lehrreiche Zeit für mich. Wie schon zu Beginn von Teil 4 erwähnt, verlor ein Kollege in einer Nacht fast 1 Million D-Mark, weil er das Money Management außer Acht gelassen hat. Etwa 3 Wochen später wollte er diesen Fehler schnell wieder gutmachen. Doch er verlor eine weitere Million und wurde fristlos entlassen. Außerdem musste er einen Teil des Verlustes zurückzahlen. So handelt ein Spieler in einem Casino, aber kein professioneller Trader.

Ändern Sie bitte nie Ihre Stopps zu Ihren Ungunsten.

Erhöhen Sie nie die Position, wenn Ihre maximale Verlusthöhe pro Trade überschritten wurde. Niemals! Diese Handlungsweise hat nichts mit planvollem Traden zu tun. Es geschieht nur aus Angst, Panik oder Gier. Mit dem Money Management kontrollieren Sie diese Gefühle. Schließen Sie die Position, und warten Sie auf die nächste Gelegenheit.

Beschränken Sie den maximalen Verlust pro Trade auf drei Prozent Ihres Kapitals. Wenn Ihr Tradingkapital 10.000 € beträgt, riskieren Sie pro Trade nicht mehr 3 Prozent, also 300 €. Das heißt nicht unbedingt, dass Sie nur 300 € investieren, sondern dass Ihr Verlust maximal 300 € betragen wird. Bevor Sie nicht mehr handeln könnten, müssten Sie auf diese Weise 33 Verlust-Trades in Folge erleiden, und das ist sehr unwahrscheinlich. Würden Sie einen Verlust von 25 Prozent pro Trade akzeptieren, wären Sie schon nach vier Verlust-Trades in Folge nicht mehr im Spiel. Vier Verlust-Trades hintereinander können aber dem besten Trader passieren!

Merken Sie sich bitte: Traden ohne Money Management führt in vielen Fällen zum Totalverlust.

Wir wollen jedoch so lang wie möglich im Spiel bleiben, vielleicht sogar unseren Lebensunterhalt damit bestreiten. Deshalb brauchen wir neben Geduld und Ausdauer auch ein gutes Money und Risiko-Management.

Money und Risiko-Management

Zuerst entsteht ein Gedanke, es folgt das Wort, anschießend kommt es zur Tat, dem schließt sich die Gewohnheit an, daraus bildet sich der Charakter.

Karl hat klare Regeln für seine Börsengeschäfte erstellt und sich fest vorgenommen sich in jedem Fall daran zu halten. Er hat sich ein maßgeschneidertes Money und Risiko-Management zurechtgelegt: Er will niemals mehr als drei Prozent des Kapitals riskieren und nie mehr als 50 Prozent des Kapitals einsetzen. Zusätzlich nimmt er sich fest vor, nur nach vorher definierten Signalen zu traden.

Der erste Handelstag vergeht. Seine Vorsätze hat er eingehalten. Er hatte ein Signal verpasst, weil er sich ein Getränk aus dem Kühlschrank holen wollte. »Schade«, denkt er bei sich, »ich hätte 300 Euro verdienen können. Aber die Hauptsache ist, dass ich meine Handelsstrategie beibehalte. Ich habe keinen Verlust gemacht. Morgen gibt es eine neue Chance.«

Neuer Tag, neues Glück. Karl hat den Markt analysiert und erhält ein Signal für eine Short-Position. Er hält sich 100-prozentig an seine Regeln – alles unter Kontrolle. Er platziert die Order und sichert die Position mit einem Stopp. »Super«, denkt er sich, »nach 5 Minuten schon 10 Punkte im Plus. Es kann ja nur noch besser werden.« Doch der Markt steigt unerwartet. Sein Stopp wird ausgelöst. »Ok, kein Problem, ein kleiner Verlust ist einkalkuliert«, beruhigt er sich. Er geht an die frische Luft, weil er eine Nuance verärgert ist. Nach 5 Minuten ist sein Ärger verflogen, er setzt sich an seinen Arbeitsplatz und wirft einen Blick auf die Kurse.

»Das darf doch nicht wahr sein. Der Stopp wurde ausgeführt, und der Markt ist anschließend um 40 Punkte gefallen. Ich hätte mein Tagesziel erreicht und könnte mich jetzt anderen Dingen zuwenden. Stattdessen habe ich einen Verlust gemacht.«

»Irgendetwas muss ich ändern. So läuft das nicht«, hört er sich sagen, »ich werde den Stopp etwas großzügiger bemessen.« Am nächsten Tag folgt ein Trade mit einem größeren Verlust. »Jetzt sind schon drei Tage vergangen und nur Verluste. Wie ärgerlich«, rügt er sich selbst. »Es gibt nur einen Weg, um das Geld schnell wieder zurück zu gewinnen. Ich werde 80 Prozent des Kapitals einsetzen und den Hebel erhöhen. Den Stopp lass ich nur dieses eine Mal weg, damit ich nicht schon wieder so unglücklich ausgestoppt werde. Es kann ja nicht jedes Mal schief gehen«, muntert er sich auf.

Glauben Sie, dass Karl diesmal einfach Erfolg haben muss? Dass es auf keinen Fall dreimal hintereinander schief gehen kann?

Doch, lieber Leser, es passiert jeden Tag. Der Markt läuft 20 Punkte ins Minus. Karl führt bereits Selbstgespräche: »Die 20 Punkte sitze ich aus.« Der Markt steigt weitere volle 50 Punkte. Karl ist wie gelähmt. Nach 80 Punkten Verlust zieht er die Notbremse. Er hat 50 Prozent seines Kapitals verloren. Um diesen Verlust abzubauen, müsste Karl mit seinem verbliebenen Kapital 100 Prozent erzielen!

4.6 Die Magie des Zinseszins

Stellen Sie sich bitte vor, dass Ihr Kind, Ihr Neffe oder Enkelkind zu Ihnen kommt und von Ihnen pro Tag einen Cent Taschengeld haben möchte. Was würden Sie dem Kind antworten? »Du bist sehr bescheiden, gern gebe ich Dir das Geld«, würde ich vielleicht mit einem Lächeln sagen. »Kann ich bitte, bitte am nächsten Tag immer das Doppelte haben, bekomme ich also morgen zwei Cent?«, fragt das Kind mit unschuldiger Miene weiter.

Tag	Betrag	Tag	Betrag
1	0,01	2	0,02
3	0,04	4	0,08
5	0,16	6	0,32
7	0,64	8	1,28
9	2,56	10	5,12
11	10,24	12	20,48
13	40,96	14	81,92
15	163,84	16	327,68
17	655,36	18	1.310,72
19	2.621,44	20	5.242,88
21	10.485,76	22	20.971,52
23	41.943,04	24	83.886,08
25	167.772,16	26	335.544,32
27	671.088,64	28	1.342.177,28
29	2.684.354,56	30	5.368.709,12
31	10.737.418,24	32	21.574.836,48
33	42.949.672,96	34	85.899.345.92
35	171.798.691.84	36	343.597.383,68
37	687.194.767,36	38	1.374.389.534,72
39	2.748.779.069,44	40	5.497.558.138,88
41	10.995.116.277,76	42	21.990.232.555,52
43	43.980.465.111,04	44	87.960.930.222,08
45	175.921.860.444,16	46	351.843.720.888,32
47	703.687.441.776,64	48	1.407.374.883.553,28
49	2.814.749.767.106,56	50	5.629.499.534.213.12
51	11.258.999.068.426,20	52	22.517.998.136.852,50
53	45.035.996.273.705,00	54	90.071.992.547.409,90
55	180.143.985.094.820,00	56	360.287.970.189.640,00
57	720.575.940.379.279,00	58	1.441.151.880.758.560,00
59	2.882.303.761.517.120,00	60	5.764.607.523.034.230,00

Abbildung 4-57

Wenn Sie jetzt noch ja sagen, sind Sie sehr schnell ein armer Mann. Warum? Das ist der Zauber des Zinseszinseffekts.

Am 7. Tag müssten Sie dem Kind 64 Cent zahlen. Kein Problem, oder?

Am 11. Tag wären es schon 10,24 Euro – das ist zwar ein hohes Taschengeld, würde Sie aber nicht ruinieren.

Am 15. Tag hätten wir bestimmt schon ein Problem. Wir müssten dem Kind ein Taschengeld von 163 Euro zahlen, am 20. Tag bereits 5.242 Euro und am 30. Tag 5,3 Millionen Euro!

Bereits nach 60 Tagen müssten Sie 5,7 Billiarden Euro zahlen. Bei dieser Summe würden sogar die bestbezahlten Manager in Schwierigkeiten stecken.

Abbildung 4-57 zeigt Ihnen, wie sich ein Betrag entwickelt, wenn er kontinuierlich verdoppelt wird. Am Anfang dieser Tabelle findet eine geringfügige Steigerung statt. Je länger die Zahlenreihen werden, desto schneller wachsen die Zahlen. Schon nach 60 Tagen entsteht aus einem Cent ein Betrag von 5,7 Billiarden Euro.

Es ist völlig unrealistisch, dieses Prinzip 1:1 auf das Money Management umzusetzen. Wir können es aber nutzen, um langfristig eine stabile Performance aufzubauen. Und dabei gibt es etwas zu beachten, das nicht nur den Zinseszinseffekt nachhaltig negativ beeinflussen, sondern auch den Aufbau eines Vermögens unmöglich machen würde: große Verluste. Es gilt also, Verluste zu begrenzen und lieber zahlreiche kleinere bis mittelgroße Gewinne *mit extrem niedrigem Risiko* zu erzielen.

Manche Trader glauben, dass man das schnelle Geld an der Börse machen kann und im Handumdrehen ein Millionär ist. Bitte glauben Sie mir – das passiert nur in seltenen Ausnahmefällen. Grundsätzlich ist die Börse ein Geschäft wie jedes andere. Man beginnt im kleinen Rahmen und erarbeitet sich mit dem ausgereiften Businessplan langsam und kontinuierlich ein akzeptables Einkommen und Vermögen.

Peter hat sein Studium beendet und möchte ein zusätzliches monatliches Einkommen erzielen, sein Vermögen aufbauen und ein guter Trader werden. Er hat während seines Studiums gelernt, dass man für ein erfolgreiches Geschäft einen kurz-, mittel- und langfristigen Plan erstellen muss.

1. Sein Startkapital beträgt 2.500 Euro.
2. Er möchte nach dem ersten Monat 180 Euro als zusätzliches Taschengeld entnehmen. Nach drei Jahren soll das zusätzliche monatliche Einkommen 2.300 Euro betragen.
3. Gleichzeitig soll das Vermögen nach dem ersten Jahr auf 5.000 Euro wachsen. Nach drei Jahren möchte er 30.000 Euro besitzen.

Peter erstellt einen Plan: Mit seinem Startkapital von 2.500 Euro möchte er monatlich 15 Prozent mit Derivaten an der Börse verdienen und 50 Prozent seines Gewinns entnehmen. Er arbeitet 16 Tage im Monat und muss somit pro Tag 23 Euro verdienen, damit er sein Ziel erreicht.

Nach den ersten Monaten bemerkt er, dass sein Vermögen zwar langsam wächst und sein Taschengeld auch langsam steigt, aber er ist unzufrieden, weil er viel Arbeit investiert und der Erfolg verhältnismäßig gering ist.

Nach einem Jahr hat er sich 4 Tage pro Woche mit der Börse beschäftigt und dafür nur ein kleines monatliches Einkommen von 400 Euro erarbeitet. Auf seinem Konto stehen jetzt 5.500 Euro (siehe Abbildung 4-58). Ein ganzes Jahr geschuftet und nur 3.000 Euro mehr auf dem Konto. Wie sollen daraus nach drei Jahren 30.000 Euro werden?

Monat	Startkapital			15% p/Monat	per Tag	Entnahme 50 %
1	1 2.500,00 €	2.875,00 €		375,00 €	23,44 €	187,50 €
2	2.687,50 €	3.090,63 €		403,13 €	25,20 €	201,56 €
3	2.889,06 €	l 3.322,42 €		433,36 €	27,08 €	216,68 €
4	3.105,74 €	a 3.571,60 €		465,86 €	29,12 €	232,93 €
5	3.338,67 €	n 3.839,47 €		500,80 €	31,30 €	250,40 €
6	3.589,07 €	g 4.127,43 €		538,36 €	33,65 €	269,18 €
7	3.858,25 €	s 4.436,99 €		578,74 €	36,17 €	289,37 €
8	4.147,62 €	a 4.769,77 €		622,14 €	38,88 €	311,07 €
9	4.458,69 €	m 5.127,50 €		668,80 €	41,80 €	334,40 €
10	4.793,10 €	5.512,06 €		718,96 €	44,94 €	359,48 €
11	5.152,58 €	5.925,47 €		772,89 €	48,31 €	386,44 €
12	5.539,02 €	6.369,88 €		830,85 €	51,93 €	415,43 €

Abbildung 4-58

Peter will aufgeben. Doch sein Freund Paul rät ihm: »Denk an den Zinseszinseffekt. Du hast die Regeln eingehalten, keine großen Verluste produziert und schon eine Menge dazu gelernt. Halte mindestens noch ein Jahr durch.«

Peter schöpft wieder Mut und arbeitet ein weiteres Jahr an seinem Projekt.

Am Ende des zweiten Jahres lädt er seinen Freund Paul zu einem festlichen Essen ein. Peter hat das zweite Jahr durchgehalten und ist seinem Ziel viel näher gekommen.

Sein Vermögen ist in zwei Jahren um stolze 7.500 Euro auf 13.000 Euro gewachsen, und er kann über ein monatliches Zusatzeinkommen von 989 Euro verfügen (siehe Abbildung 4-59).

Monat	Startkapital			15% p/Monat	per Tag	Entnahme 50 %
13	5.954,45 €	6.847,62 €		893,17 €	55,82 €	446,58 €
14	6.401,03 €	7.361,19 €		960,15 €	60,01 €	480,08 €
15	6.881,11 €	7.913,28 €		1.032,17 €	64,51 €	516,08 €
16	7.397,19 €	8.506,77 €		1.109,58 €	69,35 €	554,79 €
17	7.951,98 €	9.144,78 €		1.192,80 €	74,55 €	596,40 €
18	8.548,38 €	9.830,64 €		1.282,26 €	80,14 €	641,13 €
19	9.189,51 €	10.567,94 €		1.378,43 €	86,15 €	689,21 €
20	9.878,72 €	11.360,53 €		1.481,81 €	92,61 €	740,90 €
21	10.619,63 €	12.212,57 €		1.592,94 €	99,56 €	796,47 €
22	11.416,10 €	13.128,51 €		1.712,41 €	107,03 €	856,21 €
23	12.272,31 €	14.113,15 €		1.840,85 €	115,05 €	920,42 €
24	13.192,73 €	15.171,64 €		1.978,91 €	123,68 €	989,45 €

Abbildung 4-59

Peter geht mit neuer Kraft ins dritte Jahr. Er arbeitet gewissenhaft und hält sich während des ganzen Jahres an die Tradingregeln. Er schafft es auch in diesem Jahr, 15 Prozent pro Monat zu erwirtschaften. Dazu riskiert Peter pro Trade maximal 3 Prozent seines Kapital und verändert die Stopps nie zu seinen Lasten.

Paul ist glücklich. Nach drei Jahren harter Arbeit hat er sein Ziel erreicht. Sein Kontoauszug zeigt ein Guthaben von 31.000 Euro, und er hat sein monatliches Einkommen auf 2.300 Euro erhöht (siehe Abbildung 4-60).

Monat	Startkapital		15% p/Monat	per Tag	Entnahme 50 %
25	14.182,19 €	16.309,51 €	2.127,33 €	132,96 €	1.063,66 €
26	15.245,85 €	17.532,73 €	2.286,88 €	142,93 €	1.143,44 €
27	16.389,29 €	18.847,68 €	2.458,39 €	153,65 €	1.229,20 €
28	17.618,48 €	20.261,26 €	2.642,77 €	165,17 €	1.321,39 €
29	18.939,87 €	21.780,85 €	2.840,98 €	177,56 €	1.420,49 €
30	20.360,36 €	23.414,42 €	3.054,05 €	190,88 €	1.527,03 €
31	21.887,39 €	25.170,50 €	3.283,11 €	205,19 €	1.641,55 €
32	23.528,94 €	27.058,28 €	3.529,34 €	220,58 €	1.764,67 €
33	25.293,61 €	29.087,65 €	3.794,04 €	237,13 €	1.897,02 €
34	27.190,63 €	31.269,23 €	4.078,60 €	254,91 €	2.039,30 €
35	29.229,93 €	33.614,42 €	4.384,49 €	274,03 €	2.192,24 €
36	31.422,18 €	36.135,50 €	4.713,33 €	294,58 €	2.356,66 €

schnell

Abbildung 4-60

Mit einem Startkapital von 5.000 Euro und unter gleichen Bedingungen würde nach drei Jahren ein Vermögen von 62.000 Euro und ein monatliches Einkommen von 4.700 Euro entstehen.

Legt man ein Startkapital von 10.000 Euro zugrunde, entsteht ein Vermögen von 125.000 Euro und ein monatliches Einkommen von 9.400 Euro.

Je länger der Zinseszinseffekt wirkt, desto größer ist der Erfolg.

Diese Beispiele sind fiktiv. Es ist wahrscheinlich, dass in der Praxis auch Monate mit Verlusten entstehen und die Entwicklung nicht so gleichmäßig verläuft. Es soll nur deutlich gemacht werden, dass ein Trader mit Fleiß, Ausdauer, Konsequenz, einem guten Money Management, einem soliden Tradingsystem und dem Zinseszinseffekt langfristig ein Vermögen aufbauen kann.

4.7 Abschlussbetrachtung – Zwei Hauptursachen für große Verluste an der Börse: Gier und Angst

Jeder, der diesen Gefühlen nicht widerstehen kann, wird früher oder später große Verluste hinnehmen müssen. Wir denken oft an technische Hilfsmittel wie Computer, eine Börsensoftware, ein Handelssystem oder vielleicht daran, dass die Verluste andere machen, nur wir nicht.

Betrachten wir einmal die Bankenkrise von 2007/2008. Sie wurde ausgelöst durch mehrere Faktoren: Die Manager der Banken haben unter anderem den Bewertungen der Rating-Agenturen geglaubt, vielleicht waren manche von den steigenden Kursen seit 2003 verwöhnt und dachten, die Kurse würden ewig steigen. Vielleicht hatten sie auch einige Gelegenheiten verpasst und wollten noch auf den »fahrenden Zug« springen. Wie dem auch sei – Gier und Angst sind schlechte Berater.

Wie kann man sich dagegen schützen, werden Sie fragen. Ganz einfach und doch so schwer in der Praxis umzusetzen: mit einem starken Willen und einem Plan.

Der erste Schritt für einen Plan

Sicherlich kennen Sie den Gedanken – man müsste einmal eine richtig große Bewegung mitnehmen, das wäre schön. Wie gefällt Ihnen folgende Überlegung: Wir suchen nach einer Möglichkeit, 5 bis 15 Prozent pro Monat zu erwirtschaften und achten besonders darauf, unser Startkapital zu schützen?

Kleinvieh macht auch Mist

Wenn wir kontinuierlich an einem Plan arbeiten und uns Schritt für Schritt dem Ziel nähern, schützen wir uns vor der Gier, weil wir schon zufrieden sind, wenn unser Plan funktioniert. Wir entwickeln nicht den Wunsch, übermorgen eine Million gemacht zu haben.

Der Masterplan

Ein Plan ist die Grundlage für langfristigen Erfolg. Viele Trader wundern sich, dass sie ihr Geld an der Börse verlieren. Fragen Sie nach, und Sie werden feststellen, dass die meisten keinen Plan erstellt hatten. Der bereits besprochene Zinseszinseffekt lässt sich nur nutzen, wenn wir uns einen Masterplan erarbeitet haben und diesen übergeordneten Plan täglich verfeinern.

Gute Trader bereiten sich täglich eine halbe oder ganze Stunde vor, bevor Sie aktiv werden. Sie sammeln Informationen und erstellen einen täglichen Handelsplan. Sie bereiten den Einstieg vor, wenn vorher prognostizierte Level erreicht werden.

Wenn wir am Morgen aufstehen, uns mit einem Brötchen an den Computer setzen und innerhalb von 15 Minuten in einen Trade involviert sind, müssen wir uns nicht wundern, wenn Verluste entstehen.

In einer wöchentlichen Analyse werden die Märkte analysiert und die Ziele für das nächste Jahr, den nächsten Monat und die nächste Woche bestimmt. Diese Arbeit wird jede Woche wiederholt, um eine Betätigung zu finden – oder die Analyse dem aktuellen Markt anzupassen. Aufgetretene Fehler werden berichtigt und mit dem übergeordneten Szenario auf Übereinstimmung geprüft.

Der tägliche Plan

Routine vor Börsenbeginn: Die Analyse des Vortags wird überprüft. Der Kursverlauf vom Vortag wird nochmals untersucht. Wir suchen nach besonderen Elliott-Wellenmustern und errechnen die Fibonacciziele. Anschließend werden das Wellenbild und die Ziele grafisch und schriftlich festgehalten.

Routine während des Tages

Entwickelt sich der Markt entsprechend der Tagesanalyse, wird der Einstieg vorbereitet und durchgeführt. In die Tagesanalyse fließen die Wellenmuster und Fibonacciverhältnisse ein, die während der Börsensitzung entstanden sind. Sollte die Analyse nicht eintreffen, wird eine neue erarbeitet. Sollte wiederum ein Fehler auftreten, werden nur Trades ausgeführt, wenn sich ein »klares Bild« entwickelt hat.

Suchen Sie nur nach den einfachen und offensichtlichen Wellenmustern. Diese Regel ist sehr wichtig, weil jeder Gewinn in einem komplexen Korrekturmuster auch schnell wieder verloren gehen kann.

Routine nach Börsenschluss oder am Ende des Arbeitstages

Vervollständigen Sie Ihren täglichen Tradingbericht. Schreiben Sie auf, welche Fehler Ihnen unterlaufen sind, wie Sie diese Fehler in Zukunft vermeiden wollen und welche Verbesserungsvorschläge sich daraus ergeben. Schließen Sie den Tag ab. Die Ärgernisse und Erfolge sollten wir hinter uns lassen! Morgen ist ein Tag mit neuen Herausforderungen und Chancen.

Fazit: Es ist wichtig, dass wir eine Routine entwickeln, die wir wöchentlich und täglich wiederholen. Nachlässigkeiten können zu hohen Verlusten führen. Das Befolgen eines Plans versetzt Sie in die Lage, Fehler rechtzeitig zu bemerken und sich schnell auf die neue Situation einzustellen.

Kennen Sie ein erfolgreiches Unternehmen, das keine Berichte führt?

Ein erfolgreicher Trader führt über seine Tätigkeiten Buch, weil dies die Grundlage für eine kontinuierliche Verbesserung ist. Der Bericht zeigt, welche Strategie erfolgreich ist und auch welche Fehler vermieden werden sollten.

Abbildung 4-61 ist ein Beispiel für einen solchen Bericht. In der ersten Spalte tragen Sie das Datum ein.

Die zweite Spalte führt die Überschrift »Rating«. Überlegen Sie sich, bevor Sie den Tag beginnen, wie Sie sich auf einer Skala von 1 bis 10 fühlen. Die maximalen 10 Punkte sind zu vergeben, wenn Sie sich absolut wohl fühlen, etwa den Jackpot im Lotto gewonnen haben. Einen Punkt sollten Sie sich geben, wenn Sie sehr stark frustriert sind. In diesem Fall sollten Sie sich übrigens einen Tag Ruhe gönnen!

Die dritte Spalte zeigt die Uhrzeit Ihrer Aktivitäten an. Bei einer späteren Analyse werden Sie feststellen, welche Ihre effektivste Handelszeit ist.

In die vierte Spalte tragen Sie den gehandelten Markt ein und in die fünfte Spalte, ob Sie eine Long- oder Short-Position eingehen.

In der sechsten Spalte tragen Sie den Stopp (Verlustbegrenzung) ein. Die spätere Analyse wird zeigen, wie Sie Ihre Verlustbegrenzung optimieren können.

In den Spalten sieben und acht vermerken Sie den Ein- und Ausstieg, damit Sie eine Gewinn- und Verlustberechnung durchführen können.

Die Spalte 9 zeigt den Hebel an, mit dem Sie arbeiten. Hier können Sie Ihre Risikobereitschaft bewerten. In Spalte 10 notieren Sie die Dauer des Trades.

Die Spalten 11 und 12 dienen der Gewinnermittlung.

In Spalte 13 tragen Sie einen Kommentar zu Ihrem Ein- und Ausstieg ein, und was Sie bei diesem Trade gelernt haben. Ein Beispiel: Ich bin diesen Trade eingegangen, weil der Markt einen 38-iger Rücklauf in einer vierten Welle durchgeführt hat. Ich habe nicht mit einer doppelten Korrektur gerechnet, deshalb bin ich ausgestoppt worden.

Datum	Rating	Zeit	Markt	Long /Short	Stop	Einstieg	Ausstieg	p.p.p	Tradedauer	Punkte	Gewinn	Kommentar zur
12.09.2007	6	17:30	fesx	long	4204	4208	4220	10	30 m	12	120,00 €	
13.09.2007	6	09:05	fesx	short	4194	4192	4194	10	5 m	-2	- 20,00 €	2 Punkte unter Mo
14.09.2007	6	09:30	fesx	long	4223	4226	4223	10	5 m	-3	- 30,00 €	stopp richtig ge
14.09.2007	6	10:00	fesx	long	4220	4222	4235	10	5 m	13	130,00 €	
14.09.2007	6	12:00	fesx	short	4252	4248	4252	10	5 m	-4	- 40,00 €	stopp richtig ge
14.09.2007	6	17:20	fesx	short	4230	4227	4220	10	5 m	7	70,00 €	fünfte welle geh
18.09.	6	09:17	fesx	short	4183	4178	4150	10	2 m	28	280,00 €	
18.09.	6	10:00	fesx	short	4186	4182	4186	10	2 m	-4	- 40,00 €	Welle 2 gebrocl
21.09.	6	10:00	fesx	long	4411	4415	4411	10	2 m	-4	- 40,00 €	unüberlegt geh
25.09.	6	10:34	fesx	short	4366	4362	4355	10	2 m	7	70,00 €	

Gesamtpunkte	50
Gesamtgewinn	500,00 €
Brokerage	40,00 €

Monatliche Analyse	
Anzahl der Trades	10
Gewinner	5
Verlierer	5
Verhältnis	50%

Abbildung 4-61

Fazit:

Wir brauchen monatliche und tägliche Ziele, wir müssen wissen wohin wir gehen und Wege finden, uns selbst zu verbessern. Ein persönlicher Bericht ist der Fahrplan zum Erfolg.

Ich wünsche Ihnen alles Gute auf Ihrem eigenen Weg zu finanzieller Unabhängigkeit und dass Sie ebenso viel Freude mit der Elliott-Wellen-Analyse haben werden, wie ich.

Über den Autor

Rüdiger Maaß, Jahrgang 1957, betreute als Devisenhändler Anfang der 80er bis Anfang der 90er-Jahre viele renommierte internationale Banken. Nach verschiedenen Projekten im Bereich internationaler Kapitalanlagen veröffentlicht er seit 1998 regelmäßig Devisen- und Aktienmarktanalysen nach dem Elliott-Wellen-Prinzip auf den Websites www.elliottwaver.de und www.elliott-wavetrader.de und veranstaltet Seminare, um Tradern Grundlagen und gewinnbringende Handelsstrategien vorzustellen.

Wenn Sie **Interesse** an
unseren Büchern haben,

z. B. als Geschenk für Ihre Kundenbindungsprojekte,

fordern Sie unsere attraktiven Sonderkonditionen an.

Weitere Informationen erhalten Sie bei unserem

Vertriebsteam unter +49 89 651285-154

oder schreiben Sie uns per E-Mail an:

vertrieb@finanzbuchverlag.de

FBV
FinanzBuch Verlag